# 100년 부동산 투자의 본질

# 100년 부동산 투자의 본질

## THE ESSENCE OF 100 YEARS OF REAL ESTATE INVESTMENT

황태연 · 김제민 지음

자유문고

# 부동산 과거·현재·미래 여행 함께 떠나요!

## 아직도 부동산이 어렵다고요?

부동산이 뭘까요? 집이나 땅입니다. 가만히 생각해 보면 부동산이란 단어는 막연하고 어려워도 집이나 땅은 참 쉽습니다. 사람이 살려면 집이 필요하고 집을 지으려면 땅이 꼭 있어야 합니다. 지금 집과 땅은 생존과 부를 창출하는 데 필수적인 자산입니다.

그런데 집이나 땅이 꼭 오늘날에만 중요했을까요? 원시시대에도 움막이든 동굴이든 집은 필요했을 것이고, 농사를 짓거나 집을 지으려면 좋은 터를 찾아 닦아야 했겠죠. 물론 많은 사람이 한곳에 모여 정착하거나 씨족집단을 이루게 되면서 집과 땅은 점점 더 중요해졌을 것입니다.

사람들이 집단을 이루며 모여 사는 세상이 계속되는 한, 과거에도 집과 땅은 중요했고 현재에도 중요하며 앞으로도 계속 중요할 것입니다. 그래서 우리는 집과 땅의 진정한 의미나 가치를 알기 위해 부동산의 과거와 현재와 미래를 동시에 생각해 봐야 합니다.

부동산 투자를 생각하는 분들에게 꼭 들려주고 싶은 말이 있습니다. 지금 당장 내 눈앞의 절망, 위기, 유혹, 이익만 생각하지 말고 한번쯤 과거로부터 현재와 미래까지 이어지는 부동산의 거대한 역사의 흐름을 직관해 보라는 것입니다. 그런 후 분명한 용기, 확실한 자신감과 긍정의 마음으로 장기적인 투자계획을 설계해 보면 어떨까요?

## 변하는 것과 변하지 않는 것에 대하여!

과거 부동산은 항상 '뜨거운 감자'였습니다. 아니, 지금도 그렇습니다. 집을 가진 사람은 집값이 오르길 바라고, 집이 없는 사람은 집값이 내리거나 최대한 오르지 않길 바라지요. 정부에게 집값은 너무 올라도 골칫거리고 너무 내려도 골칫거리입니다. 집이 과하게 공급되어도 실패고, 과하게 부족해도 실패입니다. 그런데 또 공급 결정은 제약이 걸려 있습니다. 땅은 돈 찍어 내듯 마구 찍어 낼 수 없으니까요.

부동산 정책이 골칫거리인 이유는 이뿐만이 아닙니다. 투기는 막아내야 하지만 안정적인 투자와 경기상승 방향으로는 적절하게 물꼬를 터주어야 합니다. 경기와 톱니바퀴처럼 정교하게 맞물려 돌아가야 합니다. 부동산 문제는 이래도 힘들고 저래도 힘들고, 관리하기가 쉽지 않기에 늘 핫이슈가 되는 것입니다.

사실 부동산 문제는 조선시대에도 상당한 골칫거리였습니다. 한양의 집값을 잡기 위해 조정에선 온갖 대책을 쏟아냈다고 합니다. 세월이 흘렀지만, 요즘 정부도 마찬가지입니다. 6·25전쟁 후 지난 70년간 대한민국이 성장하는 과정에서 정부별로 다양한 정책이 시행됐습니다.

부동산 현대사 속 각 정부의 부동산 개발과 규제 정책을 따라가 보면 우리 머릿속에 가장 먼저 이 단어가 떠오를 것입니다. 그것은 '반복'입니다.

역사는 변화하고 진보하지만 늘 반복된다는 말을 들어 본 적이 있지요? 부동산 분야도 다르지 않은 듯합니다. 부동산의 긴 역사를 돌아보면 수요와 공급에 따른 부동산 가격의 상승과 하락, 유동성에 따른 부동산 가격의 상승과 하락, 대출이나 정책 규제에 따른 부동산 가격의 상승과 하락이 끊임없이 교차하며 반복됩니다.

'사람'과 '집'과 '토지'는 국가가 멸망하지 않는 한 영원히 함께 공존할 것입니다. 이 때문에 부동산은 어느 시대든 문제를 일으키고 상호작용하며 해결해 나가는 오랜 역사적 과정의 반복이라 할 수 있습니다.

역사를 잘 안다고 우리가 지금 당장 이익을 얻는 건 아닙니다. 하지만 역사 속에는 분명 지혜와 통찰이 숨어 있습니다. 부동산 역사 속에서 반복과 패턴을 찾아낼 수 있기 때문입니다. 부동산 역사의 흐름을 읽다 보면 좀 더 긴 호흡과 긴 안목으로 부동산 시장을 바라볼 수 있게 되며, 미래를 꿰뚫어 볼 수 있는 새로운 관점과 안목이 생겨 희망을 그려볼 수 있습니다.


## 인문학 통찰력이 필요한 시대

철학자 쇼펜하우어가 이렇게 말했습니다.

"재능 있는 사람은 아무도 맞힐 수 없는 표적을 맞히지만, 천재는 아무도 볼 수 없는 목표를 맞힌다."

지금은 스마트폰 하나로 최신 정보를 공짜로 금세 얻을 수 있는 시대입니다. 눈에 보이는 정보와 데이터는 우리 앞에 무수히 널려 있습니다.

이제 내가 아는 정보는 남들도 다 아는 데이터일 뿐입니다. 널리 오픈된 정보가 큰 힘을 발휘하긴 힘듭니다. 그래서 나만의 통찰로 얻은 정보, 아무나 볼 수 없는 정보, 아무도 보지 못하는 목표를 직관적으로 바라보는 게 어느 때보다 중요합니다.

보이지 않는 목표를 맞추려면 남다른 안목인 '통찰력'이 필요합니다. 많은 정보도 절실하고 발품도 필요하지만, 역사의 도도한 흐름과 보이지 않은 이면을 통찰하는 능력이 부동산 투자에서도 점점 중요해지고 있습니다.

부동산 투자에는 단·장기 전략이 있습니다. 단기 승부는 정보와 발품만으로 가능하지만 그만큼 위험합니다. 반면 장기전은 안정적이긴 하지만 미래를 간파하는 안목이 꼭 필요합니다. 투자전략은 단기 승부에서 장기전략으로 서서히 바뀌고 있습니다. 그만큼 시장의 규제가 강화되고 경쟁이 치열해졌기 때문입니다.

그런데 장기전을 하려면 자신만의 믿음과 확신으로 장기적인 큰 그림을 미리 그려두어야 합니다. 그런 장기전을 위해 이제 '인문학 통찰력'은 필수이며, 인문학 통찰력은 바로 역사를 이해하는 것에서부터 나옵니다.

부동산의 역사는 부동산의 미래를 비춰주는 거울입니다. 이번 '황태연·김제민과 떠나는 부동산 역사 여행'은 단기 승부에 더해 장기전략이란 새로운 통찰 무기를 장착할 기회가 될 것입니다.

## 모든 여행에는 '지도'가 필요하다

우리가 함께 떠나는 이번 부동산 역사 여행에도 지도 한 장이 필요합니다. 우리의 여행 지도에는 부동산의 '과거와 현재와 미래'가 함께 그려져 있습니다.

이 역사 지도책을 들고 도착할 우리 목적지는 분명합니다. 부동산 투자를 통한 성공입니다. 부동산을 통해 희망찬 미래를 설계하는 것입니다.

우리 시대 부동산 시장이 대세 상승장이라고 말할 수는 없습니다. 하락의 조짐도 나타나고 변수는 더욱 다양해지고 있습니다. 특히 다주택 규제 등 부동산 정책의 큰 흐름은 앞으로도 큰 변화가 없을 것으로 전망됩니다.

그렇다면 우리는 지금 어디에 어떻게 투자해야 할까요? 이 질문의 답을 '당장' 얻을 수는 없습니다. 개인의 조건이 모두 다르고, 시시각각 환경과 조건이 변하고 있기 때문입니다. 분명한 건 대세 상승기 때처럼 앞으로 어떠한 부동산을 사도 오르는 시대는 지났다는 사실입니다. 그만큼 어떤 특정 지역(입지)에 무슨 부동산(아파트, 빌라, 단독주택)을 살 것인가가 우리에게 중요한 문제가 되었습니다.

우리는 우리 시대에 맞는 확신이 필요합니다. 역사 공부는 확신을 줍니다. 역사의 도도한 흐름은 절대 변하지 않은 법칙을 알려줄 테니까요. 이것이 필자가 당장 눈앞에 보이는 것들에서 한발 물러서서 부동산 100년의 역사 속에 변하지 않는 원칙들을 찾아 떠나는 특별한 여행을 기획한 이유입니다.

지금 안개 긴 길처럼 아무것도 보이지 않을 때 미국의 철강 재벌 앤드루 카네기는 다음과 같이 말했습니다.

"세상의 중요한 업적 중 대부분은 희망이 보이지 않는 상황에서도 끊임없이 도전한 사람들이 이룬 것이다."

이 책에서 독자 여러분들이 장기적 부동산 그림을 그려보며 자녀와 함께 도전할 수 있도록 향후 미래 100년을 준비할 부동산 투자에 대한 통찰을 제시하고자 합니다. 이제 저와 함께 즐거운 여행길을 떠나봅시다.

2021. 8

황태연, 김제민

## 6장. 부동산 미래에 대한 재발견 · 309

# 1장

# 부동산의 역사

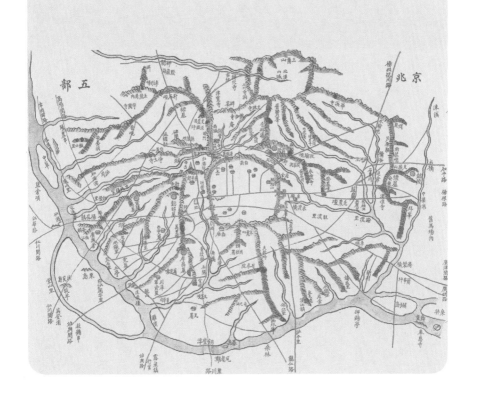

# 조선시대에도 부동산은
# 핫이슈!

조선시대 한성부 경복궁. 왕은 조정회의에서 심각한 얼굴로 대신의 이야기를 듣고 있었다.

"궁 담장 밖에 사는 군병들이 집세를 낮춰달라는 민원이 끊이질 않고 있다고 합니다."

전세 사는 군졸들이 집세가 너무 높아 불만이 고조되고 있다는 내용이었다. 조선시대 중기에도 지금과 같은 '전세' 제도가 유행이었다. 조선의 수도였던 한성부는 집값이 높았기 때문에 평범한 관리들은 녹봉만으로는 집을 살 수 없었다.

실제로 1741년(영조17) 조선왕조실록에 '어의동 본궁 담장 밖에 사는 군병들이 집단으로 비변사에 집세를 감해 달라고 요청하는 소지를 바쳤다'고 기록돼 있다.


왕 : 집세를 낮춰달라는 민원이 끊이지 않은 이유는 무엇이오?

신하 : 한양(한성부)의 집값이 빠른 속도로 폭등했기 때문이옵니다.

왕 : 집값의 상황이 어떻소?

신하 : 집값이 오르면 전셋값도 오르기 마련이라 녹봉으로 세를 내고 나면 생활이 어려운 지경이라고 합니다. 병사가 받는 급료는 거의 집세로 나가기 때문에 생활비 조달을 위해 별도로 장사를 해야만 한다고 호소를 합니다.

왕 : 이를 어찌 해결하면 좋겠소?

신하 : 일단 민원을 해결해 주는 게 좋다고 생각합니다.

왕 : 조정이 임대하는 주택의 집세를 감해 주는 방법을 세워 시행하세요.

신하 : 예, 그렇게 하겠습니다.

왕 : 이번 기회에 한양 집값 문제의 근본적인 대책도 빠른 시일 내에 마련하시오.


실록을 보면 왕이 "집세(가대세)를 감해주었다"는 문구가 여러 번 등장한다. 특히 지방에서 올라온 고위직 관리조차 대부분 전세를 살아야 했다. 집값이 비싸 집을 살 수 없었기 때문이다. 안동 땅에서 올라온 퇴계 이황도 한성에서 벼슬을 할 때 전세살이를 했던 것으로 알려져 있다.

조선을 건국한 태조 이성계는 1394년에 개경에서 한양으로 천도했다. 이때부터 다양한 주택 문제를 예상하고 미리 주택법을 마련했다. 신분마다 대지의 면적, 가옥의 크기를 제한하고, 집을 신축하려면 미리 관의 허락을 받게 했다. 부동산 매매에 따른 등기법도 있었다.

1431년(세종13) 기록에 보면 "그동안 정해진 세부 규칙이 없어서 일반인들의 집이 더욱 사치스럽게 변해 가 왕족과 구분이 되지 않았다. 지금부터는 왕자와 공주의 경우 50간, 대군은 60간, 2품 이상은 40간, 3품 이하는 30간을 넘지 못한다"고 주택 규모를 규제하는 내용이 상세하게 나와 있다. 성종 때(1474, 성종5)는 한양에 집을 지으려는 사람들로부터 대지 지급 신청서를 미리 받아 대지를 지급하기도 했다.

## 한양 천도, 인구 팽창으로 주택난 시작

어느새 조선 중기인 16~17세기가 됐다. 이때부터 한양은 조선의 명실상부한 수도로서 규모를 키우기 시작했다. 현재 서울의 규모와는 비교할 수 없겠지만, 일자리를 찾아 몰려드는 사람들 때문에 그 시대로선 감당할 수 없을 정도로 인구가 급속히 증가했다.

조선 왕조 개국년인 1392년 당시 조선 전국의 인구는 554만 9000명이었다. 이는 1440년(세종 22년)까지도 거의 비슷한 수준(672만4000명)으로 유지됐는데 이후 나라가 안정화되자 1519년(중종 14년)에는 인구가 1046만9000명까지 급속도로 늘기 시작했

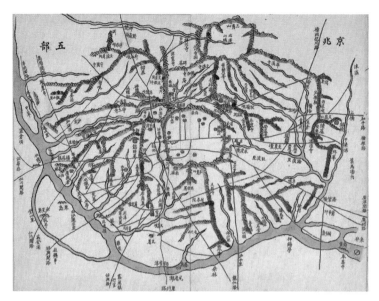

경조오부도京兆五部圖 : 김정호가 1861년에 발간한 전국지도인 〈대동여지
도大東輿地圖〉에 수록되어 있는 수도 한성의 지도

다. 이윽고 조선 중기부터는 정부가 직접 한성의 땅을 사들여 집이
필요한 이들에게 지속적으로 임대를 했다. 또 빈집을 적극적으로
활용하기 위해 큰 집은 3~5가구 몫으로 나눠 임대했다는 기록도
있다.

　인구가 급증하고 사람들이 한양으로 몰려드니 당시 도성이었던
한성부의 집값은 빠르게 폭등했다. 거주민의 증가로 주택이 부족
해졌을 뿐 아니라 주택을 둘러싼 불법, 비리 행위까지 증가했다. 게
다가 주택매매와 임대를 둘러싼 주인의 횡포도 심했다. 당연히 주
택 문제는 날로 심각해져 갔다.

## 성저십리 개발과 전세 시대

주택 문제가 심각했지만, 문제해결은 쉽지 않았다. 사대문 안쪽에 더 이상 집을 지을 땅이 없었다. 어느덧 평범한 중인들이나 하급 관리직들, 지방에서 올라온 관리직은 집 문제로 골치를 앓아야 했다. 집값이 너무 비싼 것도 문제였지만 저축하는 목돈보다 집값이 더 빠르게 오른다는 건 더 큰 문제였다.

조정은 중대 결단을 내려야 했다. 부동산 대책을 내놓기 시작했는데, 그 첫 번째 방안이 바로 '성저십리 개발'이었다. 이른바 '신도시 정책'이었다.

조선의 수도 한성부는 북악·인왕산·남산·낙산을 연결하는 도성을 쌓아 도성 밖과 안을 구분했다. 성저십리城底十里란 조선시대 당시 한성부에 속한 성의 바깥 지역으로, 사대문 안쪽에 있는 한성부 도성으로부터 4km(10리)까지의 지역을 말한다.

오늘날 서울시 강북구·동대문구·마포구·서대문구·성동구·성북구·용산구·은평구·여의도 일대와 종로구·중구 외곽 일부, 광진구 일부, 중랑구 면목동이 여기에 해당한다. 이 무렵 도성 밖 아무도 거주하지 않는 산 밑의 땅을 개간開墾해 만든 토지를 나눠 분양했다는 기록도 나온다. 성저십리에 주택지가 개발되자 저렴한 집들을 대거 공급할 수 있었다.

그러나 문제는 남아 있었다. 사대문 안의 집값 상승은 여전히 막을 수 없었다는 점이다. 오히려 외곽의 신도시 정책은 도성 내부와의 집값을 양극화시키는 결과를 낳았다. 오늘날 도시문제와 판박

조선시대 한성 종로 거리

이처럼 닮았다. 실제 새로 개발한 외곽지역의 집값이 정9품 관료 녹봉의 2년 치일 때, 금싸라기 땅이던 인사동의 집값은 정9품 관료 녹봉의 50년 치에 달했다고 한다.

당연히 도심에는 여러 채의 집을 사서 전세를 놓는 사람들이 늘어났다. 우리나라의 독특한 부동산 임차제도인 전세 제도가 이때부터 본격적으로 시작된 셈이다. 심지어 연산군 때에 이르러서는 '세입자'가 너무 많이 늘어 정부 차원에서 본격적인 세입자 정책 관리에 들어갔다는 기록도 나온다.

사대부들은 부동산 투기도 서슴지 않았다. 부동산이 부를 창출한다는 사실을 알게 된 것이다. 조정은 이를 방지하려고 위장전입 금지와 1가구 1주택 정책을 내놓기도 했다. 1724년(영조 즉위)에는 권력자가 남의 집을 빼앗는 것을 금지하는 '여염집 탈취금지령'을 내렸다. 부동산 매매와 전세를 금지해 버린 것이다. 이 조치는 50년이 넘도록 영조 재위 시절 내내 강력하게 시행되었다. 물론 서울 같은 도시에서 매매와 전세, 이사를 모두 금지하는 것은 긍정적인 면도 있었지만, 일반 백성들에게 심각한 불편을 초래하기도 했다.

그 옛날 조선의 수도 사정도 지금의 서울 상황과 크게 다르지 않아 보인다. 당시 집값 상승률로 따지면 오늘날에 절대 뒤지지 않았다. 한성부 장통방(지금의 종로3가 근처)에 있던 집값 상승을 본다면 1690년에 160냥이던 집이 1870년에는 무려 2,600냥이 되었다고 한다.

조선이 건국되고 한양이 수도로 지정된 이래 600년이 흘렀다. 그 긴 세월 동안 서울 집값은 쉼 없이 올랐다는 사실이 놀랍기도 하지만 어쩌면 너무 당연해 보이는 사실이기도 하다. 돌아보면 조선시대 부동산 안정을 위한 조정의 노력 또한 눈물겹다. 그만큼 부동산은 꺼지지 않는 불덩이요, 살아 생동하는 생명력이 있기 때문일 것이다.

생각한 스푼
놀랍고 좋은 생각은 넘친다. 단지 부족한 점은 그것을 실행하는 의지다. _세스 고딘

# 1945년 해방 후
# 부동산은?

1945년 8월 15일 아침, 새로운 세상이 열렸다. 하지만 대부분의 사람들은 아직 무슨 일이 일어났는지 몰랐다. 정오가 되어서야 경성 방송국 라디오에 일본 천왕의 음성이 흘러나왔다.

　　"나 천왕과~ 우리 일본은~ 무조건~ 항복~"

　조선 방송인들은 곧바로 일본 천황의 항복을 우리말로 번역해 뉴스로 보도했다. 그날 저녁에도 서울 시내는 평소처럼 조용했다. 라디오 방송을 들을 수 있는 사람은 드물었기 때문이다. 당시 조선인의 라디오 보급률은 겨우 3.7%에 불과했다. 밤이 되자 저녁 방송을 듣고 좀 더 많은 사람이 해방 소식을 알게 됐다.

　이튿날인 1945년 8월 16일. 아침이 되자 사람들이 모여 있는 곳

1945년 8월 16일. 서대문형무소에서 석방된 항일운동가들이 환영 인파 속에서 만세를 부르는 모습

여기저기에서 환호성이 터져 나왔다.

"어제 일본 천왕이 항복선언을 했대요~"
"이제 해방 세상이 왔구나!"
"와, 조국이 드디어 해방을 맞았다!"

많은 사람이 드디어 어제 무슨 일이 일어났는지 알기 시작했다. 지난밤 라디오 방송을 통해, 아침에 급히 발간된 임시 통신을 통해, 장터 사람들을 통해, 그리고 학교에서 선생님을 통해 입에서 입으로 일본의 패망과 조국의 독립 소식이 전해졌다. 광화문에서 서울역을 지나 남대문까지 거리에 군중들이 몰려나와 '대한독립 만세!'를 외치며 행진했다. 일제하에 있던 우리 땅이나 집의 소유권이 온전히 대한민국 주권국의 품으로 되돌아온 순간이었다.

## 해방 후 토지와 주택 재편

일제하 백성들의 고통은 참혹했다. 하지만, 고난 뒤에는 언제나 새로운 출발점이 있는 법. 새로운 출발점에 선다는 것은 더 많은 사람이 새로운 기회를 잡을 수 있다는 의미였다. 가장 먼저 일본인 소유 땅이나 집이 미 군정을 거쳐 한국인에게 불하되었다. 이를 '귀속재산 불하歸屬財産拂下' 또는 '적산 불하敵産拂下'라고 한다.

광복 이후 일제강점기 일본인들이 한국 내에 소유했던 부동산을 미 군정에서 몰수했다. 1945년 해방이 되자 미 군정은 주택 1만 호 건설 계획을 입안하기도 했다. 이후 미 군정과 이승만 정부는 1947년부터 한국 내의 기업 또는 개인에게 소유권을 나눠주었다.

1950년에는 지주에게서 토지를 유상몰수해서 소작농에게 유상 분배하는 농지개혁을 단행했다. 이 개혁으로 소수 지주 지배자의 부동산 시대에서 국민의 '개인 부동산 시대'가 열렸다. 일제강점기에 소수의 지주층에게 편중되었던 토지 소유는 단기간에 평등해졌고, 그 덕분에 대한민국은 소수의 대지주가 지배하는 나라에서 소규모 자영농이 고루 소유할 수 있는 나라로 바뀌었다.

그러나 안타깝게도 광복의 기쁨은 오래가지 못했다. 1950년 동족상잔同族相殘의 비극 6·25 한국전쟁이 터진 것이다. 한반도는 전쟁의 참화로 모든 것이 잿더미로 변했다. 심지어 전후 한반도는 남북으로 갈라지기까지 했다. 그야말로 거대한 변화의 소용돌이 시

대를 맞이하게 된 것이다. 어쩌면 대다수 국민은 집도 절도 아무것
도 없는 '무無'의 상태가 됐다는 표현이 옳을 것이다.

물론 역사의 소용돌이 속에도 변하지 않는 것이 있었다. 전쟁이
끝난 후 사람들은 일거리를 찾아 '도시'로, 전국에서 몰려들었다.
해방 때나 전후 시기나 희망을 찾아 서울로 몰려든 사람들은 대개
서울 외곽 허허벌판에 무허가 집을 짓고 살았다. 당시 서울에 올라
온 사람이 전했던 회고담을 들어보면 하나같이 힘겨운 삶을 살았
지만 나름대로 내일에 대한 희망도 엿보였다.

"와서 보니까 이곳은 허허벌판이었어요. 허허벌판인데 낮에 남
자들이 벽돌을 찍더라고요. 뭐하냐고 했더니 현재는 무허가인데
자기 집을 짓는다고 하는 거예요. 밤에는 그 달빛 아래에서 집을 짓
는 거예요. 그땐 모두 아궁이 하나 부엌 하나 방 하나 있는 집에 살
았지요."

## 전쟁 후 100만 호 주택건설 발표

전쟁의 폐허 위에선 가장 중요한 것이 살 '집'이었다. 이승만 정부는 6·25전쟁이 끝난 직후인 1953년, 100만 호 주택 건설에 대한 담화문을 발표했다. 이후 이재민 수용소, 월동용 간이주택, 후생주택 등 8만2천 호 이상을 건설했다. 또한, 1954년에는 다시 부흥주택 1,000호 건설 계획을 발표했다. 이렇게 1960년대 대한민국은 폐허 위에 집을 짓는 시대를 통과하고 있었다.

국가 새건의 출발선에 선 남한은 모든 것이 '그라운드 제로' 사회였다. 땅은 농지개혁 성공으로 나름대로 공평하게 나뉘었고 전쟁의 폐허 위에 지어지는 집은 그저 살아가는 데 꼭 필요한 '주거'의 개념이 강했다. 세계은행(World Bank)이 발간한 한 보고서에 따르면, 1960년 무렵 대한민국의 토지 소유 분포는 전 세계에서 가장 평등한 나라에 속하는 것으로 나타났다.

역사는 거대한 파도가 휩쓸고 지나갈 때마다 뚜렷한 변곡점을 만든다. 해방은 농지개혁을 통해 토지 소유 분포를 최대한 고르게 만드는 계기가 됐다. 6.25 전쟁은 새로운 주택 건설과 도시개발 시대를 여는 출발점을 만들었다. 그것은 한편, 미래에 새로운 가치를 만들어 꽃을 피우고 열매를 맺게 될 것이라는 가능성이기도 했다.

어떤 사람이 미래학자에게 이렇게 물었다고 한다.
"어떻게 미래를 예측할 수 있습니까?"
미래학자는 다음과 같이 답했다.

"길모퉁이에 멈춰서 과거와 미래를 동시에 보면 됩니다. 길모퉁이는 변화가 일어나는 짧은 변곡점이지만 지나온 길과 앞으로 가야 할 길을 동시에 볼 수 있는 유일한 지점이기 때문입니다."

역사의 변곡점에는 늘 새로운 씨앗이 뿌려진다. 이때 누군가는 긍정적인 미래를 상상했을지도 모른다. "대한민국이 발전하고 경제가 성장하면 인구가 늘 것이며 인구가 늘면 도시가 발달할 것이다. 도시에 사람들이 몰려들면 집과 땅이 필요할 것이고 땅과 집값은 반드시 오르게 될 것이다." 이런 희망찬 상상을 하며 미래를 내다본 사람은 기회의 선택지를 더 많이 가졌지 않았을까?

생각한 스푼
어떤 사람들은 자신이 하고 싶은 일을 할 수 없는 수천 가지의 이유를 가지고 있다. 그들에게 제일 필요한 것은 그 일을 할 수 있는 한 가지 이유이다. _윌리스 휘트니

# 발달한 도시들의
# 공통점

학창시절 지리시험을 치던 때로 돌아가 보자. 다음과 같은 문제가 나왔다면 어떻게 답을 적어야 할까?

〈문제〉 다음 보기는 한반도의 근현대 100년간 도시가 발달한 지역이다. 이 도시들의 특징이나 공통점에 관해 쓰시오.

보기 : 서울, 부산, 인천, 개성, 평양, 신의주, 천안, 군산, 강릉, 나주

한반도 지도를 펴놓고 지난 100년간 발전해 온 도시들을 살펴보자. 그러면 도시별 특징도 분명히 있고 여러 도시의 공통점도 보인다. 지금 이런 시험지를 받아들었다면 필자는 가장 먼저 '입지조건'

이라고 썼을 것이다.

## 주요 도시들의 입지조건과 발전과정

'보기'에 나온 도시들로 잠깐 여행을 떠나보자. 먼저 살펴볼 곳은 '서울'이다. 도시 탄생 과정은 조선 건국 시기까지 거슬러 올라간다.

1392년 7월 17일, 고려의 장수 이성계는 새로운 나라 '조선'을 세웠다. 조선은 한양을 새로운 수도로 정했다. 새로운 나라를 세운 건국자들은 1394년 10월 25일 고려의 수도였던 개경을 떠나 10월 28일 한양에 도착했다. 수도 서울은 조선시대부터 현재 대한민국에 이르기까지 약 627년의 오랜 역사를 지니고 있다.

여기서 한 가지 궁금증이 생긴다. 왜 조선 왕조는 수도로 한양을 선택했을까? 이 물음에 건국자들은 아마도 다음과 같이 반문했을 것이다.

"한양은 산이 있고 물이 있어 좋고 무엇보다 육지 교통뿐만 아니라 한강을 이용한 수로 교통이 편리하여 새로운 왕조의 도읍지가 되기에 안성맞춤인 입지조건을 갖추지 않았소?"

실제로 지도를 펼쳐놓고 보면 누구나 이 말에 동의할 것이다. 서울은 지리적으로 한반도의 중앙에 자리 잡고 있다. 입지환경은 앞쪽으로 한강이 흐르고 남산, 북악산, 인왕산, 백악산, 타락산(현재의 낙산)이 도시를 감싼다. 서울을 둘러싼 산에서 흘러내리는 물은 청계천으로 흘러 한강으로 이어진다. 또 바깥쪽으로 북한산, 아차산, 덕양산, 관악산은 거대한 자연 산성을 이뤄 천연요새처럼 서울을 지켜주고 있다. 맞다. 한반도 최고의 입지조건을 갖춘 곳이 한양이다.

이제 '부산'으로 가보자. 인구가 2021년 기준 340만 명에 이르는 대한민국 제2의 대도시 부산. 대륙과 해양이 만나는 땅 부산에는 정주민과 이주민이 갈등하고 섞이며 만들어 낸 근대의 궤적이 곳곳에 남아 있다.

부산은 1876년 개항으로 근대 항만도시로 첫발을 내디뎠다. 그러나 일본의 지배권이 관철되는 식민지 근대로서 출발할 수밖에 없었다. 17세기에 설치됐던 초량왜관(왜인과 교역을 위해 부산 초량에 설치하였던 상관)을 중심으로 일본은 시가지를 형성하고, 부산항을 건설했다.

1925년에는 경상남도청이 진주에서 부산으로 옮겨오면서 더욱 발전하였다. 1945년 해방 후 부산은 귀국 동포와 한국전쟁 시기 피란민들이 몰려들었다. 원도심 시가지 북쪽 산은 중턱 위에까지 판잣집들이 대거 들어섰다. 서울에서 부산으로 내려온 정부는 1,000일이 넘는 기간 동안 부산을 임시 수도로 사용하기도 했다.

일제강점기 내내 부산은 한반도에서 가장 중요한 항구 도시였고 해방 후 인구는 더욱 급증했다. 해방 직후 배를 타고 돌아온 귀국 동포 가운데 약 15만 명이 부산에 터를 잡았다. 특히 한국전쟁 시기에는 50만 명이 피란해 옴으로써 극심한 주택난과 도시기반 시설 부족에 시달려야 했다. 유입 인구는 산 중턱에 판잣집을 짓고 살았다. 태평양의 관문 항구 도시는 역사를 품고 오늘날의 대한민국 제2도시 부산으로 탄생했다.

서해를 대표하는 '인천'도 바다와 붙어 있다. 서해 건너는 바로 중국이다. 항구 도시 인천은 1875년 운요호 사건이 발생하고 이듬해 강화도 조약이 체결되면서 조약 내용에 의해 부산, 원산과 함께 개항이 결정되었다.

1899년 9월 18일 한반도 최초의 철도인 경인선 철도가 인천에서부터 개통되었다. 2003년 인천광역시 경제자유구역청이 개청되어 송도·청라·영종 지구를 담당한다. 현재 인천은 인천항과 인천국제공항을 중심으로 제조업과 물류 산업이 발달한 도시다.

'천안'의 입지조건은 어떤가? 천안 하면 '천안삼거리'가 가장 먼저 떠오른다. 지도에서 보면, 천안은 옛 도로인 영남대로와 삼남대로(충남과 호남 방향)가 갈라지던 '교통의 요지'다. 하지만 일제강점기 당시 일본으로의 식량 자원 수탈이라는 측면에서 유리했던 호남선이 대전에서 분기되었고 대전이 더욱 성장하기 시작했다.

이러한 교통의 이점을 얻게 된 대전이 충남 제1의 도시로 성장했고, 호남고속도로 역시 대전의 회덕 분기점에서 분기하면서 천안삼거리로 대표되는 교통의 요충지라는 이미지는 다소 퇴색되기도 했다.

하지만 2000년대 이후 수도권 전철 1호선의 천안 연장과 논산천안고속도로의 개통으로 다시 천안은 교통요지로서의 위세를 되찾았다. 현대판 천안삼거리라고 말할 수 있는 천안 분기점은 향후 아산청주고속도로의 천안-아산 구간의 분기점과도 연결되어 그 기능이 더욱 강화될 것으로 기대된다.

'군산'은 전라북도 북서부 해안에 있는 도시이다. 동쪽은 익산시, 서쪽은 서해, 남쪽은 만경강을 경계로 김제시, 북쪽은 금강을 경계로 충청남도 서천군과 두루 접하고 있다. 금강 하구와 만경강 하구로 둘러싸인 육지와 서해의 섬들로 이루어진다.

군산은 '군산자유무역지역'으로 여전히 연결과 소통의 도시로 성장했다. 공항, 항만, 고속도로 등 완벽한 SOC(사회간접자본) 기반 시설과 주변에 선박제조, 신재생에너지 등 다양한 산업이 분포되어 있다. 자유무역지역과의 산업 연관 효과를 극대화할 수 있는 최적의 입지조건을 갖추고 있는 셈이다.

'강릉'은 강원도 동해안 중부에 있는 도시이다. 서쪽으로 태백산맥이 뻗어 있고, 동쪽으로 동해가 펼쳐져 있다. 해안선 길이는 73.72km. 강릉의 연안은 수심이 깊고 계절에 따라 한류와 난류가 흘러 어족이 풍부하다.

'나주' 하면 가장 먼저 나주평야가 떠오른다. 전라남도 중서부에 있고, 시의 중심으로 영산강이 흐른다. 강을 따라 나주평야가 펼쳐진다. 나주평야는 전라남도의 곡창지대를 이룬다. 나주는 혁신도시 사업에 따라 빛가람동 일대에 한국전력공사, 한국농어촌공사, 한국농수산식품유통공사 등이 이전되었다.

이번엔 북한으로 지도 여행을 떠나보자. 먼저 개성을 지도에서 찾아보면 서울과 그리 멀지 않다. 이곳은 과거 고려의 수도로 500여 년간 번영한 고도古都이다. 개성은 역사 속에서 개경開京, 송악松岳, 송도松都, 송경松京 등 여러 가지 이름으로 불렸다.

이 지역은 바다와 밀접한 연관성을 지닌 입지를 가지고 있다. 개성은 인접한 항구 도시인 '벽란도碧瀾渡'와 함께 국제 상업 도시로 발달했다. 이후 조선 왕조가 들어서 1394년 한양으로 천도할 때까지 489년간 고려와 조선 두 왕조의 도읍이었다.

그 위쪽에 있는 '평양'은 현재 북한의 수도이다. 평양 하면 떠오르는 강은 대동강. 도시의 중심으로 대동강이 흐르며, 평야가 발달하였다. 평양 중심지에 있는 산은 모란봉이고, 그 동쪽 주변에 대성산이 있고, 그 북쪽으로 청운산과 용골산이 있다.

'신의주'는 어떤가? 평안북도 서북부에 있는 도시로, 평안북도청 소재지다. 압록강을 사이에 두고 중국과 국경을 접하며, 조·중 우의교를 통해 중국 단둥시와 연결된다. 압록강이 서조선만으로 유입되며 하구에 삼각주를 형성하면서 신의주평야가 발달했다. 일제가 의주읍의 남쪽에 경의선 철도를 개설하면서 급성장해 1914년에 신의주부로 승격했다.

## 주요 도시들의 공통점 찾기

우리는 남북한을 대표하는 주요 도시들의 입지조건과 발전과정을 살펴보았다. 도시가 발전해 온 과정을 보면 몇 가지 공통점이 있다.

+ 주요 도시 발전의 공통적인 키워드: 강과 산, 바다와 항구, 사통팔달 교통, 평야

잘나가는 도시들은 모두 사람들이 먹고 입고 자는 의식주에 유리한 입지조건을 갖췄다는 점이다. 반대로 생각하면 그 요소들이 시대를 초월하여 도시가 발전하는 필수 전제조건이라고 볼 수도 있다. 그러니까, 한 도시가 발전하고 성장해 가는 과정을 다음과 같이 요약할 수 있겠다.

"강과 산, 바다와 항구, 평야 등 의식주에 유리한 환경과 입지조건을 갖춘 지역은 사람들이 모이니 사방으로 교통이 발전하게 되고 사통팔달 교통은 더 많은 사람을 모으게 된다. 만남이 집중되는 장소에 인구가 늘어나고 인구가 늘어날수록 각종 편의시설이 세워진다. 도시가 형성되고 집값과 땅값이 상승하게 된다. 집중화를 줄일 목적으로 주변 위성도시가 만들어지고 중심도시와 위성도시를 잇는 교통망이 생기며 이 교통망을 따라 도시의 규모가 확장된다."

도시도 생명체처럼 나고 성장한다. 국가가 유지되는 한 도시는 자체 생명력을 바탕으로 계속 성장할 것이다. 이런 도시 성장 과정을 때론 긴 역사의 안목으로 조망해 볼 필요가 있다. 거기에서 부동산이 품고 있는 놀라운 통찰을 얻을 수 있기 때문이다.

## 통찰력이 필요한 시대

통찰력이란 무엇인가? 우리 시대 인생 조언자 법륜 스님의 통찰력에 대한 강연을 들은 적이 있다. 스님의 말씀을 잠깐 소개해 보고자 한다.

"어느 순간 전모全貌가 확 보이는 것이 통찰력입니다. 즉, 지혜입니다.

통찰력을 가지려면 먼저 자기로부터 출발해야 합니다.

자발적이어야 합니다. 왜 그럴까? 왜 그렇게 되지? 자기가 스스로 궁금해해야 합니다.

그리고 그 궁금증에 대해 집요하게 탐구하는 것입니다.

그러다 보면 어느 순간 이것저것 낱개가 아니라 전체 상황이 확 보이게 됩니다.

이 순간 통찰력이 생깁니다.

지식이 쌓여 통찰력으로 승화시킬 수 있도록 해야 합니다.

통찰력을 키우기 위해서는 제일 중요한 것은 첫째, 우주에 대해 알아야 합니다.

물질세계에 대한 기본 구성원리를 이해해야 합니다.

두 번째는 생명의 세계에 대하여 알아야 합니다.

지구의 생명과 인간이 어떻게 진화해 왔는지를 원리를 이해해야 합니다.

세 번째는 인류 문화사에 대해서 알아야 합니다. 인류 문명이 어떻게 발전해 왔는지 이해해야 합니다.

네 번째는 우리 역사를 알아야 합니다. 우리는 어디에서 출발하여 어떤 과정을 거쳐 어떤 결과를 가졌는지에 대한 문명의 흐름과 역사를 이해해야 합니다."

법륜 스님의 말씀대로 통찰력을 얻는다는 의미는 세상과 자연과 사람을 알고 역사의 창조 과정과 흐름을 이해하는 것이다. 부동산에 대한 통찰력을 얻는 것 또한 마찬가지라고 생각한다. 필자는 도시의 성장과 발전의 역사 속에 숨어 있는 공통점을 이해하는 것이야말로 변화무쌍한 우리 시대, 부동산에 대한 안목을 키울 수 있는 진정한 비법이라고 믿고 있다.

> 생각한 스푼
> 돈에서 생각이 나오는 게 아니라, 생각에서 돈이 나오는 것이다. _마크 빅터 한센

# 영동 건설로 되돌아본
# 서울 강남 부동산

도시 발전은 「인구증가 → 가치 상승 → 도심 확장 → 신도시 개발」로 이어진다. 이것은 누구도 쉽게 바꿀 수 없는 도도한 흐름이자 법칙이다. 서울의 강남이 건설되는 과정도 비슷하다. 만약 어떤 사람이 비행기를 타고 1960년대부터 현재까지 서울 강남 위를 꾸준히 비행하며 발전사를 기록한다면 어떨까? 아마 다음과 같이 정리할 것이다.

1963년 이전까지는 강북이 서울의 중심이었어.
강남은 여의도를 중심으로 영등포 일대만 포함된 정도였지.
그 외 강의 남쪽은 대부분 허허벌판이었어.
작은 구릉이 보이고 판잣집들도 군락을 이루고 있었지.
강남은 강북처럼 주거지 형성이나 시가지화가 거의 되어 있지 않았어.

과수원이나 채소밭도 많았고, 논밭에는 소가 끄는 쟁기질을 하는 사람들도 보였지.

1963년 서울의 행정구역은 두 배로 확대되었지.

1970년대 전후로 영동개발이 시작됐어.

이때 영등포의 동쪽 지역까지 서울시로 편입되었는데, 그 영등포의 동쪽이라고 해서 바로 영동지구라고 불리게 된 거지.

이곳이 강남구, 서초구, 송파구를 중심으로 한 오늘날의 강남에 해당하지.

1968년 '영동지구 토지구획정리 사업'을 시작으로 강남의 모습은 변하기 시작했어.

1971년엔 논현동에 공무원 아파트가 지어졌고, 1972년에는 영동지구 시영 단독주택이 건설되었지.

1973년에는 '영동 잠실 지구 신시가지 조성계획'이 발표되며 본격적인 강남개발이 진행됐지.

'영동 신시가지 개발사업 계획'과 함께 개발을 시작한 강남의 모습

강남에 신축된 아파트와 강남 논밭의 공존

어느새 강북에 있던 대법원 같은 관공서들과 휘문고, 정신여고, 경기고, 경기여고 등 주요 명문고가 하나둘씩 이전을 시작했어.

2000년대를 거쳐 이제 50여 년의 시간이 더 흘렀지.

허허벌판과 논밭은 그렇게 세월을 타고 빌딩 숲과 아파트 단지의 대한민국 최고 도시, 최고 부자 동네가 되었어.

…


## 50세 중년이 강남에 서 있다면?

1970년도에 강남 어딘가 이름 없는 판잣집에서 태어나 어린 시절을 보내고 이제 50세를 넘긴 중년이 지금의 강남을 다시 찾는다면 소회가 어떨까? 아마도 이렇게 감정을 표현했을 것 같다.

"천지가 개벽할 일이다. 지금의 논현동과 영동 일대는 논과 밭이 있는 전형적인 농촌의 모습이었다. 그때 거기에 살았던 사람들이

50년 뒤 지금의 강남 모습을 상상이나 했을까? 아마도 대부분은 생각하지 못했을 것이다. 그러나 변화를 읽고 미래를 꿈꾸고 비전을 발견한 이도 있었을 것이다."

그 시대 강남개발은 필연적이었다. 도시발전의 법칙에 따라 서울의 강북은 포화상태였고 도시문제를 해소할 정책이 필요했기 때문이다. 1970년 서울 인구는 거의 600만 명에 이르렀다. 서울의 인구는 1953년 약 100만 명에서 1960년 245만 명으로 10년도 채 안 되는 짧은 기간에 150만 명이 증가했다. 당시 조선시대부터 발전해 온 '강북'의 인구와 부동산 상황을 살펴보자.

+ 집은 부족하고, 낡디 낡았다.
+ 주택 수는 가구 수의 절반에도 미치지 못했다.
+ 주택 중 3분의 1은 판잣집이었다.
+ 상수도는 절반을 겨우 넘겼고 배급제가 시행됐다.
+ 도로율은 8%에 출퇴근 평균시간은 2시간이었다.
+ 학교시설이 부족해 천막 임시학교가 많았고, 수업은 오전과 오후로 나눠 2부제로 시행됐다.

물론 강북에서도 많은 대책이 나왔다. 구도심 연접지역인 서교, 동대문, 면목, 수유 등으로 토지구획정리사업을 추진했다. 하지만, 폭증하는 인구를 수용하기에는 역부족이었다. 위기와 기회는 동전의 양면이라고 했던가? 문제가 많은 곳에서 반드시 새로운 기회가 생기게 마련. 결국 서울시는 구도심의 문제를 해결하기 위해 강북을 벗어나 대규모 신시가지 개발의 필요성을 깨닫게 되었다.

## 강남개발의 여러 가지 요인들

강남이 선택된 이유는 많았다. 그중 5가지 정도가 대표적으로 꼽힌다. 첫째는 강북의 도심과 가장 가까운 지역적 이점이 있어서다. 강 하나만 건너면 된다. 둘째는 강남땅의 넓은 개발구역이 큰 장점이었다. 강북 면적에 가까울 정도로 엄청나게 넓었다. 셋째는 자동차가 보급되면서 도로와 계획도시의 필요성이 커졌다. 넷째는 남북 갈등과 긴장의 시대였기 때문에 한강을 건너는 것에 관한 심리적 불안감 해소와 도시 기능 분산 전략도 있었다. 마지막 다섯째 이유는 도시개발에 따른 정치세력의 자금조성 목적도 한몫했다. 개발은 이권과 동의어니까.

서울에 변화 바람이 몰아쳤다. 1965년에는 '시정 10개년 계획', '간선 도로망 계획', '대서울 도시계획' 등이 만들어졌다. 1966년에 '서울 도시기본계획'이 발표됐다. 그리고 드디어 1967년 경부고속도로 건설이 시작되면서 토지구획정리사업 계획이 좀 더 구체화되었고, 강남의 신시가지 개발에 중점을 두고 영동 제1, 2지구(59km²)에 60만 인구의 신시가지를 조성한다는 '영동지구 신시가지 계획'이 발표되었다.

정부는 강남개발을 본격적으로 진행했다. 또한, 강남개발 촉진을 위해 각종 부동산 거래 혜택을 제시했다. 실제로 1972년 '특정 지구 개발촉진에 관한 임시조치법'을 공고하고 1978년까지 시행하여 부동산 투기세, 영업세, 등록세, 취득세, 재산세, 도시계획세, 면허세 등 토지의 거래 및 사용에 대한 거의 모든 세금을 면제했다. 강북이 전면규제의 도시였다면, 강남은 규제 완화의 도시가 된 것이다. 당연히 강남의 땅값은 치솟기 시작했다. 70년대 강남은 '복부인', '웃돈', '아파트 분양행렬' 등의 낯선 용어들을 등장시켰다.

대한민국 최고의 부자 도시 강남의 성장역사를 다룬 책『강남의 탄생』(한종수·강희용, 미지북스)을 보면 다음과 같은 통계가 나온다.

"1963년 당시 땅값 수준(지수)을 100이라 했을 때, 1970년 강남구 학동의 땅값은 2000, 압구정동은 2,500, 신사동은 5,000이 되었다. 7년 만에 각각 20배, 25배, 50배가 오른 것이다. 같은 기간에 중구 신당동과 용산구 후암동은 가격 10배와 7.5배 상승하는 데 그쳤다. 1979년이 되면 아예 단위가 달라졌다. 학동의 땅값 지수는 13만, 압구정동 8만9,000, 신사동 10만이었다. 이에 따르면, 1963~1979년 16년간 학동의 땅값은 무려 1천333배, 압구정동은 875배, 신사동의 경우 1천 배가 올랐다."

상상할 수 없을 정도로 집값과 땅값이 올랐다. 강남을 중심으로 부동산 투기 문제가 심각해지자 정부는 1978년, '부동산 투 억제 종합대책'을 발표했다. 물론 그 대책은 이후 지금까지 투기에 대한 억제와 완화 정책을 반복하는 시작이었다.

강남개발 50년사는 서울 부동산의 성장사를 그대로 대변해준다.

아무것도 없던 논밭과 들판의 땅이 금싸라기 같은 땅으로 변모하는 과정은 한 도시 성장 과정에 인간의 욕망, 꿈, 용기, 도전, 기회, 희망, 비전 등의 단어들이 뒤엉켜 불타는 용광로 그 자체였다.

어느 날 문득 서울 강남 한복판에 서 있다면, 50년 전 허허벌판 위에 있는 모습을 상상해 보자. 그때로 돌아간다면 어떤 생각이 머릿속에 떠오를까? 눈에 보이는 허허벌판만 보고 있을까? 아니면 그 위에 세워질 빌딩을 상상하며 어떤 꿈과 비전을 그려볼까? 어쩌면 지금 우리가 서 있는 곳이 50년 뒤 '강남의 한복판'처럼 변할 것이라고 생각하면 머리카락이 쭈뼛 설지도 모를 일이다.

생각한 스푼
상상은 창조의 시작이다. 당신은 바라는 것을 상상하고, 상상한 것을 결심하며, 결심한 것을 마침내 창조한다. _조지 버나드 쇼

# IMF 외환 경제위기,
# 절망 속에 부르는 희망노래

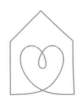

세상은 만만치 않다. 이유는 뭘까? 사전에 예상하지 않았던 문제, 난관, 위기, 외부 환경변화가 계속 생기기 때문이다. 때론 기다렸다는 듯 여러 위기가 한꺼번에 몰려들기도 하고, 오랫동안 준비한 일을 하려는 순간, 하필이면 그때 사건이 터져 계획이 무산되기도 한다. 1997년 11월도 그랬다. 그달 21일 아침 신문에는 '한국, IMF에 구제 금융 공식 신청'이라는 머리기사를 대문짝만하게 뽑아 보도했다.

"정부가 결국 국제통화기금 IMF에 구제 금융을 신청하기로 했다. 경제우등생 한국의 신화를 뒤로 한 채 사실상의 국가 부도를 인정했다. 외화보유액이 39억 달러까지 급감하자 어쩔 수 없는 선택을 하게 된 것이다."

1997년 11월 21일 경제부총리는 특별 기자회견을 열고 "대한민국 정부는 국제통화기금(IMF)에 자금 지원을 요청하기로 했다"고 밝혔다. 이 사건이 바로 대한민국에 경제 대란을 몰고 온 'IMF 사태'다. 위기징후는 사전에 감지됐다. 30대 재벌 계열사 중 금융과 보험사를 뺀 804개의 부채 총액이 연초 269조9천억 원에서 연말에는 375조4천억 원으로 급등했다. 평균부채비율이 386.5%에서 518.9%로 뛰는 등 국내 기업들의 경영환경은 최악으로 치닫고 있었다.

## 기업들의 연쇄 부도 시작

그해 나라 곳간의 외환 보유액은 빠르게 줄기 시작했다. 끝내 부도를 내거나 부도유예가 적용된 대기업만 10여 곳에 이를 정도였다. 재계서열 14위였던 한보그룹의 경우 주력계열사인 한보철강이 1997년 1월 부도를 맞았다. 4월에는 삼미그룹이 부도가 났고, 진로그룹은 부도유예협약, 5월 대동도 부도유예협약이 적용됐으며, 한신공영도 부도처리됐다.

7월에는 기아그룹이 부도유예협약이 적용됐다. 이어 10월과 11월에는 쌍방울그룹과 해태그룹이 각각 화의신청(법원 중재 아래 약속으로 파산을 피하는 제도)을 했다. IMF 구제신청 협상이 완료된 12월에도 고려증권과 한라그룹이 잇따라 부도처리 됐다. 이런 대기업 연쇄 부도는 우리 경제 전반에 큰 타격을 주었다.

## IMF 외환위기 주요 일지(1997년)

- 1월 한보, 4월 진로 부도, 7월 기아 협조융자 신청
- 10월 24일, 27일 S&P 무디스, 한국 국가신용등급 하향조정
- 10월 28일 모건스탠리 '아시아를 떠나라' 보고서 발표, 주가 500선 붕괴
- 10월 29일 연기금 3조원 규모 주식매입 등 금융안정 대책 발표
- 11월 5일 블룸버그 한국 가용 외화보유액 20억 달러 보도
- 11월 14일 김영삼 대통령 IMF 구제 금융 신청 지시
- 11월 21일 정부, IMF에 구제 금융 공식 신청

국가가 국제통화기금 IMF에 구제 금융을 신청한다는 건 단순히 돈만 좀 빌려 쓰는 문제가 아니었다. 돈을 빌려주는 조건으로 국가 경제 전반과 기업 운영에 수많은 간섭을 받아야 한다는 의미였다. 우리 경제를 손아귀에 쥐고 통제하려는 IMF와 간섭을 최소화하려는 정부 간의 줄다리기 끝에 12월 3일 협상이 타결됐다.

이로써 나라의 부도 사태만은 겨우 막았다. 하지만 이것이 끝은 아니었다. 영원히 망하지 않을 것만 같았던 대기업들은 이후에도 줄줄이 무너졌다. 대우그룹은 공중 분해됐고, 한보그룹과 기아, 쌍방울, 뉴코아 등이 끝내 문을 닫아야 했다.

특히 재계 순위 4위에 30개의 계열사를 보유하고 자산총액 35조 5천억원을 자랑하는 국내 대표 기업인 대우그룹의 해체 소식은 국민을 큰 충격에 빠뜨렸다. 1998년 쌍용을 인수하면서 재계 2위로 도약했지만, IMF 경제 대란의 파고를 넘지 못하고 2000년에 무너

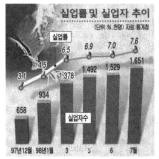

1997년 11월 국제통화기금
IMF에 구제 금융 신청 신문
기사와 관련 보도들

진 것이다.

대기업들이 무너지자 이제 국민이 피부에 와 닿는 고통을 실감
하게 됐다. 가장 먼저 기업들의 구조조정이 시작됐다. 기업들이 가
장 먼저 한 일은 직원을 자르는 대량 해고 조치였다. 실업자, 노숙
자들이 쏟아져 나왔다. 회사의 부도나 해고, 실업에 따른 생활고 때
문에 자살하는 사람들까지 속출했다.

기성세대들에게 "전쟁 후 국가를 재건하면서 가장 어렵고 힘든
시기를 꼽으라면 언제라고 생각하십니까?"라는 질문을 던진다면
50대 이상 세대는 아마도 대부분 IMF 시절을 꼽을 것이다. 이때 많
은 국민은 경제적으로 망한 국가의 상황을 체감했기 때문이다. 강
력한 트라우마가 됐다. IMF 시절이 가져온 절망은 그저 '보릿고개'
를 넘기며 배 곯았던 시절과는 전혀 다른 고통이었다. 나라의 곳간
이 비고 기업이 줄줄이 도산하고 이어 개인의 아픔과 절망이자 위

기로 이어진 대한민국 모든 구성원이 함께 공유한 뼈아픈 역사였다. 그렇게 'IMF'란 단어는 대한민국에선 전쟁에 버금가는 고통과 위기의 수식어로 모든 국민 머릿속에 깊이 각인됐다.

"나라를 다시 일으켜 세울 수 있을까?"
"기업들이 다시 제자리를 잡을 수 있을까?"
"국민은 다시 희망을 되찾을 수 있을까?"

이 질문에 대한 답을 외환 경제위기 시절 부동산 가격의 변동 흐름을 통해 찾아보자. 다음 표는 IMF 시기(1997.12~2001.8) 전국 부동산(아파트) 가격지수 동향이다. 경제위기가 닥치자 부동산은 매매 및 전세 지수가 일제히 떨어졌다. 그러나 절망 뒤엔 희망이 있기 마련. 1년이 지나면서 최저점을 찍고 반등한 후 4~5년을 거치며 대부분 다시 IMF 이전 수준으로 회복했다.

〔표〕IMF 구제 금융 시기(1997.12 ~ 2001.8) 전국 부동산(아파트) 가격지수 동향
- 하락이 멈추고 상승이 시작된 시기

| 지역 | 형태 | 가격지수 최저-회복 변화 | 반등 시점 | 원상회복 시점 |
|---|---|---|---|---|
| 서울 | 매매 | 32.6 → 26.9 → 32.7 | 98.12(1년) | 2001.7 |
| | 전세 | 31.9 → 22.7 → 31.8 | 98.7(8개월) | 1999.8 |
| 인천 | 매매 | 46.3 → 38.9 → 46.7 | 99.1(1년1개월) | 2001.4 |
| | 전세 | 36.3 → 25.8 → 36.3 | 99.1(1년1개월) | 1999.12 |
| 부산 | 매매 | 42.3 → 37.1 → 42.5 | 99.1(1년1개월) | 2001.3 |
| | 전세 | 37.8 → 30.8 → 37.8 | 98.12(1년) | 1999.10 |

| | | | | |
|---|---|---|---|---|
| 대전 | 매매 | 43.3 → 41.4 → 43.6 | 98.7(7개월) | 2001.8 |
| | 전세 | 31.9 → 27.2 → 32.0 | 99.1(1년1개월) | 1999.8 |
| 대구 | 매매 | 43.6 → 36.9 → 43.8 | 98.12(1년) | 2001.6 |
| | 전세 | 36.7 → 28.8 → 37.3 | 98.12(1년) | 2000.2 |
| 울산 | 매매 | 46.6 → 39.9 → 46.5 | 99.2(1년2개월) | 2002.2 |
| | 전세 | 45.8 → 35.5 → 47.0 | 99.2(1년2개월) | 2000.10 |
| 광주 | 매매 | 56.5 → 46.1 → 56.6 | 01.8(3년8개월) | 2005.6 |
| | 전세 | 44.4 → 36.1 → 44.5 | 98.11(11년) | 2002.2 |

IMF 관리 시기, 은행과 기업들은 선진적 경제 시스템을 도입해 투명성과 재정 건전성을 높여나갔다. 망한 기업들도 많았지만, 경쟁력으로 재무장한 새로운 기업들이 등장해 망한 기업의 자리를 대신했다.

## 추락 후 다시 찾은 희망

IMF 구제 금융은 우리 삶과 경제 전반의 모든 것을 변화시켰다. 어려움에 좌절도 했지만, 탈출구도 찾아냈다. 국민은 나름대로 '금 모으기 운동'을 펼치며 국가 경제 살리기에 힘을 보탰다.

대한민국 국민 모든 구성원의 희생과 노력으로 마침내 2000년 12월 IMF의 모든 차관을 상환했다. 2001년 8월, IMF 관리체제가 공식적으로 종료됐다. 드디어 나라 경제를 다시 일으켜 세울 수 있었고, 기업들이 다시 제자리를 잡을 수 있었으며 국민은 다시 희망을 되찾을 수 있었다. 이후 한국경제는 세계에서 가장 빠르게 성장하며 한국의 경제순위는 평균 세계 11위의 경제 대국이 됐다. 지난

30년간 한국은 첨단 산업 국가로 놀라운 경제성장을 보여주었다.

맞다. 세상만사 절대 만만치 않다. 예상하지 않았던 문제, 난관, 위기, 외부 환경변화 등은 언제 어디서든 몰려온다. 과거에 그랬듯 지금도 오고 있으며 미래에도 그렇게 몰려올 것이다. 그러나 우린 IMF 시기라는 힘든 과거를 거치며 알게 됐다. 위기는 반드시 극복된다는 사실을. 그래서 다시 일어나 성장하는 디딤돌이 된다는 사실을. 국가 경제든, 기업경제든, 가정경제든, 부동산경제든 언제나 위기 뒤에 희망은 있었다.

> 생각한 스푼
>
> 삶을 그저 보지만 말고 관찰하라. 그러면 당신은 어떤 것으로부터 영감을 받을 수 있고 모든 것에서 영감을 얻을 수 있다. _폴 스미스

# 달동네의 재발견

2001년 가을 어느 날, 한 부부는 서울의 서북쪽 경계선에 있는 달동네 골목을 걷고 있었다. 산 중턱에 있는 마을 단독주택들은 슬레이트 지붕이었고, 언제 무너질지 모를 정도로 금이 간 벽돌담 사이로 빼곡히 들어서 있었다.

골목은 사람 하나 지나가기조차 힘들었다. 집은 대부분 40~50년 전에 지어졌을 정도로 오래됐고 겉보기에도 냉난방이 열악해 보였다. 당연히 도시가스가 안 들어와 집마다 연결식 가스통을 세워두고 있었다.

철문으로 된 대문에 들어서자 작은 마당이 보였다. 마당 한쪽에는 작은 화단이 있었고 그 옆으로는 텃밭도 하나 붙어 있었다. 남편이 아내에게 물었다.

"이런 달동네에서 정말 살 수 있겠어?"

"시내 평수 작은 집에서 전세로 이리저리 전전하는 것보다 허름하지만 내 집에 사는 것도 좋을 것 같아."

부부는 결혼 후 신혼생활을 역세권이었지만 반지하에 가까운 전세로 살았다. 2년 전세 계약 만료일이 다가오자 논의 끝에 서울 외곽의 허름한 달동네 집을 사 살아보기로 했다. 마당도 있고 텃밭도 있고 집 평수도 넓었지만, 달동네다 보니 대출을 좀 받아 매수가 가능했다.

부부는 그렇게 달동네에 터전을 잡았다. 주소는 서울이었다. 하지만 저녁에 퇴근하고 집에 오면 산골 깊숙이 틀어박혀 있는 시골집에 온 기분이 들었다.

그런데 부부는 이 달동네에서 오래 살지 못했다. 1년 반 뒤 이 달동네는 재개발 계획이 잡혔기 때문이다. 그 후 몇 년 사이 이곳은 신도시가 됐다. 가장 낙후된 마을이 단숨에 아파트 단지로 변모한 것이다. 사람들은 이런 변화에 대해 이 단어를 떠올린다.

"상전벽해桑田碧海!"

이 말은 뽕밭이 바다가 되는 것처럼 세상이 확 바뀌는 것을 뜻한다. 그러고 보면 대도시의 달동네는 정말 상전벽해라는 단어와 꽤 인연이 깊다.

## 도심 속 달동네의 탄생 이야기

지금으로부터 30~40년 전인 80년대나 90년대까지만 해도 서울 곳곳엔 달동네가 정말 많았다. 달동네라는 명칭이 널리 퍼진 것은 사

아파트촌으로 탈바꿈하게 된 서울 노원구 달동네 백사마을

실 1980년 TBC 동양방송의 드라마 '달동네'가 방영되고부터이다.

원래 달동네는 산등성이나 산비탈 따위의 높은 곳에 가난한 사람들이 모여 사는 동네를 가리킨다. 높은 곳에 있고 달과 가깝게 지낸다고 해서 지어진 이름이다. 비슷한 명칭으로는 판자촌이 있는데, 주로 낮은 지대의 허름한 집을 가리키는 경우가 많다.

달동네라는 용어를 좀 다르게 해석하기도 한다. 명칭에 나오는 앞글자 '달'이 월세에서 나왔다는 설이다. 실제로 달세는 월세의 부산 사투리이기도 하다. 달동네가 시작된 곳이 한국전쟁 당시 피난민이 몰려든 부산이라는 점을 떠올리면 아주 허무맹랑한 이야기는 아닐 듯싶다.

전형적인 달동네 모습

　또 다른 풀이도 있는데, 한국전쟁 당시 판잣집을 '하꼬방(일본어
로 상자를 뜻하는 箱(はこ, 하코) + 방)'이라 불렀다. 이 하꼬방이 모인
동네를 하꼬방촌이라 부르다가 언어순화 과정을 거치면서 달세방
촌, 달동네로 되었다는 설이다.

　어쨌든 달동네를 설명하는 모든 뜻은 대개 살기 불편한 가난한
마을을 의미한다. 다 허물어져 가는 낡은 집에 미로같이 구불구불
한 좁은 골목, 어둡고 인적이 드물어 치안이 열악한 동네 이미지가
머리에 떠오른다.

　서울의 옛 달동네는 도심이나 외곽 가릴 것 없이 곳곳에 자리 잡
고 있었다. 길음동, 월곡동 같은 지역들이나 봉천동, 신림동 등이
대표적이다. 미아동, 금호동, 옥수동 등에도 달동네가 많았다. 그래
도 서울 생활을 막 시작하던 서민들에겐 이 달동네가 참 정겹고 포
근한 시골 정취를 느낄 수 있던 곳이기도 했다.

　서울의 대규모 달동네들은 80~90년대의 집중적인 재개발 붐으로 대부분 사라졌다. 이런 현상은 부산도 마찬가지다. 부산 사상구나 사하구 신평 등 일부 지역을 제외하고는 대부분 고층 아파트로 재개발되어 빈민촌의 흔적은 거의 남아 있지 않다.

## 달동네의 흥미로운 역설

불과 20년 사이에 서울과 부산의 대부분의 달동네에는 대규모 아파트 단지가 들어섰다. 가장 가난한 동네가 어느덧 부자 아파트 동네로 탈바꿈한 반전은 꽤 흥미롭다. 그런데 이런 반전은 어떻게 가능했던 것일까? 이유야 간단하다. 아이러니하게도 '달동네'는 허름하고 값싼 동네였기 때문이다.

아파트 건설사의 입장에선, 눈에 보이는 허름한 집 자체가 아니라 그 집들이 차지하고 있는 서울이란 땅의 본질을 본 것이다. 땅의 가치를 중심에 두고 생각하면 그저 쓰러져가는 판자촌일수록, 단층주택이 몰려 있는 달동네일수록 오히려 재개발 투자수익은 엄청나게 커진다. 이것이 달동네가 대부분 사라진 근본 이유이자 '달동네의 역설'이다.

필자는 처음 부동산 연구를 시작할 때 한 중개인으로부터 기억에 남는 이야기를 들은 적이 있다. 그 사람은 이렇게 말했다.

"부동산 부자들이 휴전선 부근의 지뢰지대 땅을 투자처로 눈독을 들이고 있다고 해요."

이야기인즉슨, 지뢰지대는 탱크나 군대가 가장 신속하게 지나가는 곳을 막기 위한 핵심 길목이라는 점에서 가치가 있지만, 반면 지뢰가 매설된 땅의 가치를 높게 치는 사람은 없을 것이다. 따라서 지금 가져가라고 해도 거들떠보지 않을 폐허의 땅이 남북화해가 진행될수록 금싸라기 땅이 된다는 이야기였다.

믿거나 말거나 한 이야기지만 논리만큼은 꽤 그럴듯했다. 일반인의 상식을 뛰어넘는다고 해야 하나? 실제로 단순한 발상의 전환으로 애물단지를 히트상품으로 만들어 내거나 위기를 기회로 만든 사례는 우리 주변에서도 얼마든지 찾아볼 수 있다.

그중 하나의 예가 서울과 부산의 '달동네'가 아니었을까? 서울안 높은 지대에 빼곡히 들어선 아파트 단지가 대부분 과거 '달동네'였다고 해도 지나친 말이 아니다. 그리고 보면 '달동네들의 아파트 변신'은 우리에게 이런 교훈을 던져주는 것 같다. "한 번쯤 보통사람들이 생각하는 정반대로 생각해 보는 건 어떨까?" 이런 게 '발상의 전환'이다.

> **생각한 스푼**
> 호기심이란 인생에 있어서 처음이자 마지막의 열정이다. _사무엘 존슨

# 역세권 시대,
# 부동산의 의미는?

영화 〈파운더〉는 세계적인 프랜차이즈 기업인 맥도날드 창업가 '레이 크록'의 성공기를 다루고 있다. 맥도날드 형제가 처음 햄버거 패스트푸드 시스템을 만든 음식 창업자라면, 레이 크록은 세계적인 기업을 만든 맥도날드 프랜차이즈 창업자라고 할 수 있다.

레이 크록은 맥도날드 형제와 계약을 맺고 겉으로는 프랜차이즈를 성공적으로 확대해 나갔지만 불리한 계약조건과 비용문제로 안으로는 곪아 터져 파산할 지경에 이르렀다. 사실 그동안 레이 크록은 매장 운영에 대해서는 어떤 권한도 갖고 있지 않았다. 점주들은 오직 맥도날드 형제의 음식 조리의 통제만 받아들였을 뿐이다.

위기에 몰린 레이 크록은 은행에 갔다가 한 금융전문가를 만나게 된다. 그 전문가는 레이에게 다음과 같이 물었다.

"당신이 지금 하는 맥도날드 프랜차이즈를 무슨 사업이라고 생각하십니까?"

레이 크록은 선뜻 대답하지 못했다. 음식 사업도 아니고 유통사업도 아니었기 때문이었다. 그러자 금융전문가는 그에게 다음과 같이 조언했다.

"맥도날드는 부동산 사업이 되어야 합니다. 그러니 좋은 위치에 부동산을 사세요. 그 다음에 맥도날드 매장을 오픈하려는 점주에게 그 부동산을 임대하세요. 그러면 당신이 지금 고민하는 모든 문제들이 해결될 것입니다."

이 말은 들은 레이 크록은 눈에 보이는 맥도날드 음식 사업에서 눈에 보이지 않는 부동산 사업의 가능성을 통찰하게 된다. 그날 맥도날드 프랜차이즈 사업은 부동산 사업의 관점으로 모든 매장을 직접 통제하고 관리하며 전 세계로 무한 성장하는 출발점이 됐다.

발상의 전환과 통찰을 통해 얻은 이점은 많았다. 이제 부동산 소유주가 된 프랜차이즈 사업은 매장 운영에 대한 직접적인 '컨트롤 키(Control Key)'가 생겼고 부동산업과 프랜차이즈 사업을 결합한 새로운 비전을 만들어 낼 수 있었다. 더구나 맥도날드 매장의 성공과 함께 레이 크록의 거점 중심 부동산 가치는 상승할 수밖에 없었다.

토지와 건물의 부동산은 모든 자본주의 권력의 밑바탕이다. 거기에서 자본이 창출되고 통제권을 확보할 수 있었다. 이런 선순환 구조를 구축한 맥도날드는 오늘날 전 세계 3만7천여 개에 달하는 체인점을 운영하고 있다.

한국 맥도날드 홈페이지에 들어가면 부동산 임대 및 매매 안내 코너가 나온다. 이곳에 임대 및 매매 조건은 다음과 같이 제시하고 있다.

+ 유동인구가 풍부한 지역 (역세권, 사무실 및 아파트 밀집 지역 등)

+ 서울·경기도 지역, 6대 광역시

+ 안정적이고 지속적인 주거 인구증가 지역

+ 차량의 진출입 및 접근성이 좋은 위치

+ 도로변에 위치하여 가시성이 좋은 입지

+ 교통 통행량이 많은 지역

이 조건들을 한마디로 정리하면 '역세권'이다. 다른 브랜드의 신규 창업자들까지도 맥도날드 점포 입지를 사업지 선택의 중요한 지표로 삼는다. 한 커피숍 프랜차이즈 업체는 맥도날드 점포 위치를 그대로 따라 주변에 매장을 오픈해 성공했다는 이야기도 있다.

## 눈에 보이지 않는 본질

전 세계 3만7천여 개의 매장을 가지며 프랜차이즈 매장 수로 전 세계 2위 브랜드인 맥도날드. 그 성장 배경에는 '역세권의 부동산업'이라는 발상의 전환이 있었다. 눈에 보이는 것은 단순히 패스트푸드 음식점이지만, 눈에 보이지 않는 본질은 역세권 부동산업이었다. 전 세계 모든 나라에서 적용된 맥도날드의 성공 원리가 우리에게 던지는 통찰이 있다. 그것은 바로 가장 안전하고 지속할 수 있고 성장하는 본질에는 좋은 입지의 땅과 건물이 있었다는 점이다.

태풍에 나뭇가지는 심하게 흔들리지만, 뿌리가 강한 나무 기둥은 중심을 잡고 서 있을 뿐이다. 세상에는 필연적으로 변하는 것과 변하지 않는 것이 있다. 세상만사는 끊임없이 변한다. 주인이 변하고 경제가 변하고 정책이 변하고 유행이 변한다. 그러나 변하지 않는 것도 있다. 변하는 것들은 반드시 변하지 않는 중심에 기댈 수밖에 없고, 그 축이 든든하기에 변하는 것들이 자유롭게 변할 수 있는 것이다. 그러니 변하지 않는 중심을 차지하는 것이 중요하다.

그렇다면 부동산에서 변하지 않는 중심은 무엇인가? 변하지 않는 축은 무엇인가? 맥도날드 프랜차이즈 부동산업은 이 질문에 대해 이렇게 답하고 있다.

"부동산이라는 무대에서 ▲유동인구가 풍부한 지역(역세권, 사무실 및 아파트 밀집 지역 등) ▲서울·경기도 지역, 6대 광역시 ▲안정적이고 지속적인 주거 인구증가 지역 ▲차량의 진 출입 및 접근성이 좋은 위치 ▲도로변에 위치하여 가시성이 좋은 입지 ▲교통 통행량이 많은 지역이 바로 역세권이라는 변하지 않는 중심이고 축이다."

역세권에는 지하철역이 있다. GTX역이 있고 KTX역이 있다. 유동인구가 풍부하다. 새로운 버스 정거장이 생기고 새로운 GTX역이 생기고 새로운 KTX역이 생긴다. 거기에 만들어지는 역세권은 부동산의 변하지 않는 중심이자 축이다.

풍가한 스푼
당신이 무언가에 미쳐 보지 않았다면, 당신은 잘못된 일을 한 것이다. _래리 페이지

# 2장

# 부동산 정책,
# 도전과 응전의 역사

# 박정희 정부,
# 강남 개발 시대의 서막이 열리다!

과거는 미래를 비추는 거울이다. 인간의 선택은 항상 일정한 규칙 안에 있다. 그런 규칙이 역사를 만드니, 역사엔 일정한 패턴이 생겨 난다. 가령 부조리를 없애려고 구권력을 몰아내고 신권력이 되니 어느새 자신들이 부조리를 만드는 구권력이 돼 있더란 말처럼. 이런 역사의 패턴을 읽으면 한결 쉽게 통찰을 얻을 수 있다.

학창시절 '역사란 과거와 현재의 끊임없는 대화이자 도전과 응 전'이라는 말을 한 번쯤 들어봤을 것이다. 역사학자이자 정치학자 E.H. 카는 『역사란 무엇인가?』에서 "역사란 역사가와 그의 사실들 사이의 지속적인 상호작용의 과정이며, 현재와 과거 사이의 끊임 없는 대화"라고 말했다. 그러면서 그는 다음과 같이 역사의 의미를 풀이한다.

"과거에 비추어 현재를 배우고, 현재에 비추어 과거를 배우는 것이기도 하다. 역사의 기능은 과거와 현재의 상호관계를 통해 양자를 더 깊게 이해시키려는 데 있는 것이다."

영국의 역사가 아널드 조지프 토인비 역시 문명의 흥망성쇠를 분석한 『역사의 연구』에서 인류 문명은 '도전과 응전의 역사'라고 갈파한다. 문명은 생성하고 발전하고 그러다가 쇠퇴를 거친다. 하지만 그 문명은 새로운 문명으로 교체되어 나선형을 그리며 계속 진보하는 방향으로 나아간다. 토인비는 문명의 진보에는 변화와 위기에 대한 인간의 도전과 응원이 있기 때문이라는 지성적 통찰을 제시한다.

역사의 무대를 대한민국 서울로 옮겨보자. 전쟁터 포격으로 지붕과 담이 모두 무너진 남산자락의 집들. 지붕부터 폭삭 내려앉은 삶의 터전들. 폐허가 된 서울 시내를 배경으로 남산자락을 걷는 봇짐장수 모습. 지금과 달리 고층 빌딩은커녕 다리나 인공 구조물 하나 없이 고요히 흐르는 한강…. 사진에 포착된 서울의 모습이다.

1951년부터 1953년까지 미8군 제3 철도수송단에서 상병으로 근무했던 듀이 맥린은 당시 전쟁터의 모습을 사진에 담았다. 훗날 맥린은 사진들을 공개했다. 그는 "한국전쟁 후 한국에 다시 가본 적은 없지만, 인터넷을 통해 요즘 한국의 도시와 풍경을 즐겨본다"며 "전쟁 후 한국의 경이로운 성장은 내게도 기쁜 일"이라고 국내 언론과 인터뷰했다.

맥린의 표현대로 전쟁터였던 폐허의 땅 대한민국은 짧은 기간

한국전쟁 중이던 1952~1953년 사이 남산자락을 걷는 봇짐장수와 주변에 건물이나 다리 하나 없는 한강의 전경 / 듀이 맥린의 사진

내에 경이로운 성장을 이뤄냈다. 1950년대 6·25전쟁이 끝난 후 우리나라는 비참한 상황이었다. 전쟁으로 집과 도로, 공장, 발전소 등은 대부분 파괴됐다. 한국은 전쟁으로 인하여 국가 재정의 4분의 1을 잃었으며, 공업생산은 절반 이하로 줄어들었다. 남한의 주력 산업이던 면방직 공업의 건물, 시설의 피해율은 64%에 이르렀다. 1인당 GDP는 67달러에 불과했다.

1960년대 당시 한국은 아프리카 '가나'의 경제 수준과 비슷했다. 세계적인 석학碩學 새뮤얼 헌팅턴에 따르면 "한국과 가나의 1인당 GNP 수준이 비슷했다. 1차 제품(농산품), 2차 제품(공산품), 서비스의 경제 점유 분포도 비슷했다. 당시 한국은 제대로 만들어 내는 2차 제품이 별로 없었고 상당한 경제 원조를 받고 있었다"고 자신의 저서에 소개한 적이 있다.

## 1960년대 경제개발 5개년 계획

1961년 5월 1일 군사 쿠데타로 정권을 잡은 박정희 대통령은 1960년대에 경제개발 5개년 계획을 세우고 본격적으로 국토를 발전시키기 시작한다. 가만히 생각해 보면 대한민국이 해방과 전쟁 후 본격적으로 경제개발이 시작된 1960년대부터 지금까지 부동산 발전과정의 역사는 인간과 자연의 지속적인 상호작용의 과정이며, 현재와 과거 사이의 끊임없는 대화이자 도전과 응전의 이야기라는 생각이 든다.

만약 부동산 정책의 현대사를 그래프 모양으로 그려보면 올리고 막고 내리고, 다시 올리고 막고 내리고를 반복하는 패턴일 것이다. 그러나 더 중요한 것은 반복 패턴이라도 용수철처럼 나선형을 그리며 규모를 키우는 방향으로 성장하고 있다는 점이다. 이런 성장 형태의 나선형 패턴은 부동산은 절대 망하지 않는다는 '부동산 불패 신화'를 남겼다.

우리나라에서 현대식 부동산 정책이 등장한 것은 박정희 정권 시대(1963년 12월 17일 – 1979년 10월 26일)부터다. 1960년대 후반 경제개발 5개년 계획이 수립 집행되면서 본격적인 부동산 시장이 만들어졌기 때문이다.

박정희 정권의 정책 초점은 오직 '경제성장'에 맞춰져 있었다. 60년대 서울은 일자리를 찾아 몰려든 사람들 때문에 주택난이 심했다. 토목과 건설경기를 통한 경제개발과 주택난 해소, 국토개발 등 다양한 요인은 강남 개발 시대를 앞당겼다.

강남이 개발되기 전 한남대교와 경부고속도로 모습

1966년 제3한강교(한남대교) 건설을 출발점으로 강북과 강남을 이었고, 나아가 1967년에는 경부고속도로 건설을 발표했다. 대한민국의 남북을 연결하는 도로가 생기게 되면서 서울의 관문 역할을 할 강남 건설도 더욱 탄력을 받게 됐다.

1971년 12월 강남 최초로 공무원 아파트가 건설되었다. 아파트 건설사들은 강남아파트 건설에 대거 뛰어들었다. 강북의 공공기관과 명문고들이 줄줄이 강남으로 이전해 학군을 만들어가기 시작했다. 국토개발은 전국적으로 퍼져나갔다. 70년대에는 전국을 한강·금강·영산강·낙동강 등 4대강 유역으로 나눠 개발하는 '제1차 국토종합개발계획(1972~1981년)'이 진행됐다. 대외적으로는 베트남전쟁(1955~1975년) 참가와 광부와 간호사의 독일 파견(1963~1977년) 및 해외건설시장 첫 진출(1966년)로 인한 석유자본은 경제개발의 토대가 됐다.

주택건설 붐은 무엇보다 전쟁 후 베이비붐 세대들로 인한 인구 증가 영향도 컸다. 1955~1963년에 태어난 712만여 명은 전체 인구의 14.6%에 해당한다. 이 베이비붐 세대들은 폭발적인 인구수 때문에 대한민국의 경제발전과 산업화의 바탕이면서 각종 사회현상의 이슈들과 궤를 같이한다. 그중에서도 부동산 시장은 베이비붐 세대의 출생과 성장, 결혼, 자녀 교육 등에 의해 크게 영향을 받을 수밖에 없었다. 부동산 및 교육 문제와 모두 직결돼 있었기 때문이다. 강남개발 과정에서 대한민국 부동산 가격은 들썩거렸다. 개인 투자자뿐만 기업들도 저리로 융자받은 자금으로 법인 부동산을 대거 구매, 막대한 차익을 남기기도 했다.

"부동산 과열 현상에 맞는 정부 정책이 필요합니다." 어느덧 정책 당국자의 문제의식이 터져 나오기 시작했다. 국토개발과 경제성장이란 엑셀러레이터에 규제라는 브레이크가 필요하다는 신호였다. 현대적 부동산 정책이 처음 시작된 것은 바로 이때부터다. 정부가 강남땅 투기 열풍을 막기 위해 부동산 시장에 규제책을 처음 개입한 것은 1967년 부동산 투기 억제에 관한 특별조치법을 통해 '부동산 투기 억제세'를 도입한 사례였다. 이 억제세는 토지를 양도한 자에게 그로 인한 차익에 세금을 부과한 것인데, 지금의 '양도소득세'라고 할 수 있다.

하지만 집값이 쉽게 잡힐 환경이 아니었다. 박정희 정권은 개발 위주의 정책으로 택지개발과 공업단지 조성을 위한 도시계획을 실행하고 있었기 때문이었다. 더구나 '오일머니'로 인한 풍부한 유동자금과 다양한 투기 수법이 등장하면서 부동산 시장은 더욱 활화산이 됐다. 1970년대 후반 들어서 중동 건설 특수 등으로 전국적으로 아파트의 수요가 증가하여 아파트 건설 붐이 일기 시작했다.

## 부동산 불패 신화 탄생

1970년대 중반부터는 주택이나 아파트뿐만 아니라 땅값 상승으로 이어졌다. 분양만 받아도 프리미엄 가격이 2배로 붙는 강남아파트는 끝내 1978년 여름 전국을 뒤흔들었던 압구정동 현대아파트 특혜분양 사건이 터졌다. 당시 아파트 투기, 복부인, 분양가 프리미엄 등과 같은 단어들이 생기며, "개발이 있는 곳에 부동산 불패 신화가 있다"는 개념이 만들어졌다.

결국, 박정희 정권은 1979년에 '8.8 부동산 투기 억제 및 지가 안정을 위한 종합대책'을 발표한다. 정부는 양도세 강화 등 각종 억제책과 특별법으로 부동산 투기를 잡으려 했다. 이로써 잠시 안정세를 찾는가 싶더니 이마저도 잠시뿐이었다.

1980년대에 닥친 제2차 오일쇼크와 경제불황을 타개하기 위해 정부가 경기부양책을 시행하자 서울지역 아파트를 중심으로 부동산 투기가 다시 일어났다. 이때부터 부동산 경기는 오늘날까지 상승기와 하락기를 주거나 받거니 거치며 반복과 순환하는 역사를 써오고 있다.

'모순矛盾'이라는 단어가 있다. "창과 방패 중 어느 쪽이 센가?"에 대한 옛이야기다. 창이 개발되면 창을 막는 방패가 개발되고 그 방패를 뚫는 창이 개발된다. 가장 강한 창과 가장 강한 방패는 앞서거니 뒤서거니 끝없이 순환하지만, 역사라는 긴 흐름으로 보면 항상 창이 방패를 이겨왔다. 창은 늘 능동적으로 탄생하지만, 방패는 창에 대항해 수동적으로 만들어지기 때문이다. 창이 먼저 나오면 방패가 뒤따른다. 부동산 시장 역시 상승기를 주도하는 게 창이라면 하락기를 주도하는 게 방패라고 할 수 있다.

생각한 스푼
세상은 발견하는 자의 것이다. 발견하기 위해서는 열심히 돌아다녀야 한다. _마르셀 프루스트

# 전두환 정부,
# 투기 억제 정책

오르막이 있으면 내리막이 있다. 또 상승기가 있으면 하강기도 있다. 창이 강하면 방패가 개발되고 도전하면 응전한다. 그렇게 항상 역사의 패턴은 반복된다.

장면1. 2021년 한국토지주택공사(LH) 직원 부동산 투기 의혹은 LH의 일부 직원들이 신도시 사업지역에 100억 원대의 토지를 투기성으로 집중 매입했다는 주장이다. LH는 신도시 사업을 집행하는 기관이라, 이들이 내부 정보를 이용하여 공직자윤리법상 이해충돌방지 의무와 부패방지법상 업무상 비밀이용 금지를 위반했다는 의혹이 불거져 국민의 공분을 샀다. 신도시 투기 의혹을 규명하기 위해 대규모의 '정부 합동 특별수사본부'를 구성해 조사했다.

장면2. 1980년대 제5공화국 시절에 일명 '빨간 빽바지'가 화제였다. 빨간 빽바지란 전두환 정부 시절 군 장교 부인들이 빨간 바지를 즐겨 입고 다니면서 정부의 부동산 정책 관련 고급정보를 사전에 입수한 뒤 싹쓸이 투자를 하면서 생겨난 별명이다. 정부의 고급정보를 이용해 부동산 투기를 한 잘못된 고위직의 일탈은 사회적 지탄을 받았다.

## 부동산 열풍이 이어진 5공화국

40년을 사이에 두고 벌어진 일이지만 실제로 부동산 역사 속의 패턴은 같다. 물론 그 사이마다 이름만 달리하여 사회적 물의를 일으킨 다른 세력이 있었을 테지만 말이다. 어쨌든 부동산 역사는 박정희 정권 시절 강남 개발과 부동산 열풍을 지나 '제5공화국'이라고 불린 전두환 정권기(1980년 9월 1일~1988년 2월 24일)를 맞았다.

전두환 정부의 부동산 정책을 한 단어로 요약하면 그야말로 '롤러코스터'라고 정리할 수 있다. 집권 내내 부동산 경기 활성화 시도와 억제 정책을 마치 롤러코스터를 타는 듯 오르내렸기 때문이다.

전두환 정권 초기에는 당근을 주는 부동산 정책을 선택했다. 1978년 2차 석유파동과 정치 불안으로 1980년 경제 성장률이 −1.5%로 떨어졌다. 주택경기가 침체되자 쿠데타로 정권을 잡은 전두환 정부는 흉흉해진 민심을 잡기 위해 가장 먼저 주택경기 활성화에 집중했다.

1981년 양도세율 인하, 국민주택 전매 기간 단축 등의 규제 완화

내용이 담긴 5·18 주택경기 활성화 대책을 내놓았다.

뒤이어 주택 500만 가구 건설 계획을 발표했다. 이때 '선매 청약 저축' 제도를 도입했는데, 청약 저축 가입자가 매달 2만~10만 원씩 넣는 돈으로 건설자금을 조달하고, 이들에게 집을 먼저 살 수 있는 권리를 부여하는 방식이었다.

이는 당시 국내 총 주택 재고와도 맞먹는 규모의 '500만 호 건설 계획'의 재원이 부족했던 탓이었는데, 이 계획으로 실제 1987년까지 176만 가구가 공급되었다. 이 공급 규모는 현재 주택공급 수준과 비교해도 엄청난 물량이라 할 수 있다.

전두환 정권은 부동산 정책을 통한 대국민 서비스를 내놓기도 했다. 부동산 매매 시 양도소득세를 면제하고 주택 구입 자금을 지원한 것이 대표적이었다.

이런 정책이 이어지자 부동산 시장이 과열되기 시작했고, 할 수 없이 주택 투기 억제책을 내놓을 수밖에 없었다.

1982년 85㎡ 초과 민영아파트 분양가격을 3.3㎡당 134만 원으로 정한 '분양가상한제'와 주택을 분양받은 후 일정 기간 다른 사람에게 팔지 못하게 하는 규제인 '분양권 전매제한' 등이 포함된 '12·22 주택 투기 억제 대책'을 발표했다.

이어 다음 해인 1983년에는 채권 입찰제, 1984년 토지거래 신고제, 1985년 비업무용 토지 누진과세와 대형주택 중과세 등 규제대책을 연달아 내놓았다.

이후 1985년 주택경기가 침체되자 정부는 반대로 주택건설 활성화 카드를 내놓는다. 공공과 민간 합동 토지개발과 건축 규제를 완화하는 '9·5 주택건설 활성화 대책'을 시작으로 1986년 1가구 2주택자 양도세 면제 기간 연장 등이 포함된 2·12 주택건설 활성화 대책 등 경제 및 부동산 경기 활성화 정책을 시행했다.

## 냉·온탕 부동산 정책 전형

이런 정책에 다시 부동산 과열 양상을 보이자 정부는 1987년 부동산 투기 억제 대책을 내놓기도 했다. 한 정권 집권 기간 내에 활성화와 억제 정책으로 이처럼 변화무쌍한 적은 이후에도 찾아보기힘들다. 냉·온탕을 왔다 갔다 했던 전두환 정부의 부동산 정책은국민의 신뢰를 잃어버리게 되어 결국 부동산 가격만 올려놓았다.

　1980년대부터 아파트는 부의 상징이었다. 서민들과 중산층들의보금자리는 대부분 다세대 주택과 연립주택이 차지하고 있었다. 서울로 간 자녀가 아파트 한 채를 분양받았거나 샀다고 연락이 오면 고향 부모들은 동네방네 자랑하곤 했다.

　"서울에 사는 우리 아들이 이번에 아파트를 샀대. 아무것도 해준것도 없었는데 자기 힘으로 분양을 받았지 뭐야!"

　베이비붐 세대에게 아파트는 상류층의 전유물로 인식되기 시작했다. 심지어 아파트는 단순한 주거공간이 아니라 부를 창출하는수단으로 자리 잡았다. 부를 창출하는 수단이 있다면 사람들의 관심이 쏠리기 마련. 어느새 복부인이나 투기꾼에서 일반인까지 가세하여 부동산 가격을 더욱 끌어올렸다.

전두환 정권 시절에는 국내외 굵직한 이슈들도 부동산 상승을 견인했다. 1985년부터 시작된 저금리, 저유가, 저달러 등 이른바 '3 저低 현상'에다 베이비붐 세대의 취직과 결혼으로 인한 주택 수요 증가가 더해지고, 1988년 올림픽 특수와 증시 호황으로 유동자금까지 넘쳐났다.

이외에 주택공급과 도시개발 사업도 꾸준히 진행됐다. 부동산 개발정책으로는 상계지구 등 주택 115만 호 건설, 한강 정비사업, 1982년 임대주택 육성방안, 1985년 중부고속도로 착공, 서울 개포, 고덕, 목동, 상계, 중계지구 개발계획 등이 대표적이다.

부동산 시장은 정권 내내 들끓기 시작했다. 그러나 전두환 정부는 부동산 시장을 안정적으로 관리하기에는 역부족이었다.

일관성 없이 부동산 정책이 왔다 갔다 하는 동안, 정부는 신뢰를 잃고 집권 내내 부동산 가격은 계속 오르기만 했다.

실제로 1981~1983년 주택가격이 40.6% 급등하고 1981년 26.5%였던 매매가 대비 전세가율이 1987년 122.2%가 될 정도로 부동산 매매 및 전셋값이 크게 상승했다. 1987년 이후 5년도 안 되어 강남아파트 가격이 5배까지 뛸 정도였다.

전두환 정부의 부동산 정책은 시장 상황을 수습하기 바쁜 임기응변적 대응으로 집행됐다. 미래지향적 비전이나 철학 없이 졸속으로 집행된 측면이 강하다. 하지만, 이 시절에 신도시 개발의 발판을 놓은 법률이 제정된 것은 주목할 만하다. 1980년 특정 지역을 택지개발 예정지구로 지정해 정부가 일괄 매수해 택지로 개발하는 방식인 '택지개발촉진법'이 제정되었기 때문이다.

택지개발촉진법은 도시개발 방법을 공영개발 방식으로 바꿨다는 데 큰 의미가 있다. 이 택지개발촉진법에 따라 정부 주도로 개포, 고덕, 목동, 상계, 중계 택지지구가 조성되었고, 이후 노태우 정부에서 1기 신도시를 개발할 수 있는 밑거름이 되었다.

생각한 스푼
꿀벌처럼 여러 꽃을 옮겨 다니며 채집해야만 꿀을 만들어 낼 수 있다. _루쉰

# 노태우 정부,
# 신도시 건설

"영화나 음악을 좋아하는 사람은 비디오나 테이프를 소유하는 것이 목표였다. 그러나 앞으로는 스마트폰 하나면 언제 어디서 든 접속하여 영화나 음악을 즐길 수 있다."

미국의 저명한 경제학자인 제러미 리프킨 교수는 2000년에 출간한 『소유의 종말』에서 앞으로는 물질적 소유의 시대가 끝나고 접속의 시대가 올 것이라며 이렇게 예견했다.

리프킨은 미래는 상품을 많이 생산하는 기업보다 콘텐츠나 지적 재산이 많은 기업이 장기적으로 유리할 수 있다고 했다. 유튜브나 넷플릭스 같은 콘텐츠 기업이 성장하는 우리 시대에 '소유의 종말론'은 꽤나 설득력 있다.

그러나 20여 년이 지난 지금, 여전히 소유의 시대가 끝났다거나 끝날 것이라고 단정하기엔 이르다. 적어도 '부동산'에 대한 소유의 시대는 여전히 현재진행형이기 때문이다.

2020년 통계청 기준 일반 가구의 주택 소유율은 56.3%다. 서울의 경우 48.6%로 절반 이상이 여전히 무주택자다. 사람들은 '자신의 집'을 소유하고 싶은 소망이 있다. 1980년대 말 대한민국 부동산 시장은 한마디로 '소유의 시대'였다. 수단과 방법을 가리지 않고 집을 소유하고 싶은 욕망의 시절이었다. 그러나 불이 났으면 물을 뿌려 끄는 것이 당연지사. 노태우 정부는 불타는 부동산 시장에 불을 끄기 위한 다양한 처방을 내렸다.

정부 정책 포털 국정브리핑 『실록 부동산 정책 40년』 자료에 따르면, 1989년 1월 노태우 대통령은 문희갑 경제수석을 불러 하루가 다르게 뛰고 있는 집값을 수습하라고 지시한다.

"경제수석, 아파트 한 평에 1,000만 원이라니, 집값이 이게 뭐요?"

"각하, 그렇습니다. 노사분규로 가뜩이나 어수선한데 집값마저 이러하니 민란이 일어날 것이라는 얘기도 들립니다."

"보통사람의 시대를 열겠다고 약속했는데, 이래서야 되겠소? 무슨 수를 써 보시오."

"알겠습니다. 곧 대책을 세우겠습니다."

이렇게 나온 부동산 대책이 바로 영구임대주택 공급 방안이었다. 서울을 비롯한 5개 광역시에 25만 가구의 영구임대주택을 공급, 성냥갑 같은 판잣집에 몇 세대가 끼어 사는 영세서민들에게 화장실이 딸린 아파트에 살도록 한다는 계획이었다.

1989년 4월 13일 청와대 문희갑 경제수석은 헬기를 타고 서울 서남쪽 분당 상공을 날고 있었다. 문 수석은 분당 지역이 서울 외곽의 신도시 예정지구로 적합한지를 답사했다. 서울 시내에는 상계 주택단지 건설 후 더 이상 집 지을 곳이 없었다.

문 수석은 이렇게 생각했다. "신도시 부지를 확보하기 위해서는 박정희 대통령이 녹지로 묶어 놓은 분당을 개발할 수밖에 없겠군." 문 수석의 보고를 듣고 노 대통령은 분당을 신도시 후보지로 결심하게 된다.

이어 박승 건설장관은 "강남·북의 균형 개발을 위해 한강을 중

1기 신도시 조성 당시 성남 분당 한 아파트 모습. 1989년 8월 시작된 분당신도시 사업은 1996년 12월 마무리됐다./국가기록원

심으로 분당의 대칭 지점에 또 하나의 신도시를 건설해야 한다."라고 노태우 대통령에게 건의하고, 부지를 물색한 끝에 일산이 분당에 이어 또 다른 신도시 후보지로 결정되었다.

분당·일산의 입지선정에 따라 이미 택지개발 예정지구로 선정된 평촌·산본·중동과 함께 수도권의 5개 대규모 아파트 단지 공사에 들어갔다. 수도권 5개 신도시 건설을 중심으로 하는 주택 200만 호 건설의 출발점이었다.

## 주택공급 확대와 규제정책 병행

노태우 정부(1988년 2월 25일~1993년 4월 30일)는 출범하자마자 신도시 건설 등 주택공급 확대 정책과 각종 규제 정책을 병행해 부동산 안정화에 공을 들였다.

1988년부터 부동산 투기 억제 종합대책과 투기 억제 지역 확대, 1가구 1주택 비과세 요건 강화 등의 정책을 펴나갔다.

이 시기에 도입한 제도가 서울을 비롯한 6대 도시의 소유 택지면적을 $600m^2$(약 200평)로 제한하는 '택지 소유 상한법', 토지에서 발생하는 개발 이익을 세금으로 환수하는 '개발이익환수제', 토지가격 상승으로 발생한 이득에 대해 세금을 부과하는 '토지초과이득세법' 등 이른바 '토지공개념 3법'이었다.

'사개념'이 땅을 주인 마음대로 사용하는 것이라면, '공개념'은 여기에 일정한 제한을 가하는 것이다. 개발 이익 사유화로 인한 불로소득을 줄이고자 한 공개념 3개 법은 토지투기를 억제하는 데

88올림픽 잠실주경기장과 강남 모습

'전가傳家의 보도寶刀'처럼 엄청난 위력을 발휘했다.

노태우 정부는 이밖에 국토교통부가 토지의 단위면적(㎡) 당 가격을 공시하는 공시지가제도를 도입하고 종합토지세를 시행했다. 또한, 민간 아파트 분양권 전매를 금지하고 2주택의 과세를 강화했다.

그러나 수출 호조와 3저 효과로 풍부해진 유동성, 아시안게임과 서울올림픽 특수에다 중산층을 중심으로 한 아파트 수요가 증가하자 땅값이 폭등했다. 연이은 규제정책에도 불구하고 전국과 서울의 집값은 각각 43.3%, 42.2%까지 대폭 상승했다.

그러나 다양한 규제방안들에도 불구하고 주택과 토지에 대한 투기를 원천적으로 봉쇄하는 데는 역부족이었다. 1986년부터 3저 현상으로 발생한 280억 달러의 무역흑자와 3년 연속 12%에 달하는

높은 경제성장으로 생긴 자금 여력이 산업자금으로 전환되지 않고
부동산에 몰렸기 때문이다.

<**노태우 정부 청와대 경제비서실이 조사한 아파트 시세 사례**>

* 서울 서초동 삼풍아파트(65평형) : 1987년 9월 2억 원에
서 1988년 9월 3억 원, 89년 4월 4억5,000만 원으로 폭
등했다. 불과 1년 반 사이에 2배 이상 상승(2억 5천만 원
의 불로소득)
* 서울 옥수동 현대아파트(38평형) : 분양가격은 당시 5천
만 원(평당 134만 원)이었으나, 채권입찰액이 8천500만
원에서 1억 원이나 붙음

## 부동산 문제와의 전쟁

노태우 정부는 임기 5년 내내 부동산 문제와 전쟁을 벌였다. 덕분
에 하늘 높은 줄 모르고 치솟기만 하던 땅값·집값이 1991년 하반
기 들어 한풀 꺾이기 시작했다.

경제개발 이후 떨어진 적이 없던 땅값이 1992년엔 처음 마이너
스를 기록, 한국의 '토지 신화'를 붕괴시키는 또 다른 신화를 창조
했다. 그러나 6공화국의 부동산 정책, 특히 토지 정책은 순기능만
가져온 것은 아니었다.

신도시 건설을 포함한 주택 200만 호 건설 정책은 인건비 상승, 건축자재 난에다 시중 자금 애로 현상, 항만 적체까지 불러일으켰다. 벽돌을 찍어 내듯 마구 올라가는 신도시 아파트는 부실공사 논란으로 이어졌고, 이와 동시에 건설경기에 매달렸던 거품 경기가 가라앉으면서 국내 경기는 불황의 국면으로 접어들게 된다.

노태우 대통령은 스스로 "나는 '집' 대통령으로 남고 싶다"라고 피력한 바 있다. 그만큼 노 대통령은 신도시 건설에 남다른 자부심을 느꼈다고 한다. 강북시대가 강남시대로 확장된 후 노태우 정권기에 강남·북의 서울시대가 분당 및 일산 등 외곽 신도시로 확장되면서 수도권 시대가 열리기 시작했다는 점에서 의미가 깊다.

생각한 스푼
자신이 하려는 일에 한계를 긋는 사람은 자기가 할 수 있는 일에 한계를 긋는 사람이다. _찰스 슈왑

# 김영삼 정부, 금융실명제와 부동산실명제 도입

"부동산 문제를 안정적으로 관리하기 위해선 무엇이 필요합니까?"

누군가 필자에게 묻는다면 이렇게 대답해 줄 것이다.

"합리적이고 적절한 관리정책과 적절한 주택공급 정책을 상호보완적으로 운용하는 게 가장 중요하겠죠."

다시 말해 부동산 정책은 규제전략과 공급전략이라는 양쪽 바퀴를 굴리며 운영해야 한다. 그런데 왜 양 바퀴여야 할까? 우리는 '풍선효과'에 대해 잘 알고 있다. 한쪽을 누르면 누르는 곳은 들어가지만, 반대편은 튀어나온다. 세상 이치가 그렇다. 부동산 정책도 마찬가지다. 한쪽을 너무 세게 누르면 반대편에서 튀어나온다. 바람을 넣을 때도 적게 불어넣으면 힘이 없지만 그렇다고 너무 많이 불어넣으면 터지고 만다. 적절한 조화와 균형이 필요하다.

실제로 노태우 정부는 토지 관련 제반 부담금을 산정하는 데 기준이 되는 공시지가 제도를 1989년 도입했으나 부동산 시장 과열을 잡기에는 역부족이었다. 정부는 1990년 상반기에도 연달아 3번이나 규제방안을 발표한다. 그런데 이번엔 이 규제방안 가운데 주택공급 정책이 포함됐다. 분당과 일산 등에 214만 가구의 주택을 공급하는 아이디어였다. 양 바퀴의 균형감각을 찾은 것이다.

그러니까 규제를 바탕으로 하되 또 다른 한편에선 주택공급을 확 늘리자 부동산 시장은 즉각 긍정적 반응을 보이기 시작했다. 1991년부터 1993년까지 3년 동안 아파트 매매가격은 모두 9.2% 가량 내렸다. 노태우 정권 초기 3년 동안 집값이 폭등했던 점을 고려할 때 하반기 안정세로 돌아선 것은 이례적이며 주목할 만한 성과였다.

이런 경제 흐름에서 문민정부를 표방한 김영삼 정부(1993~1998년)가 들어섰다. 부동산 정책 기조는 시장을 안정화하려는 이전 정부의 정책을 그대로 유지하는 방향이었다. 특히 문민정부는 부동산 문제가 이제 국가정책의 성패와 정권의 명운을 좌우한다는 사실도 잘 알고 있었다.

## 금용실명제와 부동산실명제 도입

"어떻게 부동산 제도를 합리적으로 관리하고 가격을 안정화해 나갈 것인가?"

김영삼 정부에서 마련한 가장 주목할 만한 정책은 역시 '금융실명제'이다. 금융실명제란 금융기관에서 금융거래할 때에 가명 혹은 무기명에 의한 거래를 금지하고 실명임을 확인한 후에만 금융거래가 이루어지도록 하는 제도다.

금융실명제가 도입된 배경은 크게 3가지 정도다. 첫째 부정부패 척결, 둘째 정경유착 근절, 셋째 분배정의 실현 등이었다. 1993년 8월 12일, 금융실명제는 대통령 긴급명령인 긴급재정경제명령 제16호를 통해 실시됐다. 금융실명제가 실시되면서 가명·무기명 거래를 금지했고 이를 통해 금융거래와 과세기반의 투명성을 확보하게 됐다.

금융실명제에 이어 1995년 7월 1일에는 투기 목적으로 악용되는 명의신탁을 금지하기 위해 '부동산실명제'를 도입했는데, 원래 명칭은 '부동산 실권리자명의 등기에 관한 법률'이다.

부동산실명제는 "부동산에 관한 법률상·조세상의 의무는 회피하면서 재산권만을 행사하는 수단으로 악용되어 온 명의신탁을 근절시키려는" 목적에서 시행됐다.

부동산 거래의 정상화와 부동산 가격의 안정을 도모하려는 부동산실명제는 부동산을 다른 사람 이름으로 명의 신탁하는 것을 금지하고, 반드시 실권리자의 명의로만 등기하도록 의무화했다.

당시 제도를 기획한 강만수 금융·부동산실명제 실시 단장은 부동산실명제의 도입 취지를 다음과 같이 설명했다.

"우리나라에서 명의신탁은 1910년대 조선부동산등기령에 따라 등기할 수 없게 된 종중 명의 부동산에 대한 관리를 인정해 준 것이 최초였다. 하지만 그 후 명의신탁이 법적으로 인정되면서 부동산에 대한 취득·이용 규제를 회피하거나 과세 회피 수단으로 악용되어 온 것이 사실이다. 따라서 부동산실명법은 명의신탁을 통한 투기·탈세·탈법 행위를 더 이상 못하게 함으로써 음성 불로소득의 발생을 막고자 하는 취지로 제정되었다. 이는 금융실명제와 함께 자산 소유의 실체와 명의를 일치시키는 또 하나의 제도개혁으로서 경제정의가 확고히 세워질 수 있도록 하는 기반을 마련한 것이다."

한마디로 타인 명의로 부동산을 거래하는 투기·탈세·탈법 행위를 막겠다는 것이다. 이로써 '부동산실명제'는 금융실명제와 더불어 대한민국 경제정의를 앞당길 두 축으로 자리 잡게 되었다.

이런 제도적 장치가 부동산 거래 전반을 다소 위축시키긴 했지만, 문민정부 초기 부동산 시장의 거래 과정을 투명하게 밝혀 부동산 시장이 안정화하는 데 큰 기여를 한 것이 사실이다. 특히 부동산 거래 시 실질적 보유자인 본인 명의로 등기하게 한 점은 경제 투명성을 확보하는 역사적 정책이 됐다.

## 제3의 위기 요인 '외풍'

김영삼 정권은 토지공개념 위헌을 유도하고 규제를 완화했지만, 부동산 시장은 전반적으로 안정세를 이어갔다. 당시 전국 아파트

가격이 3% 오르는 정도였다. 하지만 다양한 제도적 장치와 안정적 관리를 통해 부동산 문제가 완전히 사라질 것이라는 희망은 오래가지 못했다. 국가 부도 사태인 외환 경제위기가 발생했기 때문이다.

IMF 경제 대란은 부동산 시장에서도 쓰나미급 태풍으로 몰려와 큰 영향을 미쳤다. 외풍은 전국 곳곳에서 집값을 폭락시키고, 전세금도 바닥을 모른 채 추락시켰다. 국민은행에 따르면 외환위기 첫해인 1998년 한 해 동안 집값은 평균 12.4%, 전세금은 18% 넘게 떨어졌다. 국민은행이 집값과 전세금 조사를 시작한 1986년 이후 최대 낙폭이었다.

김영삼 정부는 1997년 국가 부도 위기 이후 건설과 부동산 경기의 활성화 방안으로 토지시장 개방, 자산담보부 증권(ABS) 제도 등을 시행했다. 이밖에 분양가 자율화, 양도세 및 전매제한 완화 등을 실시했다.

이후 주택시장은 두 갈래 길을 걷게 된다. 폭락했던 전세금은 이듬해(1999년) 폭등세로 돌변한 뒤 2002년까지 4년 동안 연평균 10%가 넘게 줄달음쳤다. 반면, 매매가격은 2000년까지 약세를 보이다가 2001년(9.9%)부터 회복되기 시작했다. 국민은행 주택가격지수 기준으로 2002년 1월(68.9%)에야 IMF 구제금융 직전 수준을 겨우 회복했다. 집값이 정상화되기까지 거의 4년쯤 걸린 셈이다.

우리는 여기에서 부동산에 관한 통찰 하나를 더 얻을 수 있게 된다. 그것은 부동산 정책이 그저 규제전략과 공급전략이라는 양쪽 바퀴로만 굴러가는 것이 아니라, 외력에 강한 내실 있는 경제정책이라는 세 번째 축이 필요하다는 사실이다.

세상엔 영원한 평화도 영원한 전쟁도 없다. 환경은 변화무쌍하고 언제든 위기는 안팎에서 다양한 형태도 찾아온다. 또한, 위기 때 기회를 발견한 이들이 성공한다는 법칙은 김영삼 정권의 5년에서도 여실히 보여주었다. 역량을 갖춘 새로운 기업이 생겨났고, 벤처 기업이 새로운 비즈니스를 창조해 냈으며, 준비된 부동산 투자자는 다른 시기보다 더 높은 수익을 올렸다.

> 생각한 스푼
>
> 강이나 바다에 물고기가 떼를 지어 몰려오는 때가 있듯, 기회가 찾아오는 것도 이와 같다. 기회가 찾아오기 전에 준비하고 있어야 한다. _이와사키 이타로

# 김대중 정부, IMF 극복하고 국민임대주택 100만 호 건설

"준비된 사람만이 위기를 돌파할 수 있습니다."

이 슬로건이 사람들의 마음을 강하게 움직였던 시절이 있었다. 김영삼 정권 말기였던 1997년. 갑자기 들이닥친 외환 경제위기로 하루가 다르게 부도, 구조조정, 실업, 빚더미, 자살, 노숙자, 부동산폭락 소식이 들려왔다. 희망은 없었다. 이대로 모든 것이 망하는가? 기업도, 개인도 오직 절망뿐이었다. 모든 조직에서 위기를 돌파할 준비된 리더를 학수고대했다.

1997년 01월 23일 한보철강 부도
1997년 01월 30일 한보건설 및 한보그룹 부도(재계 14위)
1997년 03월 19일 삼미그룹 부도(재계 26위)
1997년 04월 21일 진로그룹 부도

1997년 05월 15일 삼립식품 부도

1997년 05월 19일 대농그룹 부도유예협약

1997년 05월 31일 한신공영그룹 부도

1997년 07월 15일 기아 그룹 부도유예협약 체결(재계 8위)

1997년 10월 15일 쌍방울그룹 부도

1997년 10월 16일 태일정밀 부도

1997년 11월 01일 해태그룹 부도(재계 24위)

1997년 11월 04일 뉴코아그룹 부도(재계 25위)

1997년 11월 26일 온누리여행사 도산

1997년 12월 05일 고려증권 부도

1997년 12월 07일 한라그룹, 영진약품 부도

1997년 12월 10일 삼성제약 부도

1997년 12월 27일 청구그룹 부도(재계 35위)


1998년 01월 14일 나산그룹 부도

1998년 01월 18일 극동건설 부도

1998년 02월 01일 파스퇴르 부도

1998년 03월 07일 단국대학교 부도

1998년 03월 18일 미도파 백화점 부도

1998년 05월 12일 거평그룹 부도

1998년 07월 01일 한일그룹 부도(재계 32위)

김영삼 정부 말기에 찾아온 외환 경제위기로 기업부도 소식을 전하는
방송뉴스들

　김영상 정부 말기 난파한 배를 구할 선장은 눈에 띄지 않았다. 기
업들의 부도 소식은 끝없이 이어졌다. 대한민국의 모든 시스템이
변했다. 속도와 효율 중심의 기존 세계관이 몰락하기 시작했다. 오
직 경제성장을 위해 폭주하던 기관차는 IMF 관리체제 속에 새로
운 국가운영 시스템을 자의 또는 타의에 의해 받아들일 수밖에 없
었다.

　국제통화기금인 IMF는 구제금융의 조건으로 2가지를 요구했다.
하나는 국가 재정을 축소할 것, 두 번째는 기업들의 방만한 경영에
책임을 물어 강력한 구조조정을 단행할 것 등이었다. 경기 침체는
수요 감소로 이어지고 기업 도산이 연결돼 실업자를 증가시켰으며
다시 소비 감소로 경기가 나빠지는 악순환의 고리가 만들어졌다.

　이때 김영삼 정부에 이어 '준비된 경제전문가'로 출범한 김대중
정부(1998~2003년)는 IMF 관리 탈출이라는 미션을 부여받았다.

　이쯤에서 질문을 한번 던져보자.

"당신은 대통령이라고 가정하자. 부동산 가격이 안정적으로 유지돼야 한다. 그동안 시행됐던 오랜 전략은 적절한 규제와 주택공급 정책이 중요한 컨트롤 수단이었다. 특히 토지거래신고구역 및 허가구역 등 토지공개념 제도가 이전 정부에서 도입돼 자리 잡기 시작했다. 그런데 지금 경제 위기로 부동산 가격이 급하강하고 있다. 첫해 주택가격은 12.4% 폭락했다. 많은 국민의 자산가치가 떨어지는 상황이다. 그렇다면 지금 당신은 어떤 부동산 정책을 펼칠 것인가?"

아마 이 질문에 대다수는 "내수 경기 부양과 실업 문제를 해결하고 외환위기를 벗어나는 것이 우선순위이므로 경기부양책과 부동산 규제 완화를 펴겠다"는 답을 내놓을 것이다.

## 외환위기 극복이 제1과제

실제로 외환위기로 인해 부동산 가격이 급속도로 하락하자 김대중 정부는 규제 완화 정책을 적극적으로 시행했다. 아니 시행할 수밖에 없었다는 표현이 더 정확할 것이다. 외환위기 극복을 제1과제로 두고 출범한 김대중 정부는 1998년 5월 분양가 자율화, 양도세 한시 면제, 토지거래 허가·신고제 폐지, 분양권 전매 한시 허용 등이 담긴 '주택경기 활성화 대책'을 내놓았다. 이후 '주택경기 활성화 자금 지원 방안', '건설산업 활성화 방안', '건설 및 부동산 경기 활성화 대책'을 차례로 내놓고 집행해나갔다.

김대중 정부는 경기를 부양하기 위해 부동산 경기 활성화 대책으로 25.7평 이하 주택의 경우 양도소득세를 면제했다. 전매제한 폐지와 청약요건 완화, 취·등록세 감면, 대출 확대 등 부양책과 함께 아파트분양가의 전면자율화를 위한 강력한 의사결정이었다. 전두환 정부 시절 단 한 번 등장해 1년 반 동안 시행된 이 정책은 이후 노무현 정부가 분양가상한제를 도입하기 직전인 2007년까지 이어졌다.

아파트분양가의 전면자율화는 곧바로 집값 상승으로 이어졌다. 서울의 아파트분양가는 1997년에서 2006년까지 10년 동안 연평균 18.5%씩 올랐다. 그러나 인위적인 부양책은 이내 부메랑이 되어 부작용으로 돌아왔다. 2년간 진행된 전방위적 규제 완화 정책으로 부동산 투기가 부활하고 시장이 조금씩 과열되기 시작했다.

이에 정부는 또다시 진화에 나선다. 2000년에는 '주택시장 안정화 방안'을 발표하고, 2001년에는 '전·월세 안정 종합대책'을 제시했다. 이어 2002년에는 금리를 연 5.5%까지 올렸다. 2001년 하반기부터 여기에 국민임대주택 100만 호 건설 등 주택 확대 정책과 투기과열지구 분양권 전매 강화 등 억제 정책이 나왔다.

김대중 정부는 경기부양책을 통해 국가 부도 사태를 서둘러 극복하는 일과 부동산 시장을 안정시키는 두 마리 토끼를 동시에 잡진 못했다. 김대중 정부 시절 전국아파트값은 평균 38%, 서울은 무려 60% 상승했다.

## 자기계발과 재테크에 눈뜨다!

IMF를 겪으면서 사회문화적 변화의 바람도 불게 됐다. 국가는 경제 위기에서 국민을 보호할 수단이 없었다.

당시 국가 전반의 사회복지제도는 열악했다. 직장에서 쫓겨나거나 노숙자가 된 사람들은 스스로 자기 미래를 책임져야 했다. 국가가 나를 지켜주지 못한다는 생각은 각 개인이 부와 성공에 대한 욕망에 눈뜨기 시작하는 계기가 됐다.

김대중 정부는 경기 부양을 위해서 분양가자율화 등 부동산 부양 정책을 펴게 되자, 중산층과 일반 국민이 '스스로 생존'을 모색하며 부동산을 부의 수단으로 인식하기 시작했다. 당시 출판가의 베스트셀러 도서들이 이런 경향을 잘 보여준다.

『불황을 읽으면 돈이 보인다』, 『돈 버는 데는 장사가 최고다』 등 돈 버는 방법과 창업에 대한 자기계발서와 재테크 관련한 책들이 큰 인기를 끌었다. 1997년 미국에서 처음 출간된 로버트 기요사키의 『부자 아빠 가난한 아빠』는 IMF 외환위기의 긴 터널을 지나고 있던 2000년 2월 국내에 처음으로 소개돼 대박을 터트렸다.

첫 책의 성공으로 연이어 출간된 『부자 아빠 가난한 아빠 시리즈』는 당시 국내 출판시장에서는 생소했던 '경제경영·재테크' 분야의 붐을 일으켰다. 2000년대 상반기는 부자 되기와 실용서, 자기계발서에 관한 관심이 커졌다. 『한국의 부자들』, 『누가 내 치즈를 옮겼을까?』, 『아침형 인간』, 『살아 있는 동안 꼭 해야 할 49가지』 등이 베스트셀러에 올랐다.

2008년 출간돼 베스트셀러가 된 스펜서 존슨의 저서『누가 내 치즈를 옮겼을까?』의 경우 네 마리의 생쥐가 어느 날 갑자기 사라진 치즈를 놓고 안주했던 과거에서 벗어나 현실 속에 닥친 변화에 적응하기 위해 새로운 치즈를 찾아 나선다는 내용으로 '성공을 위한 개인의 변화'에 대한 메시지를 담았다.

'고정관념을 깬다'는 의미의 영어로 'Think outside of the box'라는 말이 있다. 우리가 박스 안에 존재하는 관점을 가지고 있다면 우물 안 개구리다. 그 공간에, 그 시간에 갇히고 만다. IMF 위기와 절망 속에 현실을 숙명으로만 받아들이면 박스 안에서 살아가는 것과 같다.

그러나 과감하게 박스 밖으로 나온다면? 무대 밖의 관점으로, 공간의 밖으로, 시간의 밖으로 나와 긴 역사의 안목으로 본다면 거기에 분명 다른 스토리와 아이디어가 펼쳐질 것이다.

> **생각한 스푼**
> 승자와 패자가 다른 점은 승자는 실행하는 사람이고 패자는 실행을 모르는 사람이라는 것이다. _앤서니 라빈스

# 노무현 정부 지방화 전략,
# '투기와의 전쟁' 선언

"귀신 잡는 해병도 나라 살리기 운동에 빠질 수 없습니다. 해병대 사령관은 즉석에서 기념패에 붙은 별을 떼어내는 모범을 보였습니다. 소중히 간직한 금메달을 선뜻 내놓은 해병도 있었습니다."

"프로야구 선수 김성한 씨는 지난 88년과 89년 최고 타자 상으로 받은 메달과 행운의 열쇠 등 780g이 넘는 금을 맡겨왔습니다."

"일선 구청에서는 처음으로 서울 중랑구청 직원 7백여 명이 오늘 하루 동안 14kg의 금을 모았습니다."

"현대그룹 직원 6백여 명도 금 모으기 행사를 펼쳐 50kg의 금을 모았습니다."

1998년 1월 새해에는 전 국민의 외환위기 극복 금 모으기 운동 소식이 이어졌다. 금 모아 수출하자는 캠페인 아래 정치권을 비롯해 종교계와 군인 그리고 공무원 등 범국민적인 동참이 계속됐다.

1998년 12월, IMF 긴급 보관 금융에 18억 달러를 상환한 것을 계기로 대한민국은 금융위기로부터 서서히 빠져나오기 시작했다. 2000년 12월 4일, 김대중 대통령은 "국제통화기금의 모든 차관을 상환하였고, 우리나라가 'IMF 위기'에서 완전히 벗어났다."고 공식 선언했다. 2001년 8월 23일, 대한민국은 IMF 관리체제에서 공식적으로 벗어났다.

이후 대한민국 정부는 위기 발생 때 충격을 흡수하는 완충장치로서 외환 보유액을 꾸준히 늘려왔다. '외환위기' 당시 대한민국의 외환 보유액은 39억 달러까지 떨어졌지만, 이듬해인 1998년 말 520억 달러로 증가했고, 2001년 말에는 1028억 달러로 1000억 달러 선을 넘어섰다.

2002년에는 한일월드컵이 성공적으로 개최됐다. 아직도 광화문 광장의 '대~한~민~국' 함성이 들리는 듯한 월드컵 4강 신화와 함께 IMF 관리 졸업은 국민에게 희망과 자신감을 심어주었다.

## 강력한 규제로 시작한 참여정부

희망과 자신감을 안고 노무현 정부(2003~2008년)가 출범했다. 참여정부에서는 외환위기 극복을 위한 부양책으로 급등한 집값을 잡기 위해 다시 강력한 규제 정책을 펼 수밖에 없었다.

부동산 문제는 여전히 위태로운 상황에 놓여 있었다.

경제위기 극복을 위한 김대중 정부의 각종 정책은 부동산 과열로 이어졌다. 개인 투자자들의 억눌렸던 투자 욕구도 경제회복과 기대감으로 분출하기 시작했던 시절이었다.

월드컵이 열린 2002년에는 집값이 16.4%나 뛰어 2000년대 들어 최고 상승률을 기록했으며 땅값도 9.0%나 급등했다.

참여정부는 '부동산 투기와의 전쟁'을 선포했다. 대표적인 규제 정책은 부동산 거래 투명제 도입, 종합부동산세 도입 및 조기 시행, 다주택자에 대한 강력규제와 보유세, 양도소득세 중과, 주택거래 신고제 도입, 토지거래 허가 강화 등이었다.

여기에 주택을 담보로 빌릴 때 인정되는 자산가치의 비율인 '주택담보대출비율(LTV)'과 금융부채 상환능력을 소득으로 따져 대출 한도를 정하는 계산 비율인 '총부채상환비율(DTI)'을 적용한 규제 책까지 도입했다.

물론 주택 공급정책도 활발하게 이어졌다. 가장 먼저 공공임대 주택 150만 가구 건설에 나섰다. 2003년에는 2기 신도시(판교·동탄·운정·광교·양주·고덕·검단 등)와 강남지역 집값 안정을 위한 위례신도시를 추진했다.

참여정부 시절에는 별도로 서울시의 주택정책이 독자적으로 추진됐다. 2002년 10월, 당시 이명박 서울시장은 서울 뉴타운 개발계획을 발표했다. 서울시는 은평구 은평뉴타운, 성북구 길음뉴타운, 성동구 왕십리뉴타운을 시범 뉴타운으로 선정했고, 이를 모델로 삼아 연차별로 2012년까지 뉴타운 사업을 확대 시행하기로 했다.

뉴타운 개발사업은 민간이 주체가 돼 소규모로 진행되던 기존의 재개발 방식을 탈피해 도심의 재개발 지역과 인접한 생활권을 광역단위로 묶어 개발하는 것이 주요 특징이었다.

물론 서울시 뉴타운 개발계획에 대한 기대와 우려의 목소리가 높았다. 시범 뉴타운으로 선정된 지역의 주민들은 환호했고 해당 지역의 땅값과 집값이 급등했다.

성동구 상왕십리의 건평 $37.4m^2$(11.3평), 대지 $29.8m^2$(9평)짜리 허름한 주택의 경우 발표 직전 1억 6천만 원에 매물로 나와 있었으나 발표 후 1주일 만에 1억 8천만 원으로 호가가 뛰어올랐다. 은평구 진관내동과 성북구 길음동에서도 나와 있던 부동산 매물들도 갑자기 사라지는 현상이 나타났다.

국가와 서울시에서 다양한 부동산 정책이 쏟아지던 때였지만, 노무현 정부의 부동산 정책은 빈도와 강도 측면에서 다른 어느 정부보다 규제가 강력했다. 2002년 11월 이후 안정세를 보이던 주택가격이 2003년 4월 이후 재상승하자 서민들의 주거안정을 위해서는 부동산 투기를 단호하게 근절시키겠다는 의지를 보였다.

정부는 급등한 집값을 누르기 위해 2003년 '5·23 주택가격 안정대책'을 발표했다. 교육여건·생활환경 등을 강남 수준으로 조성하는 신도시건설을 통해 수도권 지역의 주택수급 불균형을 해소해 나가는 등 근본적인 부동산 정책을 집행하기로 한 것이다.

이를 시작으로 재건축단지의 중소형 평형 건설의무비율 확대와 조합원 명의변경 금지를 골자로 한 '9·5 부동산 시장 안정대책(2003)'과 1가구 3주택 이상자 양도소득세 중과세, 주택거래신고제 및 재건축 개발이익환수제 도입을 주요 내용으로 하는 고강도 규제책의 '10.29부동산 대책(2003)'이 잇따라 나왔다.

## 부동산 정책의 한계와 지방화 전략

2003년에만 6건의 잇따른 부동산 가격 안정대책 및 서민 주거복지 정책 발표의 영향으로 2004년에 잠시 주춤하던 집값은 2005년부터 다시 상승세로 돌아서기 시작했다. 이전 해와 비교해 11.6% 상승률을 기록할 정도였다.

IMF 체제 동안 부동산 가격이 국가 경제의 실질 성장률을 반영하지 못한 데다가, 국민은 부동산 투자에 관한 관심을 쉽게 포기하지 않았다. 국가 경제 위기 속에서도 다시 안정되거나 상승하는 수도권의 부동산에 대해 일종의 '학습효과'가 있었기 때문이다.

그러다 보니 참여정부 시절에 '어느 정부가 들어와도 고칠 수 없도록 헌법처럼 강한 부동산 정책을 마련하겠다'며 부동산 규제의 '바이블'이라고 부릴 정도로 강력한 규제책인 8·31부동산 종합대책(2005), 3·30부동산 종합대책(2006) 등을 내놓는 등 굵직한 부동산 대책만 17번이나 발표했다. 강력한 억제책에도 불구하고 수도권 부동산 시장은 쉽게 꺾이지 않았다.

참여정부 시절 아파트 평균 가격이 34%나 뛸 정도였다. 참여정부 초기엔 일부 국민을 대상으로 행정규제를 적용했지만, 갈수록 조세·금융정책까지 동원하는 모습을 보였다. 지속적으로 투기 억제책을 내놨으나 정책의 효과는 극히 제한적이었다.

결국, 각종 규제로 민간에 의한 주택공급은 한계가 있었고 수도권의 공공주택 공급도 포화상태가 됐다는 사실을 확인하는 계기가 됐다.

이때 정책당국은 의문이 생겨났다. "과연 투기억제와 공급확대, 금융기반을 관리하는 것으로 수도권 집중화에 따른 부동산 문제를 해결할 수 있을 것인가?", "문제는 양극화다", "서울과 수도권 쏠림을 극복하는 방법을 찾아 나서야 한다." 이런 고민 끝에 정부는 수도권 집중화에서 벗어나 지방분권화와 국가 균형 발전에 대한 필요성을 느끼게 됐다.

참여정부가 구상한 국가균형발전 방향은 "중앙과 지방이 조화와 균형을 이루면서 발전하고, 또 지방은 자신의 미래를 자율적으로 설계하고, 중앙은 이를 지원하는 시스템을 구축해야 한다"는 내용으로 요약된다.

정부는 지방의 대학과 기업·연구소·시민단체·자치단체 등이 연계된 지역혁신 네트워크를 구축하고, 지방발전의 토대를 만들기 위한 적절한 분산정책과 신행정수도 건설 등 획기적인 분권화 정책을 추진하게 된다.

세종시 신도시 행정중심복합도시 항공사진/행복청

# [행정중심복합도시 건설 연혁]

2005. 4. 7 : 행정중심복합도시 건설추진위원회 발족

2005. 5. 27 : 국가균형발전위원회 위원장, 관계부처 장관 및 관계 광역시장과 도지사, 공공기관 지방 이전 기본협약 체결서 발표

2005. 7. 11 : 건설교통부 고시 2005-204호 발표, 공공기관 지방 이전 계획

2005. 9. 30 : 행정중심복합도시 건설추진위원회, 건설교통부에서 개발계획 착수보고회 및 행정중심복합도시 공동연구단 현판식 개최

2005. 10. 05 : 행정자치부 고시 2005-9호 발표, 중앙행정기관 등의 이전 계획

2005. 11. 15 : 행정중심복합도시 도시개념 국제 공모 당선작 발표

2006. 1. 12 : 행정중심복합도시건설청 개청식(노무현 대통령 참석)

2006. 5. 03 : 건설교통부, 행정중심복합도시건설청 행정도시 건설 기본계획(안) 발표, 이중환상형 구조

2006. 7. 26 : 행정중심복합도시 건설추진위원회에서 행정중심복합도시 건설 기본계획 심의 통과

2006. 8. 29 : 행정중심복합도시 중심행정타운 국제 공모 시행

2006. 12. 21 : 행정중심복합도시 명칭 '세종'으로 확정

생각한 스푼

질질 끌고 걱정만 하는 것은 활기찬 행동
을 하는 데 치명적이다. _존 포스터 덜레스

# 이명박 정부,
# 보금자리주택 32만 가구 공급

참여정부의 경제 성장률은 평균 4%대를 유지했다. 2004년 4.9%, 2007년 5.5% 등 임기 동안 평균 성장률은 4~5%대로 비교적 선방했다.

그러나 달이 차면 기울고 아무리 화려한 꽃도 지는 법. IMF 경제 위기를 극복한 후 안정적인 경제성장을 유지하던 한국호는 또 한 번의 엄청난 외풍의 위기를 맞는다. 우리나라에 찾아온 경제위기는 미국발 '서브프라임 모기지 사태'였다.

2007년 일어난 미국 서브프라임 모기지 사태는 미국의 초대형 모기지론 대부업체들이 파산하면서 시작된, 미국만이 아닌 국제금융시장에 신용경색을 불러온 연쇄적인 경제위기였다. '모기지론'이란 부동산을 담보로 하는 금융을 말한다. 장기간에 걸쳐 상환해 나가는 선진국형 주택담보대출 상품이라고 생각하면 된다.

미국 모기지 사태의 발단은 2000년대 초반으로 거슬러 올라간다. 2000년대 초반 미국은 IT 버블 붕괴, 9.11테러, 아프간과 이라크 전쟁 등으로 경기가 매우 나빴다. 이에 미국 정부는 경기부양책으로 초 저금리 정책을 펼친다. 가장 먼저 주택융자 금리가 인하되자 부동산 가격이 일제히 상승하기 시작했다.

주택담보 대출인 서브프라임 모기지의 대출금리보다 주택가격 상승률이 높을 정도니 두 말이 필요가 없었다. 즉, 파산하더라도 주택가격 상승으로 보전되어 금융회사가 손해를 보지 않는 구조가 돼 거래량은 증가할 수밖에 없었다. 게다가 증권화된 서브프라임 모기지론은 높은 수익률이 보장되면서 신용등급이 높은 상품으로 알려져 거래량이 폭증했다.

하지만 문제는 2004년에 터졌다. 미국이 저금리 정책을 종료하면서 미국 부동산 버블이 함께 꺼지기 시작한 것이다.

서브프라임 모기지론 금리는 서서히 올라갔고 저소득층 대출자들은 원리금을 제대로 갚지 못하게 되었다. 증권화되어 거래된 서

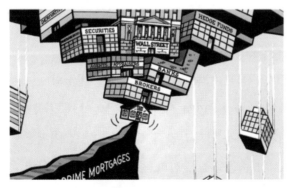

2007년 미국 서브프라임 모기지 사태를 풍자한 한 만평

브프라임 모기지론을 구매한 금융기관들은 대출금 회수불능 사태에 빠져 손실이 발생했고, 그 과정에 여러 기업이 부실화됐다.

미 정부는 이런 상황에서도 시장의 개입을 공식적으로 부정했고 결국 대형 금융사, 증권회사의 파산이 이어졌다. 이것이 세계적인 신용경색을 가져왔고 실물경제에 악영향을 주었으며, 이는 세계 경제시장에까지 큰 타격을 주어 2008년 이후에는 우리나라에도 큰 영향을 끼쳤다.

## 리먼 브러더스 파산, 국내 직접 타격

2008년 9월 리먼 브라더스의 파산 충격은 급격한 자본유출, 주가 폭락과 환율 급등으로 우리나라에 직접 타격을 주었다.

그해 9~12월 사이에는 무려 462억 달러나 빠져나가 국내에서도 심각한 외환 유동성 부족 현상을 일으켰다. 달러당 1,100원 수준이던 원 달러 환율은 1,400원대까지 폭등했다. 외환 당국은 보유 외환을 줄여가면서 시장을 안정시키려 했으나 단기간 내 자본유출 급증과 환율 불안을 막기에는 역부족이었다.

국내 주가 역시 큰 타격을 받아야 했다. 위기 직전 1,400선을 넘은 주가는 2008년 10월 말 900선대로 폭락했다.

한편 국내 실물 부문을 보면 글로벌 금융위기의 충격으로 2008년 4분기 중에는 경제 성장률이 전 분기 대비 -4.5%에 이르렀다. 이는 IMF 외환위기 직후인 1998년 1분기 성장률 -7%의 3분의 2에 이르는 수준이었다.

리먼 브라더스의 파산 사태 이후 심각한 금융·외환 시장의 불안정과 실물경제의 침체에 직면하자, 우리 정부는 확장적 거시정책과 강화된 국제공조 등을 통해 위기수습에 나섰다. 긴축정책과 구조조정에 정책의 초점을 맞춘 지난 외환위기 때의 대응방식과 달리 적극적인 정책금리 인하와 국가 간 통화교환 등을 통해 위기를 극복하고자 했다.

## 미국발 위기 극복을 위한 부동산 규제 대폭 완화

경제 성장률 7%를 제시하며 '국민을 모두 부자로 만들어주겠다'는 메시지로 출범한 이명박 정부(2008~2013년)는 곧바로 미국발 경제 위기를 고스란히 안게 됐다. 가라앉은 경기와 부동산 시장을 회복시키기 위해 꺼낸 새 정부의 정책카드는 당연히 '부동산 규제 완화책'이었다. 이명박 정부는 정권 초인 2008년 강남 3구를 제외한 주택 투기지역 및 투기과열지구를 모두 해제했다. 이후 취·등록세, 종부세, 양도세, 상속 및 증여세 등 각종 세금부담까지 모두 완화했다.

노무현 정부 때 최대 3.0%에 달했던 세율을 이명박 정부는 0.5~2.0%까지 낮췄다. 재건축 관련 규제도 대거 풀었다. 재건축 소형평형 의무비율을 $85m^2$ 이하, 60% 이상으로 완화하는 등 재건축·재개발 규제를 완화하고 고가 주택 기준을 6억 원에서 9억 원으로 대폭 상향 조정했다. 토지거래허가구역도 50% 이상 해제했다.

다른 한편으론 공급정책도 빠르게 집행했다. 수도권 인근의 그린벨트를 해제하고 반값 아파트 개념으로 강남 세곡동, 서초 우면동 등에 공급된 '32만 가구 공급 보금자리주택'을 통해 서민 주거용 주택공급을 확대하는 정책을 펼쳤다. 다양한 공공주택, 임대주택의 공급정책을 발표하고 참여정부에서 이어진 지방 신도시 개발과 4대강 사업 등도 이어 나갔다.

이외에 민간건설사의 참여를 이끌기 위한 제도를 도입했다. 정부는 미분양 해소와 민간건설업계의 자금난 해소를 위하여 환매조건부 미분양주택 매입제도, 자산 유동화, 리츠, 펀드 등을 통하여 다양한 미분양주택 투자상품을 지원하는 제도를 만들었다. 개인에게는 주택청약종합저축 가입에 파격적 금리를 제시하며 가입 요건을 완화하고 대상을 넓혀주었다.

급기야 2012년에는 마지막 남아 있던 강남 3구의 투기지역 해제를 골자로 한 5·10대책을 통해 남은 규제들을 모두 대폭 완화하거나 폐지함으로써 노무현 정부 시절 도입된 규제 대부분이 완화 또는 해제되었다.

다양한 부동산 경기 활성화 정책에도 불구하고 이명박 정부 시절 아파트 가격변동률을 살펴보면 지방 16%~36.4%, 서울 아파트 매매가격지수는 −3%~−4.5%의 변동률을 기록했다. 강남 3구는 −12.5%로 낙폭이 더 컸다.

서울을 비롯한 수도권의 아파트 가격하락은 노무현 정부 시절 대규모 택지 지정(공급확대)의 결과와 이미 우리나라 경제발전 수준에 맞게 수도권 아파트 가격이 폭발적으로 급등한 시세도 한몫했다.

긴 호흡으로 보면 각 정부마다 부동산 규제와 완화가 번갈아 집행되는 가운데 일정한 방향의 흐름이 보인다. 에너지는 상승과 유지를 반복하다가 유지의 기간이 길어 중심에 한참 몰려있는 경우가 있다.

이런 에너지는 걷잡을 수 없이 상승세로 나타나고 어느새 주변으로 옮겨가 급기야 지방의 거점에 핵을 만들기 시작한다. 이명박 정부 시절 전국 아파트 가격변동률로 보면 부동산 가격도 지방화 시대가 열리고 있음을 확인할 수 있다.

생각한 스푼

아무런 생각이나 계획 없는 상태에서 성공사례를 따라 하는 것은 백미러를 보면서 운전하는 꼴이 되기 쉽다. _세스 고딘

# 박근혜 정부, 부동산 관련 금융 규제 대폭 완화

'나비효과'라는 말이 있다. 1972년 미국과학진흥협회에서 실시했던 강연의 제목인 '브라질에서 나비가 날갯짓하면 텍사스에서 토네이도가 일어날까?'에서 유래된 말이다.

브라질에 있는 나비가 날개를 한 번 퍼덕인 것이 대기에 영향을 주고 또 이 대기의 영향이 시간이 지나 증폭되면서 미국을 강타하는 토네이도가 된다는 기후 현상을 설명하는 표현이다.

미국의 기상학자 에드워드 노턴 로렌즈(Edward Norton Lorenz)가 1961년에 기상관측을 하다가 생각해낸 이 원리는 훗날 물리학에서 말하는 '카오스 이론'의 토대가 되었다. 날씨를 예측하기 힘든 이유가 '지구 어디에서인가 일어난 조그만 원인으로 인해 예측할 수 없는 결과가 나타났기 때문'이라는 것이다.

출발은 과학 용어였다. 하지만 이제 나비효과라는 말은 시발점이 된 사건과는 전혀 무관해 보이는 큰 변화가 생겼을 때를 지칭하는 일상적인 용어로 정착되었다. 부동산 시장도 이 나비효과처럼 사소한 요소들 때문에 큰 영향을 받는 분야 중 하나일 것이다.

이런 질문을 던져보자.

"정부는 집값이 오르는 것을 좋아할까?"

답은 당연히 '아니오'이다. 그렇다면 반대 질문도 던져보자.

"정부는 집값이 떨어지는 것을 좋아할까?"

답은 당연히 '아니오'이다. 정부는 집값이 지나치게 오르거나 지나치게 떨어지는 것을 원하는 게 아니다. 가장 좋은 결과는 물가상승률에 따라 안정적으로 오르는 것이다. 이런 균형점을 적절하게 관리할 수 있다면 최상의 정책이라고 할 수 있다.

## 부동산 시장의 나비효과

그러나 이런 '이상적' 상승률을 안정적으로 유지하는 것이 말처럼 쉬울까? 그렇지 못하다. 앞서 살펴본 역대 정부의 부동산 정책에서 보듯 수많은 내·외부 환경과 정책적 요인, 금리와 인간 심리 등이 나비효과를 발휘해 집값에 엄청난 영향을 미치기 때문이다.

이명박 정부 시절 서울과 수도권 아파트 가격이 침체기를 거치는 동안 바통을 이어받은 박근혜 정부(2013~2017년)는 규제 완화책을 유지했다. 부동산 경기를 끌어올려 내수 활성화를 꾀한다는 취지였다.

박근혜 정부에서도 주택시장 거래 정상화를 위한 규제 완화와 공급 억제정책을 동시에 시행했다. 2013년 출범 직후부터 '4·1 대책'(기존주택 양도세 5년간 면제 등)과 '8·28 대책'(취득세율 영구인하 등)을 발표하며 이명박 정부에서 남겨두었던 양도세 한시면제와 취득세 영구인하라는 강력한 규제 완화 카드까지 사용했다.

여기에 공급 억제를 위해 공공 및 민간 주택공급 물량을 연 7만 호에서 2만 호로 낮춘 결과, 주택시장의 거래량이 조금씩 늘어나기 시작했다.

2014년 7월 최경환 당시 부총리가 LTV(주택담보인정비율)와 DTI(총부채상환비율)를 완화하면서 규제 완화의 정점을 찍었다. DTI(총부채상환비율)는 소득이 어느 정도인 사람이 부담할 수 있는 대출금은 얼마인지 판별하는 지표로, 이를 완화했다는 것은 "대출 받아 집을 사라"는 메시지와 같다고 볼 수 있었다.

이후에도 9·1대책(재건축 허용 연한 규제 완화, 청약 1순위 1년 단축), 12·23 대책(민간택지 분양가 상한제 탄력 적용, 재건축 초과이익환수제 3년 유예 연장)까지 일련의 규제 완화 대책이 이어졌다.

2015년 주택시장이 어느 정도 정상화되자 다시 공급 확대 조치를 취했다. 먼저 서민과 중산층 주거안정에 집중해서 준공공 임대주택 활성화, 공공임대 확대, 기업형 임대인 뉴스테이, 집주인 리모델링 제도를 도입했다. 이듬해인 2016년에는 행복주택과 뉴스테이 공급물량을 확대하는 정책도 발표했다.

박근혜 정부 시절에 부동산은 매매와 전세 시장의 특징이 다르게 흘러갔다. 매매 시장은 침체였던 반면에 전세 시장은 오히려 상승세를 탔다. 그래서 부동산 정책은 매매 시장 활성화와 전세난 해소를 위한 대책이 주를 이뤘다.

이런 정책들 덕분에 주택시장 거래량이 다시 증가하는 동시에 주택가격이 상승했고 분양 물량까지 늘어나면서 회복세로 전환되었다. 박근혜 정부 임기 말에는 주택시장이 과열 조짐을 보여 다시 규제로 방향을 급전환했다.

2016년 실수요 중심의 시장형성을 통한 주택시장의 안정적 관리 방안에 대한 '11·3 대책'은 청약시장 과열완화 및 실수요자 당첨기회 확대, 과도한 단기 투자수요가 유입되는 것을 차단하기 위한 관리방안 실시 등 규제 강화로 정책 방향을 전환했다.

## 침체한 주택시장 회복과 가계부채 증가

박근혜 정부는 임기 4년 동안 강력한 규제 완화를 통한 수요 확대와 공공 물량을 줄이는 공급 억제 정책을 내놓으면서 침체한 주택시장을 살리는 데는 어느 정도 성공했다.

그러나 정권 초중반에 집행한 각종 부동산 부양책은 하반기에 들어서며 속속 부작용으로 돌아오기 시작했다. 경제 성장률을 전혀 끌어올리지 못했을 뿐만 아니라 가계부채만 잔뜩 늘렸기 때문이다.

실제로 2014년 1,089조 원이던 가계부채는 2015년 1,203조 원으로, 2016년에는 1,344조 원으로 뛰었다. 2017년에는 1,451조까지 불어났다.

박근혜 정부 시절 아파트 가격변동률은 전국 10%, 서울 10%였다. 임기 도중 탄핵으로 인해 주택시장 과열을 잡는 숙제는 문재인 정부로 넘어가게 되었다.

생각한 스푼

인간은 누구나 실수한다. 모든 실수 중 최악의 실수는 자신이 지금까지 저지른 실수를 부정하는 것이다.

_체스터톤

# 문재인 정부,
# 집값 상승 '핀셋 규제'

"오르면 누르고 가라앉으면 끌어당긴다. 오르면 공급하고 가라앉으면 공급을 멈춘다."

우리는 부동산 역사에서 이 말이 모든 부동산 정책의 핵심이라는 사실을 알게 됐다. 그렇다면 부동산 부양책으로 이미 과열된 시장을 누르려면 어떤 정책을 펼쳐야 할까?

답은 규제책이다. 문재인 정부(2017년~)는 꿈틀대던 부동산 시장을 관리하기 위해 강력한 규제정책들을 쏟아냈다. 2017년 실수요 보호와 단기투기수요 억제를 통한 주택시장 안정화 방안인 '8·2 대책', 2018년 주택시장 안정화 대책인 '9·13 대책', 2019년 투기 차단을 위한 '12·16 대책' 등이 대표적이다.

특히 12·16 대책은 강력했다. 핵심내용은 ▷투기적 대출 수요를 차단하기 위한 대출 규제, ▷주택의 보유세 부담 강화 및 양도소득세 보완, ▷거래 질서 확립으로 규정된 민간택지 분양가 상한제 확대 및 거래 조사·청약 규제 강화, ▷공급확대를 위한 내용 등 크게 4가지로 요약할 수 있다.

이 중 대출 규제는 서울을 중심으로 한 투기지역과 투기과열지구에 적용하는 대출 규제와 갭 투자를 방지하기 위한 전세 대출 규제로 나눌 수 있는데, 가장 큰 특징은 주택담보대출을 원칙적으로 금지하는 규제(15억 원 초과 시)가 시행됐다는 점이다.

이외에도 9억 원을 초과하는 경우는 주택담보대출비율(LTV) 한도를 일부 축소(9억 원 초과분은 LTV 20% 적용)하기도 했다.

특히, 투기지역과 투기과열지구 내에서 실수요자가 시가 9억 원이 넘는 주택을 새로 취득하거나 갈아타기를 한다면, 1년 이내에 전입하고 기존주택을 처분하는 조건으로만 대출이 가능하도록 했다. 또한, 실수요자가 갈아타기 전략으로 자주 활용했던 일시적 2주택 비과세 혜택도 조정대상지역에서는 이제 1년 이내에 기존주택 매각과 함께 새로운 주택에 전입해야만 가능하도록 축소했다.

2019년 11월 초에는 강남 4구를 포함한 8개 구 27개 동을 지정했던 분양가상한제 적용 지역은 322개 동(서울 13개 구 전체 272개 동 및 광명, 과천, 하남 13개 동)으로 확대했다. 이로써 서울 모든 지역이 분양가상한제의 사정권에 들어간 셈이다.

**다양하고 꼼꼼한 규제정책 잇따라**

규제책은 여기에 그치지 않았다. 투기과열지구에서 9억 원을 초과

하는 주택을 살 때는 자금조달계획서의 증빙 자료 제출을 의무화하고, 거주요건을 강화했다. 또한, 청약 재당첨 제한 기간(분양가상한제 적용주택과 투기과열지구 내의 주택 10년, 조정대상지역 내의 주택 7년)도 강화됐다.

하지만 이런 대책이 쏟아진 후 잠시 주택가격이 하락세로 돌아서는 듯 보였던 부동산 시장은 금세 과열로 되돌아섰다. 이명박 정부와 박근혜 정부 시절 조정 기간을 거친 만큼 억눌렸던 상승세를 이어가겠다는 생명체처럼 느껴질 정도였다.

지난 2020년 전 세계를 팬데믹으로 몰아넣은 코로나19 시기에도 국내 부동산 가격이 안정되지 않자 정부는 그 해 6. 7월에 연달아 역대 초강력 급으로 분류될 만한 규제대책을 발표하기에 이른다. 먼저 6·17 대책이 나왔다. 이 대책에서는 조정대상지역과 투기과열지구를 확대 지정하였고, 주택자금조달계획서 제도를 개선했다.

그로부터 한 달 후인 7월에는 7·10 대책이 발표됐다. 다주택자 단기 거래에 대한 세율인상, 서민과 실수요자의 부담을 줄이기 위한 공급물량 확대 및 기준완화, 등록임대사업자 폐지 등을 주요 내용으로 담고 있다.

특히 7·10 대책의 경우 2020년 상반기에 지속해서 높은 가격상승률을 보인 경기·인천·대전·청주 등 일부 지역이 규제 지역으로 지정된 이후 상승세가 둔화한 반면, 서울 및 수도권 일부 지역의 매수세 및 상승세가 지속하는 현상을 고려해 나온 정책이었다.

또한, 내 집 마련에 대한 불안감, 신축 선호 등의 이유로 30대 젊은 층을 중심으로 추격 매수 심리가 확산하는 문제를 고려해 무주택 실수요자에게 공급을 늘리기도 했다. 이에 따라 국민주택은 25%까지 확대하고, 전용면적 $85m^2$ 이하 민영주택 중 공공택지는 분양 물량의 15%, 민간택지는 7%를 배정하기로 했다.

강력한 부동산 규제책에도 부동산 가격이 여전히 꿈틀거리자 문재인 정부는 코로나 팬데믹 2년 차에 들어서는 2021년 2.4부동산 대책을 내놓았다. 이번에는 '주택공급' 카드를 꺼내 든 것이다. 이전에 남양주 왕숙 신도시·하남 교산 신도시·인천 계양 신도시·고양 창릉신도시·부천 대장 신도시 5곳이 3기 신도시로 지정된 바 있다.

정부는 기존 신도시 개발계획에 이어 오는 2025년까지 서울 32만 호를 포함해 수도권에 약 61만 6천 호, 지방에 약 22만 호, 합해서 83만 6천 호의 주택을 공급하기로 했다. 이는 연간 전국 주택공급량의 2배에 이르는 수치고, 서울 32만 호는 분당신도시 3개 규모다.

정부는 이외에도 방치된 역세권과 준공업지·저층 주거지 개발과 공공이 주도하는 재개발·재건축 사업, 신규 공공택지 확보 등으로 물량을 충족한다는 계획을 세웠다.


## 문재인 정부의 부동산 정책 나비효과는?

문재인 정부가 코로나 팬데믹 시기에도 불구하고 부동산 핀셋 규제정책을 낸 것은 앞선 정권이 IMF 외환위기나 미국발 금융위기 등 경제위기 때마다 경기부양책으로 부동산 규제완화책을 폈던 것과는 상반되는 행보였다.

물론 다른 나라들과 비교하면 코로나 방역을 초기부터 안정적으로 관리해 경제적 타격을 줄인 측면도 있었다.

어쨌든 문재인 정부의 부동산 정책의 콘셉트는 부동산 가격상승에 대한 '강력한 규제'에 '엄청난 공급'의 플러스라고 볼 수 있다. 이 정책들이 2022년 들어서는 정부와 미래 부동산에 어떤 나비효과를 가져올지 궁금해진다.

생각한 스푼
나는 계속 실패를 했다. 실패하면서도 덜 실패했다. 네 번째 실패는 그런 대로 괜찮았다. 다섯 번째는 성공했다. _맥스 레브친

# 미래 부동산 정책,
# 억제하거나 혹은 완화하거나!

1831년 영국해군 측량선 비글호는 남아메리카 해안을 탐사하고 있었다. 이 배에는 23살의 영국 청년 찰스 다윈이 타고 있었다.

청년은 5년간 탐사에 동행해 관찰한 사실을 메모했다. 꼼꼼히 기록한 노트만 18권에 달했다. 1835년, 다윈은 갈라파고스 제도에 있었다. 갈라파고스 제도는 남아메리카 동태평양에 있는 19개의 섬과 암초로 이뤄져 있는 에콰도르령이었다.

이곳에는 독특한 동식물이 많았고 섬들은 서로 수십 킬로미터밖에 떨어지지 않았다. 하지만, 섬에 사는 동식물이 각기 다른 경우도 많았다.

다윈은 특히 섬에 사는 핀치새에 관심이 많았다. 갈라파고스 제도에 사는 핀치새는 섬마다 생김새가 달랐기 때문이다.

검은색과 옅은 초록색 핀치가 있는가 하면 뾰족한 부리와 뭉툭한 부리를 가진 핀치새도 있었다. 또 긴 부리가 있는가 하면 짧은 부리 핀치새도 있었다.

그저 다양한 새가 있었던 게 아니다. 이 섬에는 뾰족한 부리의 핀치새가, 저 섬에는 뭉툭한 부리의 핀치새가 살았던 것이다. 다윈은 노트에 섬마다 다른 핀치새의 모습을 꼼꼼히 스케치했다. 그러다 문득 이런 궁금증이 생겼다.

"왜 섬마다 핀치새의 생김새가 모두 다른 것일까?"

궁리 끝에 다윈은 다음과 같은 결론에 도달하게 된다.

"핀치새는 모두 남아메리카에 살던, 같은 생김새의 한 종이었어. 어쩌다 이 제도의 각 섬에 정착한 새들은 곧 섬의 환경에 적응했겠지. 부리가 길고 가느다란 핀치새는 그 섬에 곤충이 많이 살아서 곤충을 잡아먹기에 좋은 형태로 진화한 거야. 뭉툭한 부리를 가진 핀치새는 그 섬에 많이 자라는 식물들의 열매를 쪼아 깨 먹기 좋았기 때문이었어. 그러니까 핀치새의 생김새가 다른 이유는 자신이 사는 그 섬의 환경에 맞게 아주 오랜 세월 생존하면서 달라졌기 때문인 거야."

다윈은 이런 생각과 실험을 거쳐 1859년 『종의 기원』이라는 역사적인 책을 발표했다. 세상에 처음으로 '진화론'이 소개된 것이다. 다윈은 책에서 다음과 같은 명문장을 남겼다.

"실존하는 생물이 현재까지 살아 있는 이유는 가장 힘세서도 아니고, 가장 지능이 높아서도 아니다. 바로 변화에 가장 잘 적응했기 때문이다."

## 부동산 시장은 갈라파고스 제도

부동산 현대사를 살펴보면 부동산 시장은 그야말로 갈라파고스 제도라는 생각이 들 것이다. 섬처럼 부동산 시장도 매 순간 다른 환경에 각기 다른 조건으로 세팅돼 있다. 부동산을 연구하는 우리는 마치 핀치새와 같다. 힘센 것도, 지능이 높은 것도 답이 아니다. 살아남은 사람은 변화에 가장 잘 적응한 존재다.

역대 정권은 부동산 시장에 대한 진단과 해법이 각기 달랐다. 그러나 판박이처럼 역대 정부의 부동산 정책 핵심기조는 크게 '규제'와 '완화'로 대표된다.

실제로 패턴으로 보면 노태우 정부-규제, 김영삼 정부-완화, 김대중 정부-완화, 노무현 정부-규제, 이명박 정부-완화, 박근혜 정부-완화, 문재인 정부-규제로 이어지고 있다. 참여정부 시절 크게 강화됐던 규제 기조는 이명박·박근혜 정부를 지나며 흐릿해졌다가 문재인 정부 들어 다시 부활했다.

부동산 가격이 적절하게 상승하면 내수시장 활성화에 도움이 되지만 가격이 폭등하면 부동산 문제가 심각해진다. 부동산은 끝없이 변하는 환경에 적응해 살아 있는 생물체이자, 정책과 인간의 심리가 연결된 사회적 네트워크망이기도 하다.

또한, 부동산 시장은 정부의 강력한 경제적 수단이기도 하다. 나라 경제의 근간이 되는 건설경기가 부동산 시장에 영향을 미치기 때문이다. 따라서 경제 대란이나 경기 침체기에는 건설경기를 일으켜 경기를 살리고 이에 부동산 시장에 영향을 주는 방식이 반복된다.

+ 집값 상승 : 억제정책
+ 집값 추가 상승 : 억제정책 + 공급정책
+ 집값 하락 : 완화정책
+ 집값 추가 하락 : 완화정책 + 건설경기 부양정책

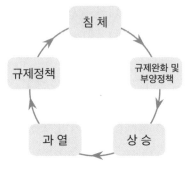

부동산 정책의 순환 패턴

역대 정권별 아파트 가격 추이를 보면, 전체적으로 우상향으로 향하는 상승세를 이어왔다. 지난 30여 년간 대한민국 집값은 전국적으로는 180.2%, 강남은 300.6% 상승했다. 자본주의 사회에서 집은 주거의 개념뿐만 아니라 부의 상징이고 투자의 수단이고 욕망의 대상이기도 하다.

물론 우리나라에만 국한된 이야기는 아니다. 전 세계 선진국들의 주요 도시들 역시 부동산 가격과 전쟁을 벌이고 있다. 부동산에 영향을 미치는 요소들이 너무 많다는 특성상 정부가 개입하여 가격을 마음대로 통제하는 데는 분명 한계가 있다.

## 위기에서 기회를 엿보는 안목

정부는 정부대로 할 수 있는 일을 할 수밖에 없다. 집값이 상승하면 가격을 누르고, 가라앉으면 일으켜 세워야 한다. 필요하면 공급하고 넘치면 줄여야 한다.

그러나 투자자 입장에서는 한발 물러나 부동산 역사의 흐름이 보여준 '냉탕과 온탕 사이'를 읽고 '오락과 가락 사이'를 읽고 '억제책과 부양책 사이'를 읽어야 한다. 그 사이에 바로 투자의 기회가 있기 때문이다.

변화 속에 생존의 희망을 찾는다는 과학적 진리가 다윈이 말한 진화론의 핵심이다. 위기와 기회는 동전의 양면처럼 한데 붙어있다. 기회를 놓치면 후회라는 위기의 씨앗이 심어진다. 위기를 넘기면 모든 것이 거짓말처럼 기회로 보이기 시작한다. 위기가 기회이고 기회가 위기이다. 우리 독자들은 모두 위기에서 기회를 엿볼 수 있는 분들이었으면 좋겠다.

생각한 스푼
성공의 비결은 다른 사람들이 모르는 무엇인가를 아는 것이다. _사업가 애리스토틀 오나시스

# 3장

## 절대 변하지 않는
## 부동산 100년의 법칙

# 집의 법칙
# – 집은 영원하다

세계 최초로 전자상거래 기업으로 대기업이자 세계부자 1위 그룹
에 속하는 '아마존닷컴'의 CEO인 제프 베조스는 이렇게 말했다.

"사람들은 나에게 5년 후나 10년 후 무엇이 변할 것인지는 묻
지만 무엇이 변하지 않을 것인지는 묻지 않는다. 전략은 변하
지 않는 것에 토대를 두어야 한다."

우리는 계속 물어야 한다. 변하지 않는 원칙은 무엇인가? 부동산
의 변하지 않는 제1원칙에 대해 누군가 필자에게 묻는다면 나는 가
장 먼저 "집은 영원하다"를 꼽겠다.

일반적으로 인류 최초의 집은 동굴이라고 생각한다. 원시시대
동굴만큼 안전한 곳은 없었을 테니까. 맹수로부터 몸을 보호할 수

있고 비나 눈을 피할 수 있었다. 계절이나 기온에 따라 추위나 더위를 이기는 데도 큰 도움이 되었다.

동굴은 언제부터 사람이 살았을까? 180만 년 전 인류의 가장 오래된 동굴 거주지를 남아공에서 찾았다. 2021년 이스라엘 예루살렘 히브리대와 캐나다 토론토대, 프랑스 국립과학연구소(CNRS) 공동 연구진은 국제 학술지 「제4기(Quaternary) 과학 리뷰」에 "남아프리카공화국의 칼라하리 사막에서 180만 년 전에 인류가 거주한 동굴을 찾았다"고 밝혔다

140m 길이의 이 동굴은 남아공에서 쓰이는 네덜란드어로 '본데르베르크(Wonderwerk) 동굴'로 불린다. 본데르베르크는 '기적'이라는 뜻이다. 연구진은 동굴 바닥을 이루는 2.5미터 두께의 퇴적층에

180만 년 전 인류가 거주한 본데르베르크 동굴. 현지어로 기적의 동굴이란 뜻이다./Michael Chazan

서 인류가 사용한 다양한 석기와 불을 피운 흔적, 동물의 유골 등을 발굴했다. 학술지에 따르면 인간이 동굴에 살았던 시점이 적어도 180만 년 전이나 그 이상 된다는 의미다.

물론 인류 최초의 집이 동굴이냐 움막이냐에 대한 주장은 엇갈리고 있긴 하다. 평생을 인류의 주거문화 결정체인 집에 대해 연구했던 건축학자이자 도시계획학자인 노버트 쉐나우어는 『집』(다우)이라는 책에서 움막은 주거역할을, 동굴은 임시 피난처 같은 역할을 했을 것이라고 짐작했다.

## 인류 주거의 6단계 발전과정

이 책에서 눈길을 끄는 대목은 저자가 원시시대 움막집에서 6000여 년 전 최초 도시주거가 탄생하기까지 다음과 같은 6단계 주거의 발전 과정이 있었다고 소개한 점이다.

첫째 단계, 최초에는 유랑하는 무리가 일시 주거로 며칠만 머문다.

둘째 단계, 인디언의 천막집처럼 발달한 수렵 채집 기술을 가진 무리가 몇 주 동안 사용하는 간헐적 주거 방식이다.

셋째 단계, 이동 주거로 목축 경제를 영위하는 유목민들의 집이다. 이런 집의 형태는 오늘날 몽골족과 키르기스족의 '유르트'나 베두인족의 '흑색 천막집' 같은 곳이다.

넷째 단계, 마사이족의 '보마'나 나바호 인디언의 '호간'처럼 목축과 부분 농업을 같이 하는 반유랑식 부족사회의 경우에는 계절 주거공간에서 살았다.

다섯째 단계, 마야인들의 타원형 주택처럼 여러 해 동안 살 목적으로 짓는 반영구 주거형태이다.

여섯째 단계, 영구 주거 방식이 등장한다. 한 국가의 정치·사회적 조직이 갖춰지고 잉여농산물을 보유한 정착 농경사회에서 출현하며 오늘날의 대부분 주택은 영구 주거 방식이라고 할 수 있다.

생소한 주거형태들이나 이름들을 소개했지만, 결론적으로 말하자면 주거공간의 방식이 역사 발전에 따라 계속 발전해 왔다는 사실과 집은 항상 인류와 함께 해왔다는 것이다.

영구 주거 방식이 처음 등장한 시기는 6,000여 년 전이다. 이때가 도시주거의 탄생 시점이라고 볼 수 있다. 시간이 흘러 중세시대 건축으로 넘어오면서 '다기능 주택'이 생겼다. 다기능 주택이란 기후와 외부 침입자로부터 주민을 지켜주는 피난처임과 동시에 집주인의 신분을 나타내주는 성이었다. 또한, 장인에게는 공방, 예술가에게는 아틀리에(astelie, 공방)였고, 보육원이자 학교였고 병원이었으며 교회이기도 했다. 저자에 따르면 중세의 주택만큼 주민 생활을 위한 모든 시설을 한꺼번에 제공한 적도 없었다고 한다.

이렇게 집은 매 순간 우리 인간의 생존뿐만 아니라 인간이 행한 일과 문화를 대변해 왔다. 우리나라의 집 개념은 어떨까? 사실 크게 다를 바 없다. 신석기 시대 움집을 시작으로 '한옥韓屋'인 초가집과 기와집을 거쳐 오늘날 단독주택, 빌라, 다가구, 아파트 형태로 발전해 왔다. 이 중 도시는 아파트 중심의 주거문화가 각광을 받고 있다.

그렇다면 아파트는 집의 역사 속에 언제 처음 등장했을까? 아파트의 초기 개념인 '고밀도 다세대 주택'은 지금으로부터 2,000년 전 고대 로마의 '인슐라'에서 찾을 수 있다. 인슐라는 3층 건물에 6~8개 독립된 집으로 구성된 공동 주거지다. 1층은 주로 상가로 사용했고, 2층과 3층은 주거공간이었다.

이후 1700년대 산업 혁명기엔 2~3층짜리 공동주택인 '로우 하우스'가 생겼고, 이후 프랑스에서 노동자들이 주로 사용하는 7층짜리 '아파르트망'이 탄생하게 됐다. 아파트 이름은 '분리하다'라는 뜻의 라틴어에서 유래한 이 아파르트망에서 따왔다.

우리나라에 아파트라는 말이 처음 등장한 것은 일제 강점기였다. 첫 아파트는 1930년 일본 기업이 지은 서울 회현동 '미쿠니 아파트'라고 알려져 있다. 이곳은 일본인 직원 숙소로 사용되었다고 한다. 해방 후 우리나라 정부가 처음 아파트를 지은 것은 1960년대 당시 대한주택공사(현재 한국토지주택공사)가 6층짜리 건물 10개 동으로 지은 서울 마포구 도화동 '마포 아파트'였다.

4만 4천여 년 전 동굴이나 움막 시대를 거쳐 인간은 어느새 최첨단 기술과 결합해 좀 더 살기 편한 기능이 추가된 아파트에 살고 있다. 집은 역사 발전과 함께 진보했다. 지금도 끊임없이 스마트하게 진화하고 있다. 미래 주거문화는 사물과 사물이 인터넷으로 연결되는 사물 인터넷이 큰 영향을 미칠 전망이다. 이러한 주거문화에 접목하는 용어가 '사물 인터넷 하우징(주택)'이다. 미래의 집은 또 어떻게 변할까?

## 스마트한 아파트에 살아보기

2030년대 미래의 어느 날. 서울 서초구 반포동 한강공원 주변의 고층 아파트에 사는 K씨. 환갑의 나이지만 요즘은 '60대는 이팔청춘'이라는 말이 시대 트렌드를 대변한다.

당연히 그는 메인 직장에서 은퇴했지만, 인생 이모작으로 중국인 대상 비즈니스를 하며 산다. 그가 하는 일은 국내에 중국인 관광객이 들어오면 이를 가이드하는 역할인데, 기존 중국 교포들이 하는 것보다 한국 콘텐츠가 많아 그를 좋아하는 중국인들이 많다. K씨는 아침에 일어나면 인공지능 거울 앞에 선다. 몸무게·키·체지방 등 신체 컨디션이 스캐닝 되어 거울에 나타난다.

"K님, 요즘 체지방이 느셨네요. 40분 정도 뛰는 게 좋겠네요."

사이버 헬스 코치의 권고에 따라 K씨는 가상 운동기구로 이동했다. 중국의 만리장성, 호주 캥거루 들판, 네팔의 산티아고 순례길 등이 선택 화면으로 나온다. 오늘은 프랑스 에펠탑! 선택 버튼을 클릭하자 눈앞에 에펠탑 전경이 펼쳐졌다.

그는 실제 현장에서 조깅하듯 에펠탑 주변을 감상하며 한 30분 뛰기 시작했다. 이어 아침 식사를 마친 후 옷장을 열자 화창한 오늘 날씨에 맞는 트렌디한 양복을 추천받아 입었다. 아파트 내 풍력으로 작동하는 엘리베이터를 타고 지하 주차장으로 나온 K씨는 수소 연료 자가용을 타고 합정역 부근 중국인 관광객이 모이는 엔터테인먼트 대형 체육관을 향했다.

그날 저녁 K씨는 사무를 보고 오랜만에 아들을 만나기로 했다.

반포동 한강 주변의 공유주택에 거주하는 아들 C씨는 서른 살을 훌쩍 넘겼음에도 불구하고 결혼은 안 하고 셰어하우스에 만나는 또래 직장인들과 즐거운 시간을 보낸다.

이런 상상은 그리 멀지 않아 보인다. 지금도 최첨단 스마트 기술이 신축 아파트에 속속 적용되고 있다. 화장실 변기에 그날의 건강 상태를 알려주는 기능이 장착됐다. 건강 관리에 알맞은 식사와 운동을 권해주는 서비스도 있다. 여기에 천편일률적인 아파트 평면을 지양하고 개인이 평면구조를 선택하는 '핏 사이징(Fit-sizing)' 아파트가 주거 시장의 새로운 트렌드로 떠오르고 있다. 이는 1인 가구가 늘면서 삶의 질이 보장되는 '최적 공간'을 찾는 소비자가 늘고 있기 때문이다.

우리 시대 집의 진화는 끝이 없다. 개인에 맞춰 더 정교하게 다양해지고 있고, 첨단 시스템을 갖춰 더 안락하고 스마트해지고 있다. 그러나 집의 발전과정에서 변하지 않는 진리도 있다. 원시 동굴이나 움막에서 시작해 현대 최첨단 아파트에 이르기까지 집은 언제나 인간과 함께 해 온 동반자였다는 사실이다. 그래서 집은 미래에도 인간과 함께할 영원한 존재다.

생각한 스푼
정신은 내면의 목표가 있을 때만 발달한다. _알프레드 아들러

# 꿈의 법칙
# – 인간은 내 집을 욕망한다

"돈을 사랑하는 마음만으로는 부자가 될 수 없다. 돈이 당신을 사랑하지 않으면 안 된다."

유대인은 돈에 관한 생각을 이 한 문장에 담았다. 한마디로 '돈이 당신을 사랑하게 하라!'는 이야기다. 돈에 관한 생각이나 관점을 바라보는 유대인의 시각을 읽을 수 있다. 이런 관점 때문일까?

유대인은 작은 인구에 비해 세계적으로 정말 많은 수가 부와 명성을 거머쥐고 있는 민족으로 유명하다. 다이아몬드 가공업, 금융업, 벤처기업 등 큰돈이 오가는 사업은 물론 미국 유명대학의 로스쿨, 월스트리트, 노벨상 및 백만장자, 미디어 및 영화계, IT 업계에도 유대인의 비중이 아주 높다.

실제로 이스라엘 신문은 100명의 가장 영향력 있는 유대인들을 발표한 적이 있는데, 대부분이 이름만 들어도 알 만한 사람들이다. 몇 명만 소개해 보면 다음과 같다.

+ 마크 주커버그 (미국) : 페이스북 설립자
+ 래리 페이지, 세르게이 브린 (미국) : 구글 설립자
+ 스티븐 스필버그 (미국) : 영화감독 및 제작자
+ 엘리 위젤 (미국) : 작가 겸 홀로코스트 생존자
+ 앨런 그린스펀 (미국) : 경제학자
+ 마이클 블룸버그 (미국) : 뉴욕 시장, 억만장자
+ 헨리 키신저 (미국) : 전 국무장관
+ 벤 버냉키 (미국) : 연방준비이사회 의장
+ 스티브 발머 (미국) : 마이크로소프트 최고경영자
+ 우디 알렌 (미국) : 영화감독, 작가, 배우

이외에도 아인슈타인, 프로이트, 신문왕 퓰리처, 토크쇼 진행자 래리 킹, 구겐하임 가문, 조지 소로스, 리바이스의 창립자 리바이 스트라우스도 모두 유대인 혈통이다. 그럼 혹시 유태인은 부를 인생의 지상 최대 목표로 삼고 있는 것은 아닐까? 그렇지는 않다. 오히려 반대다. 그들은 부만 좇는 돈의 노예가 되는 걸 종교적 신념으로 거부한다. 그저 돈은 행복한 인생을 살기 위해 꼭 필요한 도구라고 여기고 있을 뿐이다.

그들은 사실 부의 역할과 기능을 있는 그대로 받아들인다. 그리고 유대인은 부를 창출하기 위해 매사에 창의적이고 도전적인 모

험을 좋아한다. 그 모험이 결과적으로 부를 창조하는 원천임을 그들은 잘 알고 있기 때문이다.

## 유대인이 부와 권력을 창출하는 관점

유대인이 부와 권력을 갖는 과정에서 얻을 수 있는 중요한 교훈은 세상을 어떻게 보느냐 하는 관점이다. 유대인의 독특한 관점으로 부를 창출한 에피소드가 있다.

프랑스와 이스라엘의 구두 회사가 있었다. 두 회사는 태평양 도서 지역에 사는 사람들을 상대로 그곳에서 새로운 시장을 개척하고 싶었다. 그래서 두 회사는 각각 세일즈맨 한 명씩을 섬에 파견해 현지 시장을 조사했다. 프랑스 회사의 세일즈맨은 섬에 도착한 직후에 섬 주민이 모두 신발을 신지 않고 맨발로 다니는 모습을 보고는 몹시 실망했다. 그래서 이튿날 회사 사장에게 다음과 같이 전보를 보냈다.

"이 섬에는 신발을 신는 사람이 아무도 없습니다. 신발을 살 사람이 없으니 시장 잠재력이 크지 않다고 생각됩니다. 사업성이 전혀 없습니다."

세일즈맨은 곧장 비행기를 타고 섬을 떠났다. 이번엔 이스라엘 회사의 세일즈맨이 이 섬에 도착했다. 물론 맨발로 다니는 주민들의 모습을 똑같이 보았다. 그런데 이 세일즈맨은 금세 입꼬리가 올라갔다. 멋진 희망을 보았기 때문이다. 그는 다음과 같이 회사에 전보를 쳤다. 어떤 내용이었을까?

"이 섬의 주민은 아직 아무도 신발을 신지 않는 것으로 보아 미래 시장의 잠재력이 무궁무진하다고 판단이 됩니다. 이곳의 구체적인 사업전략을 연구한 뒤 보고하겠습니다."

같은 것을 보고 들었지만 두 사람의 관점은 천양지차였다. 생각의 차이가 미래를 결정하고 부의 창출을 지배하는 중요한 요소였던 것이다. 실제로 부나 돈을 바라보는 관점은 정말로 부를 창출할 수 있느냐와 매우 밀접한 관계가 있다.

미래 학자로 유명한 앨빈 토플러 역시 『부의 미래』라는 책에서 가장 먼저 "단순하게 욕망을 키운다고 해서 모든 사람이 부자가 되는 것은 아니다. 욕망을 부추기고 부를 추구하는 국가가 반드시 부자 나라가 되는 것도 아니다. 하지만 가난의 미덕을 강조하는 사회에서는 그들이 추구하는 대로 가난할 수밖에 없다는 사실을 우리는 기억해야 한다."고 강조했다.

세상에는 엄청난 부자도 많고 한 끼니를 해결하기도 어려운 가난한 사람들도 많다. 그런데 그 사람들의 정신을 지배하는 신념이나 종교적 가치관이 부자와 빈자를 결정한다는 게 토플러의 생각이다. 부와 명성에 대한 욕망을 줄이는 방법으로 행복을 추구하라는 종교적 가치관과 물질적인 욕망을 억누르는 대신 창조적으로 하고, 정직하게 도전하는 가치관은 다른 결과를 가져온다는 것이다.

한때 공산주의 국가였던 중국도 1970년대 지도자인 덩샤오핑이 부자가 되는 것은 영광스러운 일이라고 말했다. 새로운 관점이 제시된 때가 중국이 경제적으로 부흥하기 시작한 출발점이었다.

현재 전 세계 대부분의 나라는 자유로운 경쟁과 부에 대한 욕망을 규정과 법질서 안에서 실현해 나가는 자본주의 사회의 길을 걷고 있다. 자본주의에서는 인간의 내면에 있는 욕망에 대한 관점이 생존뿐만 아니라 부의 창출에 엄청난 영향을 끼친다.


## 인간 안에 잠자는 욕망

우리는 인간의 기본 욕망에 대해 솔직하게 성찰할 필요가 있다. 심리학자 에이브러햄 매슬로는 '욕구단계설(Maslow's Hierarchy of Needs)'을 발표한 바 있다. 인간의 욕구가 그 중요도별로 일련의 단계를 형성한다는 동기 이론이다.

최초 5단계로 제시된 매슬로의 이론은 가장 기초적인 하나의 욕구가 충족되면 위계상 그 다음 단계에 있는 다른 욕구가 나타나서 그 충족을 요구하는 식의 피라미드형 체계를 이룬다.

이때 가장 먼저 요구되는 욕구는 다음 단계에서 달성하려는 욕구보다 강하고, 그 욕구가 만족되었을 때만 다음 단계의 욕구로 전이된다. 단계별 인간 욕구의 특징은 다음과 같다.


1단계 생리 욕구(Physiological) : 허기를 면하고 생명을 유지하려는 욕구로 가장 기본인 의복, 음식, 가택을 향한 욕구에서 성욕까지를 포함한다.

2단계 안전 욕구(Safety) : 생리 욕구가 충족되고서 나타나는 욕구로서 위험, 위협, 박탈剝奪에서 자신을 보호하고 불안을 회피하려는 욕구이다.

3단계 애정·소속 욕구(Love&Belonging) : 가족, 친구, 친척 등과 친교를 맺고 원하는 집단에 귀속되고 싶어 하는 욕구이다.

4단계 존경 욕구(Esteem) : 사람들과 친하게 지내고 싶은 인간의 기초가 되는 욕구이다. 자아존중과 자신감, 성취 등에 관한 욕구가 여기에 속한다.

5단계 자아실현 욕구(Self-actualization) : 자기를 계속 발전하게 하고자 자신의 잠재력을 최대한 발휘하려는 욕구이다. 다른 욕구와 달리 욕구가 충족될수록 더욱 증대되는 경향을 보여 '성장 욕구'라고도 한다. 새로운 지식이나 정보를 알고 이해하려는 '인지 욕구'나 '심미 욕구' 등이 여기에 포함된다.

이후 매슬로는 5단계인 자아실현의 욕구를 넘어선 6단계인 '자기 초월의 욕구'까지 추가했는데, 자기 초월의 욕구는 자기 자신의 완성을 넘어서 타인, 세계에 기여하고자 하는 욕구를 의미한다. 이를 다르게 표현하면 타인으로부터 '인정'을 받고 싶어 하는 욕망이다.

사람에 따라 욕망의 위계가 뒤바뀔 수도 있고 자신의 욕구를 알아차리지 못할 수도 있다. 하지만 분명한 건 인간의 마음속에는 없앨 수도, 감출 수도 없는 근본적인 욕망이 존재한다는 점이다. 생명 활동을 유지하려는 생리 욕구 → 위험과 불안으로부터 자신을 보호하려는 안정 욕구 → 사회적 소속감과 관계 욕구 → 관계 속에서 존중받고 인정받고 싶은 욕구 → 자기 성장 및 자아실현의 욕구 → 타인과 사회에서 인정받고 싶은 욕구의 연결된 톱니바퀴가 우리 안에 끝없이 굴러간다.

이 6단계의 톱니바퀴를 가만히 들여다보고 있으면 떠오르는 한 단어가 있다. 바로 '집'이다. 집은 인간이 추구하는 모든 욕망에 깊이 관여하고 있다. 부와 욕망이 창조해 나가는 우리 세상의 '집'이 논쟁의 대상이자 희망의 상징인 이유가 바로 여기에 있다.

> 생각한 스푼
> 모든 사람의 머릿속은 오래되고 케케묵은 가구로 가득 찬 건물과도 같다. _디 훅

# 길의 법칙
# – 길이 집을 창조한다

L씨에게 들은 '길' 이야기를 독자들과 나누어 보고 싶다. 그의 고향은 200여 가구가 살던 농촌의 시골 마을이었다. 마을은 산의 동쪽 마을과 남쪽 마을, 서쪽 마을로 나눠져 3개 구역으로 집촌이 형성되어 있었다.

그가 어릴 때는 자신이 살던 서쪽 마을이 잘나갔다고 한다. 가구 수와 학생들 수도 가장 많았고 동장도 늘 이곳에서 선출되었으며 마을 사업도 가장 활발했다. 서쪽 마을이 가장 번성한 이유는 바로 길 때문이었다. 넓은 도로도 아니고 마을 앞산으로 난 비좁은 산길이었다. 하지만 이 산길이 학교와 면 소재지로 이어져 있었다. 그러니까 학교와 면 소재지에서 보면 서쪽 마을이 가장 가까운 동네이고 산길이 마을의 주도로인 셈이었다.

세월이 흘렀다. 언젠가부터 남쪽 마을이 급속도 번성하기 시작했다. 남쪽 마을에 좋은 집들이 속속 재건축되기 시작했다. 이유가 있었다. 학생들 수가 줄어들면서 앞산으로 이어진 학교가 폐교되고 학생들은 관할 지역을 넘어 통폐합된 학교에 다니게 됐다. 상업지구에 있는 새로운 학교는 남쪽 마을 도로와 가까웠다. 남쪽 마을 앞으로는 원래 넓은 신작로가 나 있었다. 어느덧 이 신작로가 주도로가 됐다. 그러니까 새로운 지역의 학교와 상업지역이 이 신작로와 연결되자 서쪽 마을이 쇠퇴하기 시작하고 남쪽 마을이 잘나가게 된 것이다. 신기하게도 마을 동장은 남쪽 마을에서 나오기 시작했고, 우연인지 성공한 부자들도 이 남쪽 마을에서 가장 많이 쏟아져 나왔다.

다시 세월이 흘러 마을 근처에 신 행정도시가 들어섰다. 신도시는 동쪽 마을과 가장 가까웠다. 신도시와 동쪽 마을이 이어지는 도로가 확장됐다. 놀랍게도 어느덧 동쪽 마을이 번성하기 시작했다.

그는 이렇게 말했다.

"지난 40여 년 동안 고향 마을의 흥망성쇠를 돌아보면 놀랍게도 '길'과 매우 깊은 연관성이 있다는 걸 알게 됐어요. 우리 마을을 보면서 길이 가지고 있는 놀라운 힘을 느꼈지요."

모든 길은 집과 연결돼 있다. 길의 끝에는 언제나 집이 있다. 어쩌면 모든 집은 길이 만든 여정의 창조물일지도 모른다. 길은 역사를 만들고 문명을 건설한다. 그래서 길에는 수많은 창조적 이야기가 깃들어 있다.

## 모든 길은 로마로 통한다

우리는 "모든 길은 로마로 통한다"는 말을 한 번쯤 들어봤을 것이다. 찬란한 로마 제국을 만든 것은 작게 잡아 3만5000㎞에서 많게는 40만km에 이르는 거미줄 같은 거대한 도로망 덕분이다. 로마는 무려 1천 년 동안 유럽의 전 지역을 지배했던 도시였다. 새로운 곳을 정복해 나가면서 가장 먼저 도로를 닦았다.

로마 군대는 군대를 재정비하고 다시 전투를 준비할 수 있는 기지를 지었다. 이 기지에 많은 수의 로마 병사를 수용할 수 있었다. 이런 기지들은 다시 사람들의 이동이 쉽고 군수물자 공급이 수월한 좋은 도로가 필요했다.

이런 이유로 가장 먼저 만들어진 도로는 '아피아 가도'(라틴어 및 이탈리아어 : Via Appia)이다. 이 도로는 로마에서 시작되어 풀리아주의 브린디시까지 이어진다. 도로는 어느새 중심지에서 영토 경계선까지 확장되었다. 거미줄처럼 촘촘하고 네트워크처럼 연결된 도

모든 길은 로마로 통한다. 로마로 이어진 '아피아 가도(Via Appia)'

로망이 건설되면서 어느덧 "모든 길은 로마로 통한다"라는 속담이 생기게 되었던 것이다.

이 속담은 로마 제국이 유럽 전역의 길을 뚫어 지배했다는 위대함을 말하기도 하지만, 수많은 도로의 중심에 로마가 있듯 길의 끝에 진리는 하나라는 의미도 있다. 즉, 어떤 목표에 도달하는 데 여러 가지 수단이 있지만, 목표 지점은 결국 같다. 진리는 하나로 통한다는 이야기다.

길 하면 떠오르는 단어 중에는 '실크로드'도 있다. 우리 말로 비단길인데, 투르크 민족 등 북방 기마민족이 중국까지 개척한 길이다. 비단길이라는 언어의 기원은 중국의 비단이 로마 제국으로 흘러가는 것을 의미한다. 이 길은 비행기가 없던 근대 이전의 동양과 서양을 관통하는 대륙의 교역로였다.

비단길 역시 동서양을 잇는 하나의 라인이라 생각하기 쉽지만 3대 간선과 5대 지선을 비롯해 수만 갈래의 길로 구성된 범세계적인 그물 모양의 교통로로 구성되어 있다. 이 길을 통해 교역품뿐만 아니라 불교의 전래, 간다라 미술 등 동서양의 문화가 서로 유통됐다.

&lt;비단길의 역사&gt;
+ 투르크 민족들의 비단길 개척
+ 중국의 비단, 로마와 무역
+ 불교의 전래, 간다라 미술
+ 몽골 세계제국과 비단길의 확대
+ 동남아시아와 해상 비단길

+ 철도, 항로 등 신新 비단길(중국 서부 ~ 스페인) 연결

## 도로가 집을 만든다

길은 사람을 이동시키고 물건을 운송한다. 인간은 길 위의 교류와 무역을 통해 문화까지 나누었다. 이 교류 과정에서 새로운 인류의 문명이 탄생했다. 길은 집을 생기게 하고 상가와 학교를 짓고 도시를 건설했다. 집, 상가, 마을, 도시의 탄생에 지대한 영향을 끼친 것이다.

투자자라면 부동산을 공부할 때 필수적으로 '도로'에 대해 공부해야 한다. 부동산의 현재가치와 미래가치는 도로에 따라 완전히 달라진다. 이뿐만 아니라 부동산 개발 가능성이나 인·허가도 도로에 의해 결정되는 경우가 많다. 도로 성격에 따라 재산 가치가 다르게 판정된다.

도로는 종종 사람의 혈관에 비유되곤 한다. 인간이 생명을 유지할 수 있는 것은 도로망처럼 혈관이 모두 연결돼 있기 때문이다. 혈관 망이 사람을 살게 한다. 집이 길을 만드는 게 아니다. 도로가 집을 만든다. 길을 알아야 부동산을 제대로 아는 것이다.

> 생각한 스푼
>
> 내가 낙관적일 때는 타인도 낙관적일 것이라고 생각하고, 내가 비관적일 때는 타인도 비관적일 것이라고 생각한다. _혼마 무네히사

# 역驛의 법칙
## – 교통 요지에는 상권이 발전한다

버스역이나 기차역, 지하철역은 늘 사람들로 붐빈다. 부동산 투자 법칙의 하나는 '역세권을 주목하라!'이다. 이 말이 요즘엔 너무나 당연하게 인식된다. 역이 있는 주변을 역세권이라고 하는데, 지하철역 또는 전철역을 반경으로 접근성이 좋은 지역을 가리킨다.

사실 '역'은 역사가 깊다. 역세권에서 '역'은 역참驛站에서 왔다. 역참은 국가의 중요한 소식이나 공문서, 세금 등을 전달하는 교통 통신을 담당하는 기관인데, 문헌상으로는 삼국시대부터 설치된 것으로 소개돼 있다.

전국 곳곳 주요 포인트에 설치된 역참에는 숙박 시설과 역마가 준비되어 있었다. 정부 관리들은 역참에서 쉬어가거나 말을 바꿔 탔다. '역참' 하면 우리가 잘 아는 암행어사의 '마패'와도 연관되어 있다. 마패에 그려진 말의 수만큼 역참에서 말을 자유롭게 사용할

구한말 역참의 모습, 역사학자들은 오른쪽에서 두 번째 서 있는 사람을 기발군으로 추정하고 있다.

수 있었기 때문이다.

역참이 발전하면서 주변에 주막이 생기거나 말 관리에 필요한 시설이나 인력의 거처가 동시에 생기기 시작했다. 당연히 역참의 관리 주거지나 주막이 형성돼 사람들이 늘어나면서 시장이 생기는 경우도 많았다.

임진왜란 후에는 명明의 파발제擺撥制와 봉수烽燧가 역참을 대신하게 된다. 조선의 역참은 1896년 근대적인 통신제도와 철도교통으로 결국 폐지됐다.


**'역세권'의 원리**

세월이 흘러 역참은 세상에서 사라졌지만, 역참의 메커니즘인 '역세권'은 지금도 계속된다. 현재 우리는 대도시나 수도권의 지하철역, 전철역, 기차역, KTX역, GTX역에서 걸어서 5~10분 이내, 또는 거리로 500미터 반경 범위 내를 1차 역세권, 1km까지를 2차 역세권이라 부른다. 역의 영향력이 강하게 미치는 주변 지역을 곧 역세권이라고 하는 것이다. 이 지역은 부동산 시장에서 사람들이 많이 붐비고, 사람이 많이 붐비니 상권이 좋고, 상권이 좋아 가치를 높게 평가한다. 그만큼 최고 투자처로 꼽힌다.

국가가 발전할수록 역과 역세권은 점점 더 다양해지며 촘촘해지고 있다. KTX역, GTX역 등 새로운 형태의 역이 전국 곳곳에 새로 들어서거나 확장되며, 역 주변으로 도시개발을 함께 추진하게 된다. 국가철도망 구축계획은 새로운 역세권을 만들고 역 주변 땅값과 집값을 요동치게 만든다.

예를 들어 지난 2004년경 '2025 수도권 광역도시계획'에 따른 철도역 인근에 땅을 구입했다고 가정해 보자. 당시와 현재 땅값은 천지 차이가 난다. 만약 해당 지역이 역세권의 상업지역으로 용도 변경이라도 난다면 그 땅값은 아주 높게 매겨지게 된다. 역세권 투자의 매력이 아닐 수 없다.

실제로 철도건설 기본계획이 한창 진행 중이던 2004년 한 지역의 땅값이 평당 10~20만 원이던 곳이 있었다. 이곳은 현재 평당 가격이 500만 원을 넘는다. 역세권 개발에 따른 땅의 미래가치는 매우 크다.

일반적으로 도시계획은 '수도권 광역도시계획' 및 '국가철도망구축계획'에 따라 단계를 밟아 진행 중이다. 전국을 가르는 도시철도

건설사업이 진행 중이며, 더욱 거미줄처럼 연결된 철도가 전국 곳곳을 연결해 줄 전망이다.

우리 시대 주목받는 역세권 개발 이슈는 역시 'GTX'이다. 서울과 경기도를 중심으로 수도권 지하를 연결하는 공사가 한창 진행 중이다. GTX는 지하 40미터 이상 파고들어 철도를 건설하는 대심도 사업으로 주요 거점들을 직선에 가까운 노선으로 연결한다. 특히 최고 시속 200km(영업 최고속도 시속 180km)로 달리는 초고속 철도를 도입해 서울과 경기 수도권 내의 이동시간을 획기적으로 단축시킨다. 몇 년 내 개통될 GTX A노선의 개통을 상상해 보자.

2025년 일산 대화동에 거주하는 R씨는 삼성동에 위치한 자신의 직장인 광고대행사에 출근하기 위해서 아침 8시에 일어났다. 세면을 마친 뒤 우유 한 잔과 토스트를 먹고 킨텍스 근처 GTX역에 도달한 시간은 8시 30분. GTX로 25분간 일산에서 도심을 거쳐 삼성역에 도착한 시간은 8시 55분, 역 바로 옆에 있는 직장까지 오는 데

GTX-A선 차량의 모습 / 현대로템 공개

걸린 시간을 보니 8시 59분, 아슬아슬하게 지각을 면한 R씨는 인상이 험악하게 생긴 직장 상사의 얼굴을 보며 안도의 한숨을 쉰다.

일산에서 삼성동까지 20~30분 만에 주파하는 수도권 광역 급행열차는 '파주 운정~킨텍스~대곡~연신내~서울역~삼성~수서~성남~용인~화성 동탄' 구간의 기존 역은 업그레이드 역세권을 만들 것이다.

또한, 순차적으로 진행될 GTX B노선 건설은 인천과 부천 축으로 서울 도심을 연결하는 노선이다. 인천 경제자유구역, 인천 도심, 경인축, 여의도, 청량리 등으로 연결되며 향후 경인선, 경부선, 경의선, 경원선, 중앙선 등 수도권 광역철도와 연계될 전망이다.

GTX C노선(의정부~금정)의 경우 서울을 중심으로 남북축으로 가로지르는 노선으로 금정, 과천, 강남권, 청량리, 의정부와 연결된다. 그동안 낙후된 수도권 북부지역과 서울 동부권 교통이 편리해질 것으로 예상된다.

## 땅값 세 번 오르는 역세권

새로운 역은 역참제도가 만들어진 이래 현재 전철·국철의 신설이나 확장, 연장 등에 이르기까지 항상 부동산 시장에서 핫스팟이자 핫이슈로 통했다. 역이라는 콘셉트는 이동수단을 대폭 개선시키고 유동인구를 늘이며 상권을 형성시켜 지역발전의 근간이 되기 때문이다. 게다가 낙후되었거나 주목받지 못했던 주변 부동산에 생기를 불어넣는 촉매제 역할을 해 부동산의 가치를 높여 준다.

길이 뚫리고 전철역이 들어설 때는 보통 역세권을 중심으로 땅값이 세 번 오른다. 계획 발표 때 한번 오르고, 공사를 시작하면 다시 오르고, 개통되면 또 오르는 것이 통례이다. 하지만 계획단계에서는 정부예산과 정치 상황에 따라 개통 시기가 지연될 수도 있다. 개통이 임박하면 주택·토지 값이 많이 오른다는 점을 유의해야 한다.

국가발전은 교통망으로 이어지고 교통망 신설은 역을 만든다. 역은 인근 지역을 중심으로 역세권을 만든다. 역참 시대에서 GTX 시대까지 세상은 급속도로 변했지만 변하지 않는 진리는 있다. '역이 생기면 교통 요지이고, 교통 요지에는 반드시 상권이 발전한다.'

생각한 스푼
실패에 대해 겁낼 필요가 없다. 실패했을 때가 바로 배울 수 있는 최고의 기회이기 때문이다. _마이클 델

# 일의 법칙
# ─ 일자리 많은 곳은 집값이 높아진다

대부분의 지방자치단체나 소규모 도시는 인구감소로 '아우성'이다. 그런데 몇몇 지방도시는 도리어 인구가 증가하고 있다. 대한민국 전체가 인구감소로 고심하고 있는 상황에서 소도시의 인구가 오히려 늘어나다니, 왜일까? 배경이 궁금하다.

사례1. 평택시는 2011년 42만 명이던 인구가 2020년에는 53만 명을 넘어섰다. 10만 명 이상이 늘어난 것이다. 특히 자녀 출산율이 높은 2030세대의 유입이 많다. 실제로 행정안전부의 주민등록인구 현황에 따르면 평택의 20~30대 인구는 2011년 12만5873명에서 2020년 15만4127명으로 22.4%나 늘었다.

인구가 늘어나니 자연스럽게 이 지역 부동산 매매까지 덩달아 호황이다. 사실 평택은 서울과 경기권에서도 외곽지역에 속한다.

그럼에도 불구하고 인구가 증가하고 부동산 가치가 상승한 이유는 무엇일까?

전문가들은 단연 '일자리'를 집값 상승의 가장 중요한 요인으로 꼽는다. 2015년 삼성전자가 289만$m^2$의 땅에 반도체 생산라인과 바이오단지를 조성했다. 이후 현재 삼성 임직원에 협력사, 건설업체 직원까지 합치면 약 3만 명이 평택에서 일하고 있다. 앞으로 생산라인이 증가할 예정이라 평택의 인구 유입은 더 늘어날 전망이다.

사례2. 대구광역시 달성군도 2015년 5만3000여 명이던 20~30대가 2020년 7만 명을 넘어섰다. 이곳의 인구증가 원인도 일자리 덕분이다. 2018년 유가읍과 현풍읍에 걸쳐 대구테크노폴리스가 생겼다. 이곳에는 현재 현대와 롯데 계열사를 비롯해 100여 개의 기업과 국책 연구기관이 들어와 있다.

사례3. 충남 천안시 서북구 역시 최근 5년간 인구가 6만 명 가까이 늘었다. KTX가 들어서고 교통이 편리해지면서 서북구가 아산이나 평택으로 출퇴근하는 데 적합한 지역이 됐다. 일자리와 교통망이 연계된 지역 특성상 꾸준히 인구가 늘고 있다.

사례4. 경기도 파주시는 지난 2011년 37만 명 대였던 인구가 2020년을 지나며 46만 명을 넘어섰다. 운정지구가 2기 신도시로 선정되고 지난 2008년 문산읍 일대에 LG디스플레이가 들어서면서 젊은 층의 인구 유입이 대거 늘었다. 기업이 들어서고 일자리가 늘고 도시가 조성되는 3박자가 합쳐져서 인구증가를 가져온 것이다.

사례5. 진천군과 음성군을 묶어 건설한 충북혁신도시는 일자리와 주거지역을 연결해 인구가 증가했다. 음성군에는 한국가스공사 등 공공기관과 주요 기업이 자리 잡고, 진천에 신시가지를 만들었다.

## 집값과 일자리의 관련성

다양한 사례에서 보듯 집값은 지역의 '일자리'와 매우 밀접한 관련이 있다. 따지고 보면 서울에 인구가 몰리고 부동산 가격이 상승하는 이유도 모두 일자리 때문이라고 할 수 있다.

남산을 올라 서울을 바라보자. 맑은 날에도 도심에서 뿜어 나오는 매연으로 인해 뿌옇게 스모그 현상이 일어난다. 좀 답답할 수밖에 없다. 빽빽한 아파트와 사각형의 건물, 도무지 여유 있는 분위기가 되지 못한다. 하지만 서울은 대만원이다. 서울은 거대한 공룡이다.

서울과 인천·경기 등 수도권이 차지하는 면적은 전 국토의 11.8%이다. 그런데도 전 인구의 48.9%, 100대 기업의 본사 91%, 중앙행정기관의 85%, 공기업 본사 84.8%, 금융기관의 67%, 제조업체의 58.7%가 서울 및 수도권에 자리하고 있었다. 오랜 세월 정치·경제·사회·문화의 약 90%가 수도권에 집중돼 있었다. 반면 국토의 나머지 88.2%를 차지하는 지방은 수도권에 비해 열악한 환경에 놓여 있다.

당연히 일자리도 수도권에 몰릴 수밖에 없었다. 그런데 일자리를 지방이나 소도시로 분산시키려는 시도가 계속되고 있다. 현재 저평가된 어떤 지역에 일자리가 늘고 있는지 관심 있게 관찰해야 한다. 일자리 창출과 집이 연계돼 있기에 부동산 투자 관점에선 새로운 기회가 될 수 있기 때문이다.

## 혁신도시 사업정보도 챙기자

서울을 벗어나 다양한 지방에 일자리 창출과 부동산이 서로 시너지효과를 거두는 대표적인 국가적 개발사업이 바로 지역 거점 중심의 '혁신도시'이다. 국가균형발전위원회가 주도하는 혁신도시는 공공기관 이전을 계기로 지방의 거점지역에 조성되는 '작지만 강한' 새로운 차원의 미래형 도시를 말한다.

이곳은 기업과 대학, 연구소 등 우수한 인력들이 한곳에 모여 서로 협력하면서 지식기반사회를 이끌어 가는 첨단도시로 구성된다. 동시에 수준 높은 주거와 교육, 문화를 갖춘 쾌적한 친환경 도시의 개념이 포함되어 있다.

혁신도시는 4개의 콘셉트를 갖고 진행 중이다. 먼저 지역발전을 선도하는 혁신 거점도시이다. 공공기관 이전으로 지역과 전략적인 면에서 조화를 이루고, 산·학·관 클러스터를 통해 새로운 지역발전의 동력을 창출하겠다는 것이다.

두 번째는 지역별 테마를 가진 개성 있는 특성화 도시이다. 혁신도시별로 지역별, 산업별 특성을 브랜드화해서 지역의 정체성을 살릴 수 있는 랜드마크와 개성을 갖춘 이미지를 창출하겠다는 것이다.

세 번째는 누구나 살고 싶은 친환경 녹색도시이다. 자연지형을 최대한 보존하고 생태계의 다양성과 순환성을 확보하겠다는 것. 에너지와 자원을 절약하는 지속 가능한 도시공간 구조와 교통체계를 구축하는 데 힘을 쏟을 예정이다.

마지막으로는 학습과 창의적 교류가 활발한 교육·문화도시이다. 특목고 설치 등 교육여건의 선진화로 우수한 교육 환경을 조성하고 지역의 특성과 아름다운 경관이 살아 있는 품위 있는 도시문화를 연출하겠다는 계획이다. 이를 위해 지식정보 시대 첨단도시 운영시스템이 구축된 U-City를 조성해 보겠다는 것이다.

혁신도시의 미래 모습은 강원도 원주시에서 미리 엿볼 수 있다. 혁신도시 개발속도가 빨랐던 원주시의 경우 지금은 인구의 증가와 함께 공무원이 밀집돼 있어 '공무원 도시'라는 새로운 이미지가 생겼다.

2005년부터 추진된 공공기관의 지방 이전. 2020년까지 15년에 걸쳐 모두 153개 기관이 전국 각지의 혁신도시로 이전했다. 혁신도시를 중심으로 일자리가 만들어지면서 혁신도시의 인구와 지방세 수입이 늘고 지역인재 채용 확대 등 성과가 있었다. 혁신도시의 핵심이 되는 공공기관 이전이 완료되면 일반 기업·대학·연구소 유치도 속도를 낼 수 있다.

"지금 어디에 일자리 싹이 트고 있는가?"

"앞으로 어떤 지역에 일자리가 늘어날 전망인가?"

"어느 지역에서 강력한 일자리 정책과 기업전략이 집행되고 있는가?"

이런 질문을 던져야 하는 이유는 일자리 많은 지역에 기회가 생기기 때문이다.

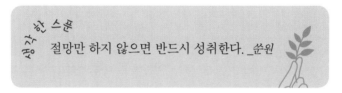

생각한 스푼
절망만 하지 않으면 반드시 성취한다. _쑨원

# 땅의 법칙
# – 같은 1평이라도 가격은 다르다

벤쿠버대 심리학과 브루스 알렉산더 교수가 쥐 실험을 한 적이 있다.

쥐가 생활하는 실험 상자에 두 종류의 물이 비치돼 있다. 하나는 그냥 일반 물이고, 다른 하나는 마약 성분인 헤로인(heroin) 혹은 코카인(cocaine)을 넣은 물이었다. 상자 속 쥐는 과연 어떤 물을 마셨을까? 맹물을 마신 쥐가 있었고, 헤로인 혹은 코카인을 넣은 마약 성분의 물을 마신 쥐도 있었다. 선택은 정말 쥐의 생각이었을까?

답은 '아니오'였다. 쥐의 선택은 스스로 결정한 것이 아니라 쥐가 들어가 있던 상자가 결정한 것으로 나타났다. 시험의 포인트는 '상자의 환경'에 있었다. 사실 실험 상자는 두 종류였다.

첫 번째 실험 상자는 좁고 환경은 열악했다. 엄청난 스트레스를 유발하는 환경으로 상자를 세팅했다. 알렉산더 교수는 이 스키너 상자를 '쥐 감옥'이라고 불렀다. 쥐 감옥에서 스트레스를 받고 사는 쥐들은 대부분 마약성 물을 선택했다.

두 번째 스키너 상자의 환경은 첫 번째 상자와 정반대였다. 넉넉하고 자유로운 공간에 즐거운 놀이기구가 있고 음악도 흘러나왔다. 마치 쾌적한 호텔처럼 꾸몄다. 교수는 이 실험 상자를 '쥐 공원'이라고 불렀다. 쥐 공원에서 사는 쥐들은 그냥 맹물을 마셨다.

결론적으로 말하면, 쥐의 선택이 사실은 환경에 따른 것이었다. 보이지 않은 발밑의 무대, 조건이, 눈에 드러나는 현상을 좌우하고 있었던 것이다.

이런 의사결정의 원리는 부동산 시장에서도 흡사하게 적용된다. 단지 길 하나를 사이에 두고 수억 원가량 아파트값이 차이가 나는 지역이 있다. 서울 동작구 사당동과 서초구 방배동이다. 같은 지하철을 이용하며 도로 하나 사이를 둔 같은 생활권이지만 행정구역, 즉 무대, 환경, 조건이 달라 같은 아파트 평수에, 비슷한 조건이지만 엄청난 가격 차이가 난다.

실제로 2015년 건설교통부가 7월 거래 실거래가를 조사한 결과 이수역 1번 출구로 나가면 바로 보이는 A아파트 84.96$m^2$(이하 전용면적)의 실거래액은 8억 6000만 원(8층). 같은 시기 길건너 편에 있던 'B아파트' 84.66$m^2$는 5억 4900만 원(8층)으로 3억 원 이상의 차이가 났다. 또한, 조사 당시 같은 롯데캐슬 브랜드로 C아파트 84.96 $m^2$의 실거래가는 5억 7000만 원(10층)인 데 비해 D아파트 84.93$m^2$의 실거래가는 10억 8000만 원(8층)으로 5억 원 이상의 차이를 보였다.

그러니까 같은 아파트, 같은 브랜드, 같은 품질, 같은 평수라도 그 아파트가 어떤 행정구역, 어떤 무대, 어떤 환경, 어떤 전제조건이냐에 따라 가격은 천양지차가 되는 것이다. 분명한 건 집이란 건물 자체가 가치를 결정하는 것이 아니라 '땅의 무대'가 앞서 그 가치를 결정한다는 사실이다. 좁은 국토를 가진 우리나라에서 땅의 가치는 계속 오를 수밖에 없다.

## 대한민국에서 1평 땅의 가치는?

대한민국에서 1평 땅의 가치는 지역마다 다르다. 서울 명동 1평과 충청도 단양군 어상천면에 위치한 1평 땅의 가격 차이는 비교할 수가 없을 정도다. 그렇다면 같은 1평 땅이라도 보다 더 가치가 높은 혹은 높아질 땅에 투자하는 것이 합리적인 투자가 아니겠는가.

물론 땅 투자가 모두 이익을 가져오는 것은 아니다. 어떤 가치를 가진 땅을 사는가가 땅 투자의 성패를 좌우한다. 이에 따라 미래에 가치가 높아질 좀 더 잠재력 있는 땅을 찾아 투자할 것을 제안한다. 국가철도망 구축계획을 찾아보라. 역세권 땅 투자는 부가가치가 높은 투자방법이다. 철도역이 새로 들어서거나 확장하는 곳 주변으로 도시개발이 함께 추진되는 경우가 많다.

땅 투자라면 손사래를 치는 사람들도 많다. 큰돈이 들 것이라는 생각 때문이다. 하지만 3천만 원~5천만 원 정도도 충분히 가능한 게 땅 투자다. 투자가 목적이라면 꼭 필지 단위로 사지 않아도 된다. 땅을 사고자 한다면 지분만큼 투자할 수도 있다.

신뢰하는 친구나 지인들과 공동투자에 나서면 큰돈을 들일 필요가 없다. 땅 투자는 단기 투자가 아니라 짧게는 3~5년에서 길게는 7~10년을 봐야 하기에 소액투자가 더 맞을 수 있다. 미래의 어떤 행정구역, 어떤 무대, 어떤 환경, 어떤 전제조건의 변화에 가치투자를 하는 것이다.

땅 투자를 계획할 때는 반드시 '용도변경'이란 단어를 눈여겨보아야 한다. 용도변경이란 '건축법'에 의해 구분 적용된 건축물의 용도를 타 용도로 변경하는 행위를 말한다.

만일 농촌의 관리지역이 도시지역으로 편입된다면 땅값은 어떻게 변할까? 도시지역에 편입된다면 녹지가 아닌 한 용적률 한도가 높아져 건물을 높게 지을 수 있고, 개발도 쉬워져 땅값이 매우 오를 것이다.

## 미래 땅의 가치를 읽어라!

사실 땅의 미래 가치변화는 하루아침에 이루어지지 않는다. 인구가 늘고 상권이 발달하면 땅의 부가가치가 높아진다. 땅의 용도가 주거지역에서 상업지역으로 바뀌어 토지의 이용도가 높아져 땅값이 올라가는 것이다.

그러나 땅의 용도는 국토의 계획 및 이용에 관한 법률에 규정되어 있다. 국토는 토지의 이용실태 및 특성, 장래의 토지이용 방향 등을 고려해 도시지역, 관리지역, 농림지역, 자연환경보전지역 등 크게 4가지 용도로 구분돼 있다. 투자자는 이러한 토지와 지역의 성격을 파악해 투자 시 잘 활용해야 한다.

미래 땅의 가치를 예측하려면 도시기본계획에도 관심을 가져야 한다. 도시기본계획이란 국토의 한정된 자원을 효율적이고 합리적으로 활용하여 도시를 환경적으로 건전하고 지속가능하게 발전시킬 수 있는 정책 방향을 제시하는 설계도라고 생각할 수 있다.

도시기본계획안에는 도시의 장기 발전계획과 청사진 등이 구체적으로 나와 있는데, 투자자 입장에서는 이러한 도시기본계획을 잘 파악해 두면 리스크를 줄여 안정적인 투자를 할 수 있다.

땅의 가치변화는 행정구역, 무대, 환경, 역세권 전환 등 미래의 변화에 따라 연동돼 있고, 미래는 누구도 예측할 수 없으니 남다른 통찰력이 필요하다. 다양한 정보와 정책 변화에 귀 기울여서 땅의 숨은 가치를 읽는 안목을 키워야 한다.

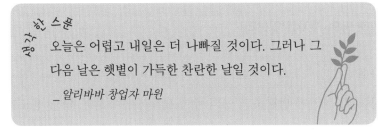

생각한 스푼

오늘은 어렵고 내일은 더 나빠질 것이다. 그러나 그 다음 날은 햇볕이 가득한 찬란한 날일 것이다.

_ 알리바바 창업자 마윈

# 시時의 법칙
# – 투자는 타이밍이다

옛말에 이런 이야기가 있다.

"君子之中庸也(군자지중용야)는 君子而時中(군자이시중)이요,
小人之反中庸也(소인지반중용야)는 小人而無忌憚也(소인이무기탄
야)니라."

이것은 『중용中庸』에 나오는 말로, 군자가 몸소 중용을 실행한다
는 것은 군자로서 늘 때에 맞춰야 한다는 것이며, 소인이 중용을 어
긴다는 것은 소인으로서 거리낌이 없다고 해석된다. 그러니까 군
자가 현명한 의사결정을 할 때 가장 중요한 것이 時中(시중), 즉 '때'
라는 뜻이다.

시간에 따라 세상은 변한다. 사라지는 게 있으면 새로 생기는 것

도 있다. 타이프 라이터는 사라졌고 대신 개인용 컴퓨터가 생겼다. 서커스의 동물묘기는 사라졌고 스토리텔링을 가미한 태양의 서커스 뮤지컬은 새로 생겼다. 필름 카메라는 사라지고 새로 스마트폰 카메라가 창조됐다. 시간의 흐름으로 보면 어제는 다시 돌아오지 않는다. 그래서 늘 때가 중요하다.

부동산 투자 전문가로 활동하면서 많은 투자 상담을 진행했는데, 필자는 상담을 요청하는 분에게 기회가 있을 때마다 "부동산 투자는 타이밍"이라고 말해준다.

어떤 시기에 부동산 투자를 실행하는지가 정말 중요하기 때문이다. 부동산 시장은 시간에 따라 실시간 변한다. 그러니 다 때가 있고, 적절한 선택이 필요하다. '평범한 실수요자라면 어느 때나 집을 사도 된다.'라는 말이 있다. 부동산 가격은 장기적으로 우상향 곡선을 그리니 언제라도 부담 없이 집을 사도 좋다는 말이다.

하지만 부동산 투자라면 이야기가 달라진다. 거액이 오가는 큰 거래 행위이기 때문이다. 만에 하나라도 많은 재산이 걸린 이 투자가 잘못된다면 가계에 큰 위험이 된다.


**때를 놓치면 기회는 날라간다**

상담자 A씨의 사례를 보자. 그는 서울 마포구에 거주한다. 2015년 초 필자를 찾아와 마포구 성산동에 위치한 아파트 구매를 문의했다.

당시 "물이 들어오니 노를 저을 타이밍이라고 판단이 됩니다."라고 말하며 아파트 구매를 권했다. 하지만 그는 대출을 받는 것에 대한 두려움과 거부감이 강한 아내의 반대에 부딪혀 아파트 구매를 접어야 했다.

물론, 현재 그 아파트의 시세는 당시 가격의 2.5배 정도로 올랐다. 5년이 지난 지금, 그는 오를 대로 오른 그 아파트를 살 수 있는 여력이 없다. 때를 놓치니 기회가 지나가 버린 것이다.

왜 이런 일이 벌어졌을까? 내 집 마련 또는 부동산 투자에서 가장 중요한 '타이밍'을 잘못 잡았기 때문이다. 집값은 오르는 시기가 있고, 떨어지는 시기가 있다. 부동산 시장은 주식시장만큼이나 상승, 조정, 하락을 반복한다.

그래서 타이밍이 중요하다. 가령 부동산 가격이 상승하는 초입의 '때'는 무엇을 사도 다 오른다. '나홀로' 단지도 오르고, 비로열층 아파트도 오른다. 반면, 하락 초입의 '때'에 집을 사면 아무리 좋은 집을 좋은 가격에 샀더라도 집값 하락을 피할 수 없다.

오랜 세월 부동산 컨설팅을 하면서 느낀 소감은 부동산 투자라는 게 첫째도 타이밍, 둘째도 타이밍이라는 사실이다. 아무리 입지가 좋고 개발 호재가 많다고 해도 타이밍 앞에서는 한낱 사소한 요소일 뿐이다. 쌀 때 사면 돈을 벌고, 비쌀 때 사면 돈을 잃는 것, 이것이 부동산을 지배하는 대전제이다.

문제는 '어떻게 타이밍을 선택하는가?'이다. 그 안목을 키우는 유일한 방법은 이 책의 기획 취지이기도 한 '부동산 역사의 긴 흐름을 읽는 통찰'을 얻는 것뿐이다. 타이밍은 긴 역사 속 일정한 패턴에서 도출해야 찾을 수 있다.

한국의 부동산 시장을 살펴보면 대세 상승기와 하락기가 있었다. 2000년대 이후 부동산 흐름을 다시 한번 살펴보자. 참여정부의 강력한 규제정책이 있었다. 2008년 금융위기는 국내 부동산 시장을 위축시켰다. 미국 서브프라임 모기지 사태로 국내 부동산은 직격탄을 맞았고, 부동산 시장은 침체기를 벗어나지 못했다.

## 조정기의 부동산 투자전략

2013년 박근혜 정부가 출범하면서 각종 부동산 규제를 푸는 정책이 나오고, 부동산을 통해 경기를 부양하는 정책이 등장했다. 그리고 저금리 정책 속에서 부동산 시장이 서서히 살아나기 시작했다. 바로 부동산 시장이 오르막을 이루는 시기이다. 이때부터 부동산 조정기라고 봐도 무방하다. 부동산 조정기에는 부동산 시장이 오름세 혹은 내림세가 확실하지 않고 조정 국면이 지속되는 경우를 말한다.

그런데 의외로 이 조정기에 투자자가 할 수 있는 것이 많다. 한마디로 정리하면 '부동산 자산 교체의 적기'이기 때문이다. 예를 들어, 무주택자는 신규 분양이나 경·공매, 1주택자는 불황기에 강한 도심의 소형 주택으로 갈아타기, 다주택자는 주택을 매도해 몸집을 줄일 수도 있다.

조정기에는 '적극적인 갈아타기' 전략이 필요하다. 무주택자라면 분양이나 경·공매를 노리는 것도 좋다. 신규 분양은 보통 시세 대비 20~30% 이상 가격이 싸기 때문에 조정기에도 손해를 보지 않고 다음 상승기를 노릴 수 있다. 조정기에는 경·공매도 매물이 넘쳐 낙찰가율이 떨어지고 당첨 확률이 높아지기 때문에 역발상으로 접근하면, 4~5년 뒤 상승기를 기대할 수 있다.

서울 외곽이나 수도권의 중대형 1주택 보유자라면, 부동산 조정기에 상대적으로 가격 지지력이 높은 도심의 소형 주택으로 갈아타기를 시도하는 것이 좋다. 1주택자는 관망하지 말고 축소 지역에서 성장 지역으로 갈아타는 것도 필요하다.

반면, 다주택자는 '몸집 줄이기'에 나서야 한다. 보유세가 계속 높아지고 있으니 아무래도 증여·상속이나 부부 공동명의 변경으로 세금 부담을 줄이고, 투자가치가 낮은 자산은 선별해 매각하는 전략이 필요하다. 조정기 때는 조정기에 맞는 타이밍 전략이 있는 셈이다.

이후 강력하게 억제됐던 부동산 시장은 문재인 정부 후반기에 다시 분출하기 시작했다. 강력한 규제책들이 연달아 시행됐다. 사실 부동산은 올라도 문제이고 가라앉아도 문제다. 보통사람 마음도 비슷하다. 너무 올라도 걱정이고 너무 가라앉아도 걱정이다. 결국, 부동산 가격은 긴 역사로 보면 상승곡선을 그리는 파도 형태를 보이게 돼 있다.

2000년대 이후 부동산 시장은 내리막과 오르막을 교차하는 시기와 조정기가 있었다. 그러니 이 부동산 파도를 어떻게 잘 타느냐가 중요하다. 언제 올라타고, 언제 내릴지 결정하는 것이 중요한 부동산 투자는 곧 '타이밍'이라는 사실을 한시라도 잊어서는 안 된다.

기억해 두어야 할 게 또 하나 있다. 부동산 투자에는 '즉시 법칙'

이란 게 있다. "열심히 한 5년간 목돈을 저축해서 투자해야지!" 이런 결심은 실패할 확률이 높다. 5년 뒤 부동산 평균가가 5배 이상 올라가 있을 수도 있기 때문이다.

좋은 물건이라 생각되면 빠르게 결정하는 게 좋다. 자기 조건에 맞는 좋은 집을 발견했다면 일단 과감하게 투자하는 것이 바로 '시時의 전략'이다.

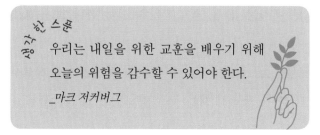

생각한 스푼
우리는 내일을 위한 교훈을 배우기 위해
오늘의 위험을 감수할 수 있어야 한다.
_마크 저커버그

# 세稅의 법칙
# – 세금은 부동산 투자를 막는다

칩 힙스와 댄 히스가 쓴 책『자신 있게 결정하라』(웅진지식하우스)에 보면 재미있는 이야기가 소개돼 있다.

사람들에게 설문지를 주면서 자기 생각을 고르도록 했다. 매장에서 당신이 정말 좋아하고 평소 갖고 싶었던 제품이 특별할인가로 14.99달러에 판매되고 있다. 당신이라면 어떻게 하겠는가? 하나를 선택하라.

① 제품을 구매한다.
② 제품을 구매하지 않는다.

설문결과 75%의 사람들이 구매한다고 답했고, 25%는 구매하지 않겠다고 대답했다. 다음번에 다른 대상 팀에게도 똑같은 질문을 던졌다. 그런데 이번에는 선택 문항의 내용만 다음과 같이 살짝 바꾸었다.

① 제품을 구매한다.
② 제품을 구매하지 않고 다른 물건을 구매하기 위해 14.99달러를 아껴둔다.

결과는 어땠을까? 짐작대로 집계결과 45%의 훨씬 더 많은 사람이 '상품을 사지 않겠다'는 항목을 선택했다. 선택지 내용만 조금 바꾸었을 뿐인데, 상품 구매를 망설이는 사람이 20%나 더 늘어난 것이다.

이 설문조사 결과는 사람들이 '기회비용'에 얼마나 민감한지를 보여주는 사례이다. 기회비용이란 어떤 것을 선택했을 때 다른 것을 포기해야 하는데 포기한 것 중 가장 큰 것의 가치를 의미한다. 기회비용 때문에 선택이나 결정이 어려운 문제이자 매우 중요한 요소가 된다. 어떤 선택이든 기회비용은 반드시 생기는데 가급적 가장 작은 것의 가치를 포기하는 게 이익이다.

## 모든 선택에는 기회비용이 든다

부동산 투자 역시 선택에 따른 기회비용이 반드시 생기는데 '세금'이 기회비용 중 하나다. 세금은 소득이 있거나, 이익이 생기거나, 부가 늘어날 때 반드시 내는 비용이다. 많은 사람은 부동산 세금 고

지서를 보면 불평부터 시작한다.

"공시지가가 크게 올랐나? 웬 세금이 이리 많이 나왔지?"

그런데 따지고 보면 세금을 내는 사람들은 행복한 사람이라고 생각한다. 국세청이나 각 지방자치단체에서는 수익이나 재산 가치가 있는 사람에게 세금을 부과하기 마련이다. 수익을 내지 못하거나 부동산이 없는 사람은 내고 싶어도 낼 수 없는 것이 바로 세금이다. 그래서 고객을 만나면 부동산 세금 문제는 불행이 아닌 행복한 고민이란 사실을 먼저 알려 준다.

다만 세금은 아는 만큼 절세할 수 있다. 행복한 마음으로 부동산 세금을 낸다고 해도 합법적으로 줄일 방법이 있는데 정보나 지식이 부족해 굳이 세금을 더 많이 낼 필요는 없다. 법의 테두리 내에서 절세할 방법은 생각보다 훨씬 많다. 부동산 투자와 관리, 임대 등 부동산 관련 일을 처리하기 전에 세금을 절세할 방법을 미리 찾아야 한다.

이제 막 부동산 투자에 눈을 뜬 사람들, 세금에 대해서는 아무것도 모르겠다는 왕초보 투자자들은 꼭 부동산 절세에도 관심을 가져야 한다.

그러나 많은 사람이 부동산을 처분하고 난 후에야 부동산 세금을 따지기 시작한다. 최근에도 한 지인이 부동산 매도 후 양도소득세를 묻기 위해 연락해 왔지만, 이미 부동산 매매 계약을 체결한 후에는 효과적인 양도소득세 전략이 나올 수 없었다.

정확한 금액의 세금을 정해진 기간 안에 내지 못하면 신고불성실 가산세를 물게 된다. 신고불성실가산세는 무신고, 과소신고, 초과 환급신고로 나뉜다. 이 세 가지에 해당해 세금을 부당하게 신고했다면. 해당 세액의 40%를 가산세로 내야 한다.

가령 1,000만 원을 부당하게 과소 신고했다면 1,000만 원의 40%인 400만 원을 가산세로 내야 한다. 다만, 단순 실수로 무신고를 했거나 과소신고 및 초과환급신고를 했다면 해당 세액의 20%를 가산세로 내야 한다. 제때 신고하면 되는데 아무 이유 없이 미루기만 하다가 세금에 가산세까지 더해서 내야 한다.

이외에 조심해야 할 사항이 있다. 어떤 사람은 세금을 무턱대고 피하려고만 한다. 세금은 피한다고 피해질 수 없다. 정면으로 마주 바라봐야 한다. 세금은 국가에서 정한 규칙이니 이를 성실하게 납부하고 준비하는 자세가 필요하다.

좀 어렵더라도 부동산 투자에 임하는 사람들은 부동산 세금 공부를 조금씩 해나가는 것이 필요하다. 납세자 중 일부는 법령을 위반하면서까지 조세 부담을 부당하게 감소시키는 탈세를 통하여 세금을 회피하려고 한다. 탈세가 적발되면 중가산세뿐만 아니라 조세포탈죄가 성립하여 조세범 처벌법에 의해 형사 처분을 받게 된다. 탈세는 절대로 해서는 안 된다.

부동산 투자 공부는 끊임없이 깊게 파고들어야 한다. 인문학과 실용 학문이라는 쌍두마차를 끌어야 한다. 인문학은 궁극적으로 사람의 마음과 역사를 이해하는 학문이다. 사람과 세상의 흐름을 알면 알수록 세상의 이치와 정책의 변화를 통찰하게 되고 그만큼 부동산 투자에도 도움이 된다. 또, 부동산 관련 실용 학문인 경제, 경영 등을 깊이 공부하면 실무 투자에서 요긴하게 쓰인다. 거기에 빠져선 안 될 공부 분야가 바로 세금이다.

부동산 투자를 위해서 많은 시간 공들이듯이 부동산 세금에 관해서도 미리 대비하자. 각자 자신에게 필요한 분야를 미리 공부해서 적합한 절세 방법을 찾아야 한다. 부동산 투자의 성패에 세금이 큰 영향을 미치기 때문이다.

## 부동산 절세 3원칙

초보 투자자가 알아두면 좋은 절세 상식은 무엇이 있을까? 세무 전문가는 부동산 세금에 대해서 다음 세 가지를 꼭 기억하라고 당부한다.

"부동산 세금은 이 세 가지만 기억하면 됩니다. 첫째, 부동산을 살 때 세금을 내고 둘째, 부동산을 보유할 때 세금을 냅니다. 마지막 셋째로 부동산을 팔 때 세금을 내지요."

부동산 세금은 부동산을 살 때 내는 취득세, 부동산을 소유하며 내는 보유세인 재산세와 종합부동산세, 소득세 그리고 부동산을 양도할 때 내는 양도소득세로 이루어진다. 부동산 세금에 관련해서는 이 세 가지 사항만 정확히 알면 만사 오케이다.

앞으로 다주택 보유세는 점점 강화되는 추세이다. 언제든 나의 투자가 '세금폭탄'으로 되돌아올 수 있다. 세금 특징을 명확하게 이해하고 있어야 한다. 부동산 세금 정책은 정부마다 다르고, 구체적인 내용은 더 사안별로 복잡하다. 법규는 계속 변하고 부양정책이냐 억제정책이냐에 따라서도 시시각각 달라진다.

실제로 앞으로 보증금 6,000만 원 또는 월세 30만 원이 넘는 전·월세 계약을 한 집주인과 세입자는 지방자치단체에 계약 내용을 의무적으로 신고해야 한다. '주택 임대차 신고제(전·월세 신고제)'가 시행됐다. '표준 임대료'나 미未등록 임대주택에 대한 과세 강화로 연결될 전망이다. 세금 문제는 늘 공부하면서 유연하게 대처해야 한다. 부동산 투자자에게 좋은 세금 전문가를 가까이 두는 것도 일종의 능력이다.

생각한 스푼

매일 아침 하루의 일을 계획하고 그 계획을 실행하는 사람은 가장 바쁜 삶의 미로를 통과할 수 있도록 안내해 주는 실을 가지고 있다. _빅토르 위고

# 숲의 법칙
# – 친환경 주택이 뜬다

'뉴욕' 하면 손에 꼽히는 랜드마크가 있다. 바로 센트럴 파크다. 거대한 숲과 자연이 도시 한 복판에 있는데, 세계에서 가장 바쁜 도시인 맨해튼에는 신선한 공기를, 뉴요커와 관광객들에게는 쉼을 제공해 준다. 남북의 길이가 약 4km, 동서 폭이 약 800m인 이 공원은 뉴욕에서 가장 크다. 1857년 처음 개장하여 매년 확장 및 변화하여 현재의 모습에 이르게 되었다.

도시는 숲을 원한다. '월드뱅크' 2017년 데이터에 의하면 세계 인구의 54.8%가 도시지역에 거주하고 있으며, 2050년에는 66%로 증가할 것으로 예상된다고 한다. 늘어가는 도시에 숲을 만들려는 시도는 계속되고 있다. 실제 이탈리아 밀라노 '고층 숲 아파트' 건축가 스테파노 보에리(Stefano Boeri) 팀은 2017년도부터 중국 서남부에 있는 류저우 시에서 세계 최초의 숲 도시(Forest City)를 건설

이탈리아 밀라노에 들어선 세계 최초의 수직숲 빌딩 '보스코 베르티칼레'(Bosco Verticale). /스테파노 보에리 건축

하기 시작했다. 도시의 고층 공간에서 온실가스 흡수력이 높은 식물을 대량으로 기르는 것이 '수직 숲'(Vertical Forests)로도 불리는 숲 도시다.

베트남에서도 이런 수직 숲이 건설 중이다. 에코파크(Ecopark) 그룹이 추진하는 두 개의 솔포레스트(Solforest) 타워는 400개가 넘는 정원을 갖춘 수직 숲 구조로 설계되었다. 이처럼 현재 수직 숲 프로젝트는 세계적으로 계속 추진되고 있다.

보스코 버티컬(Bosco Vertical 이탈리아 밀라노, 높이 110m, 21층), 난징 베테컬 포레스트(Nanjing Vertical Forest 중국 난징, 높이 108m), 원 센토럼 파크(One Central Park 호주 시드니, 높이 117m), 위트레흐트 버티컬 포레스트(Utrech Utrecht Vertical Forest 네덜란드 위트레흐트, 높이 90m) 등이 대표적인 프로젝트들이다.

비단 해외 도시만 숲을 원하는 건 아니다. 국내에서도 숲 도시에 관한 관심이 많다. 제주도는 2021년 산림·도시숲 예산에 577억 원을 투자하기로 했다. 인천시도 도시의 미세먼지 저감 및 쾌적한 생활환경 개선을 위해 '2021년도 생활권 도시숲 확충사업'으로 제3경인고속도로변에 미세먼지 차단 숲 등 45개소에 131억원을 투자해 10만5,000㎡의 도시 숲을 조성하기로 했다.

포항시의 '포항 철길숲'도 유명하다. 이곳은 도심을 관통하던 폐철길을 숲으로 조성해 시민 휴식공간으로 제공한 점과 철길 숲을 통해 단절된 도시가 녹지축으로 연계되고 자발적인 도시재생이 이뤄진 점, 다양한 지역행사를 개최함으로써 시민소통의 장으로 활용된 점 등이 높은 평가를 받고 있다. 점점 도시에 숲이 중요해지고 있다.

상상력을 한 번 발휘해 보자. 때는 2031년. 새로운 친환경 아파트로 이사한 N씨는 집에 오는 길이 마냥 즐겁다. 지하철에서 나와 아파트 단지 입구부터 집에 도착하는 동안 숲속을 걷는 기분이다. 주차시설은 모두 지하화되고 아파트 단지는 그야말로 공원이다. 물론 각 아파트 건물도 식물을 대량으로 기르는 '수직 숲'이 적용됐다.

## 도시와 숲의 만남

다가올 가까운 미래에는 이른바 '숲세권'이라 불리는 숲과 인접한 주거지역이 인기를 끌 전망이다. 무엇보다도 숲을 비롯한 자연은 인간에게 건강을 가져다주고 생명의 소중함을 알게 해준다. 특히 아이를 키우는 부모에게는 숲이 가져다주는 장점이 크다. 그러니 친환경 설비와 주거문화의 확산으로 환경 친화적인 아파트가 뜰 가능성이 크다.

서울시 권역 중 비교적 외곽에 보금자리를 가진 B씨가 있다. B씨 부부는 건강을 위해 도심에 인접한 숲이 있는 곳에 아파트를 얻었다. 주말만 되면 그들 부부는 자녀를 데리고 인근 숲으로 간다.

"숲에 가면 깨끗한 공기를 마시고, 맑은 바람을 맞을 수 있고, 세상에 단 하나뿐인 자연물을 만지며 놀 수 있어요!"

건강한 삶을 만드는 집이 가장 중요하다는 게 그들의 지론이다.

숲에는 '피톤치드(Phytoncide) 효과'가 있다. 나무와 숲에서 뿜어져 나오는 피톤치드로 인해 면역력 강화, 스트레스 완화, 심폐기능 강화 등의 효과를 거둘 수 있다. 친환경·저에너지 등 이른바 '그린(Green)'은 앞으로 다양한 미래 주거의 복잡한 트렌드 속에서 일관되게 핵심 가치가 될 것이다. 아파트 역시 친환경 테마가 가치를 높이는 데 중요한 요소가 될 것으로 보인다.

## 다가오는 그린형 아파트 시대

그린형 아파트는 단순히 바람과 태양열, 태양광, 지열 등을 이용한 에너지 소비 제로를 추구하는 데 그치지 않는다. 조만간 주거지에서 자연을 이용한 에너지를 생산, 에너지를 자급자족하게 될 아파트도 등장할 것이다.

이런 아파트가 지어지면 단지 내 놀이터에서는 어린이들이 놀이기구를 이용할 때마다 신나는 동요가 스피커를 통해 나오지만, 전기요금에 대해선 걱정할 필요가 없다. 단지 내 태양광 발전을 통해 생산된 전력을 사용할 수 있기 때문이다. 실내 내부온도를 낮추거나 높이기 위해 필요한 에어컨 작동과 보일러 가동도 필요 없게 된다. 지하 깊숙한 공간에 설치한 지열 냉난방 설비로 연중 내내 무료로 찬바람과 더운 바람을 집안으로 끌어들여 사용할 수 있다.

이뿐만이 아니다. 집 유리창에는 아파트 단지 내 발전설비가 설치돼 있어 하루 동안 생산한 전력 생산량과 이를 외부에 판매해 얻을 수 있는 수익금을 꼬박꼬박 지급받을 수 있다. 세대별 월 30여만 원의 전력 판매수익으로 평균 15만 원 정도 되는 아파트 관리비를 충당하고도 남는 돈을 매달 관리사무실에서 통장으로 입금해준다면 상상만으로 즐겁다.

'그린형 아파트'가 아파트 내 환경을 말한다면, '숲세권'은 거주지 주변의 환경을 일컫는다. 숲세권은 주거지역의 공원화, 수직 숲, 산이 가까운 쾌적한 주거환경을 누리면서 산책과 운동 등 다양한 여가 활동을 즐길 수 있다. 아파트 고층의 경우 산을 바라보는 자연 조망도 가능해 프리미엄이 형성되기도 한다.

요즘엔 숲세권 아파트의 인기에 주변 산과 단지를 연계해 녹지축을 조성하는 단지가 증가하고 있다. 산책로를 조성해 입주민들이 편리하게 산으로 이동할 수 있게 하거나 테마별 조경 시설을 설치해 입주민들의 주거 만족도를 높이고 있다.

환경의 중요성이 더욱 대두되면서 앞으론 친환경 주거문화에 관한 관심이 높아질 것으로 전망된다. 친환경 주거문화의 수요가 늘수록 부가가치는 높아질 수밖에 없다. 숲은 이제 그 자체로 '프리미엄'이다.

생각한 스푼

길을 찾고, 찾아도 없으면 만들어라.

_ 정주영 회장

# 돈의 법칙
# - 100세 시대 은퇴 설계가 필요하다

왜 우리는 부동산 투자에 관심을 가질까? 미래를 준비하기 위해서다. 노년을 대비하기 위해서는 노후자금이 매우 중요하다.

미래 은퇴 설계를 준비하려는 이들에게 부동산 투자는 여전히 매력적이다. 한국의 은퇴를 앞둔 세대의 가계 자산에서 부동산이 차지하는 비중은 80%가 넘는다. 부동산을 빼고는 은퇴 설계를 말할 수 없다. 게다가 부동산의 역사에서 살펴보았듯이 한 국가가 망하지 않는 한 오르락내리락 변화를 거치지만, 늘 상승 방향으로 움직여 왔기 때문이다. 다른 투자에 비해 안정적이고 위험부담이 적다는 의미이다.

그렇다고 누구나 딱 맞는 부동산 투자전략은 없다. 개인이나 가족 구성원의 특징이나 요구에 맞는 맞춤형 부동산 구입 전략이 필요하다.

먼저 점검해야 할 은퇴 설계 전략은 5층짜리 연금형 수익설계도를 어떻게 그리느냐 하는 점이다. 1층은 국민연금, 2층은 퇴직연금, 3층은 개인연금, 4층은 주택연금, 마지막 5층은 월지급식 연금을 설계할 수 있다.

1층에는 국민연금이 있다. 1988년부터 시작된 국민연금은 향후 기초적인 노후 생활비가 될 수 있지만 1층만으로는 태부족이다. 2층의 퇴직연금, 3층의 개인연금을 준비해야 탄탄한 연금설계를 갖춘 집을 구축할 수 있다.

4층인 주택연금도 매우 활성화되어 있다. 거주하며 주택을 연금으로 활용할 수 있는 주택연금은 안락한 노후 생활을 영위할 수 있는 또 하나의 카드다. 지난 2014년 이후 주택연금은 매년 급격한 증가세를 보인다. 자신이 거주하는 집을 담보로 매달 연금 형태로 지급받는 주택연금 제도의 실시로 자연스레 자신의 집에서 노후를 보내는 노인층이 늘어나고 있다.

최근에는 5층에 속하는 월 지급식 연금도 나와서 노후에 안정적인 연금보장의 틀을 만들어 냈다.

## 부동산 자산의 리모델링 전략

미래 노후전략 중 즉시 실행할 수 있는 전략도 있다. 바로 보유 중인 부동산 자산의 리모델링이다. 유동성이 낮은 부동산 자산은 과감하게 수익형 부동산으로 바꾸는 것이 좋다. 거주 역시 실용적인 관점에서 접근해야 한다. 이제 부동산은 '소유'의 개념이 아니라

'사용'의 개념이다. 소유에 높은 세금이, 사용에 낮은 세금이 적용되는 정책은 더 이상 거부할 수 없는 시대의 흐름이라고 봐야 한다.

한국의 50대 이상 부부는 편리한 노후 생활을 준비하기 위해 거주하는 주택이 가장 큰 변수다. 현실적으로 전체 자산의 80% 이상이 부동산에 쏠려 있는 자산의 특성상 거주 주택의 활용은 필수적이라 볼 수 있다.

주거 주택을 활용한다면 먼저 주택연금을 고려할 수 있다. 현행 9억 원 이하의 주택에 대해서 주택연금을 들 수 있고, 매달 연금을 받는다면 다소 큰 주택이더라도 시세에 따라 안정적인 재무를 확보할 수 있다.

직접적인 방법은 작은 주택으로 이주하는 것이다. 주택 규모를 작게 줄여서 그 차액을 금융자산으로 갈아탈 수 있다. 주택 유형과 지역에 따라서도 부동산의 자산 규모는 크게 달라진다. 같은 서울이라도 강남과 강북이 차이가 나고, 아파트와 연립주택과의 부동산 시세도 다르다. 이 외에도 주거 주택을 처분해 쪼개서 소형 아파트를 비롯한 수익형 부동산을 장만한다면 재무적인 부분에서 노후에 안정된 생활을 영위할 수 있다.


## 부동산 투자 시 대출 운영전략

한편, 은퇴 설계의 장기적인 계획 아래 생기는 여유자금이나 전환자금은 부동산 투자를 위해서도 필요하다. 자금의 유동성이나 규모가 투자형태나 방식, 기간 등을 결정하기 때문이다. 부동산 투자는 장기적이고 투자금이 적은 편은 아니기에 투자 시 레버리지 (Leverage) 전략도 고려해야 한다. 레버리지는 '지렛대'라는 의미로 금융계에선 차입을 뜻한다.

무조건 대출을 꺼리는 경우나, 반대로 극도로 대출을 선호하는 경우 모두 바람직한 투자 방식은 아니다. 특히 과도한 대출의 경우 만약 기대한 부동산의 임대수익이 잘 풀리지 않는다면 대출이자의 부담으로 매우 힘들어지는 상황이 온다.

부동산 투자에서 대출은 지렛대로 이용하면 순기능을 하지만 동전의 양면처럼 위험도 따른다는 사실을 염두에 두어야 한다. 레버리지는 경기가 호황일 때 활용할 수 있는 효과적인 투자법이다. 만일 부동산 시장이 한창 상승 국면이라면 레버리지를 활용해 적극적인 대출 전략을 사용할 수 있다. 반면, 부동산 경기가 안 좋을 때는 최대한 피하는 게 좋다.

일본에서는 1990년대, 부동산 가격이 하락하던 '잃어버린 10년' 동안 '대차대조표 갭'이라는 말이 유행한 적이 있었다. 부동산 버블이 꺼지면 집값은 하락하는데 집을 담보로 대출받은 부채는 줄어들지 않아 자산보다 부채가 많아지는 기이한 현상이 일어났기 때문이다.

우리나라에서도 집을 가졌지만, 빚더미에 오르는 이른바 '하우스 푸어'라는 용어가 있다. 하우스 푸어를 방지하기 위해서는 대출을 받을 때 꼭 상환능력을 검토해야 한다.

우리나라 부채 구조의 경우 원금을 갚는 대출 비중이 좀 낮은 편이라는 통계가 있다. 이렇게 중도에 원금을 갚아나가는 구조가 아니라면 대출자는 자신이 감당할 수 있는 능력보다 더 많은 부채를 진다. 즉 위험한 상황에 노출될 수 있다는 말이다.

부동산 경매 시장을 봐도 알 수 있다. 꽤 많은 경매 부동산이 은행의 대출이자 부담을 못 이기고 나온 물건들이다. 그만큼 대출은 신중한 판단이 요구된다.

반대로 주택 담보 대출은 최대한 줄이는 것이 좋다. 주택연금 역시 대출 잔액이 많거나 전세보증금이 있다면 가입이 힘들어지므로 부채 상환은 필수다. 그러므로 은퇴를 앞두고 있다면 부채가 있는 큰 집을 떠안고 가기보다 규모가 작은 집으로 이사해 부채 상환을 하고 일부의 현금을 확보하는 것이 유리하다.

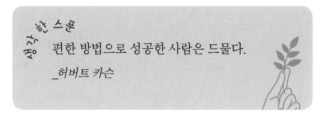

생각한 스푼
편한 방법으로 성공한 사람은 드물다.
_허버트 카슨

# 4장

## 부동산 미래전망 핫이슈 10가지

# 인구구조
# 변화 시대

대한민국 인구는 계속 줄고 있다. 2019년 통계청이 발표한 '2017~2067년 장래 인구 추계'에 따르면, 2019년부터 사망자 수가 출생아 수를 앞질러 인구 자연감소가 본격적으로 시작된다. 가족 구성원이나 청소년들의 수가 감소하니, 가장 먼저 교육현장이 변했다. 당연히 학교·학급 수는 줄어들고 교원의 필요성이 줄어들게 됐다. 대학 수나 입학정원 등 대학들의 구조조정은 빠르게 진행될 전망이다.

인구감소는 직·간접적으로 우리의 삶 전반에 영향을 미치고 있다. 지난 2019년 3월 국세청이 우리 일상생활과 밀접하게 관련된 품목을 취급하는 '100대 업종 사업자 현황 분석한 자료'를 발표한 적이 있었다.

2014년 9월과 2018년 9월을 비교한 이 연구자료에 따르면, 이

기간 가장 높은 비율로 증가한 업종은 단전호흡·요가·탁구장·정구장 같은 '스포츠 시설 운영업'이었다. 무려 3배나 늘었다. 또 피부관리업(82.4%), 헬스클럽(51.5%)도 많이 늘어난 업종 상위 10위권에 올랐다. 여행을 즐기는 사람들이 늘면서 증가율 2위는 펜션·게스트하우스(130.4%)가 차지했다. 이외에 여행사, 자전거 판매점, 스포츠 교육기관 등도 두 자릿수 이상으로 증가했다.

인터넷 쇼핑이 활성화되면서 통신 판매업 역시 4년 새 46.3%나 늘어나 증가율 8위를 기록했다. 화장품·옷·신발가게·문구점 등 전통적인 오프라인 매장의 수가 줄어들었다. 가전제품 판매점은 줄어든 반면, 가전제품 수리점은 68.68%나 늘어나 증가율 7위를 기록했다.

담배 가게는 최근 금연 분위기에 따라 4년 새 1만9178개에서 1만3790개로 28.1%나 줄어 가장 높은 비율로 줄어든 업종 3위에 속했다. 음주 회식문화가 줄면서 간이주점(-19.3%)·호프 전문점(-14.9%)도 감소율 상위 10위권에 들었다.

애완용품점이 102.6% 늘어난 7576개로 3위를 차지했고, 동물병원도 16%나 증가했다. 혼자서 간편하게 이용할 수 있는 편의점과 패스트푸드점도 각각 43.3%·29.6% 늘어난 것으로 집계됐다. 예식장(-17.5%)·결혼상담소(-11.9%)가 감소율 10위권에 들었다. 산부인과도 3.1% 줄었다. 실내스크린골프(63.1%)가 전국 곳곳에 생기는 동안 실외골프연습장(-30.1%)은 간판을 내렸다. 남성들의 방문이 늘면서 미용실(17.9%)은 증가했지만, 이발소(-8.7%)는 줄었다.

## 망하는 업종과 흥하는 업종

저출산, 1인 가구 증가, 비혼·만혼晚婚 시대에 아기 출산이 줄어들면서 산부인과를 찾는 여성이 줄게 되었고, 출생하는 인구수가 줄어들면 앞으로 화장품·옷·신발가게·문구점들은 힘겨운 시장이 될 가능성이 크다. 예식장이나 결혼상담소가 설 자리는 점점 좁아질 것이다.

반면, 혼자 사는 1인 가구가 늘어난다는 점에서 반려동물 관련 업종은 폭발적으로 성장할 것이란 예측이 가능하다. 혼자 사는 사람은 반려동물과 유대감을 형성할 확률이 높기 때문이다. 당연히 편의점과 패스트푸드점이 늘어날 것이다.

망하는 업종과 흥하는 업종의 가장 중요한 원인은 무엇일까? 바로 인구변화 때문이다. 인구감소와 저출산의 변화가 우리 일과 삶의 방식을 바꾸는 중요한 요인이 되고 있다.

인구통계 데이터를 가만히 들여다보고 있으면 부동산의 미래와 투자의 방향성에도 많은 통찰력을 던져준다. 인구감소와 부동산 시장은 어떻게 상호작용할 것인가? 인구감소는 전반적인 부동산 가격상승을 느리게 만들 것이고, 장기적으로 대세 하락장을 만들 가능성이 크다. 수도권을 중심으로 한 역세권이나 테마입지 또는 지방 혁신도시나 거점도시를 제외하고는 지방 소도시의 경우 빠르게 축소되거나 소멸할 것이다. 또한, 청년 중심의 셰어하우스와 1인 가구 증가시대에는 일자리 연계지역의 소형 평수 아파트의 인기가 높아질 것으로 보인다.

인구변화 중 또 하나의 주요 변수는 우리나라가 초고령화 사회로 진입하고 있다는 점이다. 1955년부터 1963년에 출생한 사람들을 '베이비붐 세대'라 부른다. 인구세대 중 가장 많은 인구수를 차지하고 있는 60대 초중반이 된 이들이 부동산 시장에 끼친 영향력은 막대하다. 그들이 부모 곁을 떠나 사회에 본격적으로 진출하던 1980년대부터 주택 수요는 급증했다. 인구증가에 따른 필연적인 주택 수요 현상이 나타난 것이다. 이에 대응해 당시 정부는 수도권 신도시와 200만 가구 건설이라는 주택정책을 내놓을 수밖에 없었다.

2000년대 들어서 이들 베이비붐 세대의 자녀가 성장하면서 가족 구성원이 늘자 소형에서 중대형 주택으로 바꾸는 수요층이 빠르게 늘었다. 마침 저금리 기조와 맞물리면서 중대형 아파트 가격이 크게 올랐다. 당시 부동산은 아무거나 무조건 사두면 두세 배는 오르는 '부를 낳는 황금 거위'였다. 집은 한국 사회에서 가장 매력적인 투자방법이었다.

그러나 2008년 글로벌 금융위기를 기점으로 대한민국 부동산 시장은 저성장 구도가 잡혔고 경제성장 역시 둔화됐다. 정책, 지역, 변수에 따라 부동산 가격은 엄청난 차이를 보이기 시작했다. 그만큼 부동산 투자는 시장분석과 전략이 필요해졌다.

## 정년 앞둔 베이비붐 세대의 부동산 선택

현재 60대 초중반이 된 베이비붐 세대는 곧 정년을 앞두고 있다.

이들의 주택 선호도에 따라 부동산 시장은 앞으로 10년에서 20년 사이 크게 요동칠 것이다. 분명한 점은, 과거 부동산 투자가 활발했을 때는 부채를 동원해서라도 아파트를 사서 부동산 가격상승을 노렸다. 하지만 이제 경제와 인구가 저성장, 고령화되는 사회에서는 수익형 부동산을 활용해 현금흐름이 유지되도록 관리하는 부동산 투자개념이 두드러질 수밖에 없다.

그래서 고령화가 진행될수록 현금흐름을 만들어 내지 못하는 부동산은 인기가 떨어질 확률이 높다. 그렇다고 베이비붐 세대가 수도권의 집을 포기하진 않을 것이다. 경기권이나 강원 충청권의 교통편의가 대폭 강화되어 노후를 지방에서 보낼 것이란 전망이 많이 나왔지만, 오히려 반대로 수도권 아파트에서 일상생활을 영위하고 주말에만 경기도나 강원도로 이동하여 주말농장, 주말농가 활동을 하는 트렌드가 만들어졌기 때문이다.

또 하나 기억해 두어야 할 부동산 트렌드로는 '전세 시대'가 저물고 있다는 점이다. 전세는 1970년대 말 아파트 공급이 본격화되면서 목돈이 없던 투자자가 내 집 마련에 자금 부담을 덜 수 있어서 시작됐다. 세입자로서도 주택 구매능력이 부족한 상황에서 저렴한 주거비용으로 원하는 곳에서 살 수 있어서 요긴한 제도였다. 집주인과 세입자가 서로 좋은 윈윈 제도였다.

그러나 만성적인 주택 부족이 개선되고, 저금리 기조, 주택가격 하락 등으로 전세 제도의 존립 기반이 흔들리고 있다. 과거 집값 상승기에 집주인은 전세금을 통해 집값 상승이라는 지렛대 효과를 얻을 수 있었지만, 지금은 그 기대감도 크게 반감됐다. 저금리 기조

속에 집주인은 월세를 선호할 수밖에 없다. 향후 30년 안에 한국에만 있는 독특한 부동산 패턴이었던 전세 제도는 사라질 것이다.

부동산 성공투자를 연구하는 독자라면 부동산에 대한 흐름과 전망 분석이 중요하다. 부동산은 현재도 중요하지만, 미래의 가치예측이 더 중요한 영역이다. 정치, 문화, 사회, 제도, 법률, 트렌드에 대한 다양한 이해가 필요하다. 그중 '인구변화'에 대한 미래 통찰이 가장 중요하다.

생각한 스푼
사람은 실패하기 위해서가 아니라 성공하기 위해 태어난다. _헨리 소로

# ② 초개인화
# 기술 맞춤형 시대

A씨는 넷플릭스로 영화나 드라마를 보려고 접속할 때마다 뜨는 추천작 리스트가 신기하다. 그동안 자주 보았던 작품과 유사하거나 취향에 맞는 리스트를 줄줄이 제시해 준다. '취향 저격' 기능이라는 말이 괜히 나온 게 아닌 듯하다. 사용자의 선호도나 감정까지 분석하는 '딥러닝' 기술까지 도입한 넷플릭스는 2020년 기준 콘텐츠 장르를 7만6천여 개로 세분화해 두었다. 고객 선호도를 2,000개 유형으로 분류해 맞춤형 추천 콘텐츠를 선보이고 있다. 실제로 가입자들은 넷플릭스의 영화 추천 알고리즘인 '씨네 매치'가 추천해 준 작품을 선택하는 비율이 전체 콘텐츠의 75~80%에 달한다.

B씨는 스타벅스의 '사이렌 오더' 애용자다. 매장을 방문하지 않고 모바일 앱에서 주문과 결제까지 할 수 있는 서비스인데, 앱을 켜면 '좋아하는 메뉴'부터 '이 시간대 매장 인기 메뉴', 함께 주문할

만한 메뉴까지 선택할 수 있다. 멤버십 회원들의 주문 정보를 포함해 시간과 장소, 날씨 같은 부가정보를 모두 데이터화 한다. 이를 통해 세분화된 개인별 맞춤 서비스를 제공하고 있다.

C씨는 부동산 초개인화 맞춤형 처방전 플랫폼 '부동 부동'을 이용한다. 이 플랫폼은 부동산 시세예측과 개인화된 맞춤형 서비스로 부동산 거래를 편리하게 도와주는 '부동산(property)'과 '기술(technology)'을 합성한 프롭테크 플랫폼이다. 부동산을 거래하고자 하는 사용자와 전문가에게 초개인화 맞춤형 서비스를 제공하기 위해 시세예측과 같은 매물 분석, 사용자 행동 데이터 및 현황 분석을 제공한다. 이뿐만 아니라 전자 계약 및 중개 시스템을 구축하여 부동산 거래 전반에 걸쳐 편의를 제공할 수 있는 통합형 플랫폼으로 진화하고 있다.

D씨는 사이트에서 관심 있는 옷이나 가방을 구경하고 난 뒤 다른 사이트에 접속했을 때 광고창에 내가 보았거나 유사한 상품이 뜨는 것을 자주 본다. 이게 우연이 아니다. 나의 검색이나 페이지 정보데이터의 패턴 분석과 알고리즘 분석 등을 통해 인공지능이 관련 광고를 내보내는 것이다.


## 일상에서 만나는 개인 맞춤 서비스

때론 신기하고 때론 섬찟한 '개인 맞춤 서비스'를 우리는 일상에서 만난다. 4차 산업혁명의 시대가 도래하면서 4차 산업혁명의 핵심인 빅데이터가 주목받고 그로 인해 생겨난 '초개인화 기술(Tech of

Hyper-personalization)'이라는 트렌드가 급부상하고 있다.

초개인화 기술이란 온·오프라인으로 수집된 소비자의 데이터를 바탕으로 소비자의 바람이나 요구를 예측해 서비스와 상품을 맞춤식으로 제공하는 서비스를 말한다. 간단히 말해 우리의 일상정보를 빅데이터로 수집 분석해 개인마다 선호하는 서비스, 상품 등을 곳곳에 노출시키는 것이다.

초개인화 기술이 추구하는 핵심 가치는 보통 3A로 설명된다. 첫 번째 Aware, 인지를 말한다. 사용자에 대한 정보 인지는 인공지능인 AI가 실제 소비자의 행동을 파악하여 소비자가 처한 상황을 인지하고 개개인의 취향을 추론하고 분석하는 것이다.

두 번째는 Assist, 즉 지원을 의미한다. 각 소비자의 취향을 분석하고 그들에게 필요한 것을 지원하는 것이다. 세 번째는 Anticipate, 예측을 의미한다. 개개인의 취향을 분석하고 패턴을 체크하여 미래에 필요한 것을 예측하여 주변에 노출시키는 것이다.


## 초개인화 기술을 적용한 아파트 등장

초개인화 기술은 이미 우리 사회 전반에 도입되고 있다. 상품, 콘텐츠, 경제나 교육 분야 등 전방위로 확산되는 중이다. 물론 부동산 시장에서도 예외는 아니다. 먼저 초개인화 기술을 적용한 아파트가 속속 선보이고 있다. 인공지능, 빅데이터, IOT 등의 첨단기술을 적용한 스마트홈은 넷플릭스처럼 개인 취향을 반영해 다양한 서비스를 제공한다.

'집'이 주인의 모든 습관과 취향을 알고 자동으로 서비스를 제공한다면? 정말 경이로운 일이 아닐 수 없다. 집은 개인별 취향과 생활습관을 파악해 빅데이터를 만들고 이를 바탕으로 실내 온도나 실내등 세기, 온수 등을 자동 조절한다. 출퇴근 시간에 맞춰 청소를 해두거나 환기시스템을 가동해 놓을 수도 있다. 초개인화 기술이 적용된 아파트는 앞으로 브랜드 프리미엄과 함께 스마트홈이라는 차별성과 가치를 창조해 가격 차이를 보일 가능성이 크다.

한편, 미래에는 도시계획에도 초개인화 트렌드가 적용될 가능성이 크다고 생각된다. 무작정 대규모 건축 단지나 신도시를 짓는 시대에서 벗어나 교육, 공원, 상권, 문화 등이 10분 이내에 모두 가능한 '자전거 바퀴 축'과 같은 모양으로 소규모 도시들이 탄생할 수 있다. 도시를 사용자 중심도시로 바꾸려고 하는 아이디어다. 실제로 유럽, 미국, 일본 등 여러 나라에서는 작은 단위의 도시에 개별화되고 분리된 건축물들을 지어서 사용자의 삶을 연결하려는 새로운 도시건축을 시도하고 있다.

과거에는 건축물은 층수, 평수 등이 주된 관심사였다면, 이제는 교통, 조망, 층고, 숲이나 공기, 스마트홈, 건축디자인 등 다양한 개인의 취향을 반영하고 있다. 주거용 오피스텔의 경우 삼각형, 사다리꼴, 북향 등 많은 콘셉트가 적용되는데 수요자나 거주민들의 만족도가 높다.

사람은 누구나 모두를 위한 것보다 나에게 딱 맞는 것을 선호한다. 부동산 시장에서도 개인의 욕망이 초개인화 트렌드와 초개인화 기술이 만나 새로운 꿈이 실현되고 있다.

생각한 스푼

미래는 이미 시작되었다. 다만 곳곳에 골고루 퍼지지 않았을 뿐이다. _윌리엄 깁슨

# 피할 수 없는
# 부동산 양극화 시대

수도권과 지방의 양극화 현상이 극심하다. 통계청 인구분포에 따르면 2021년도 기준 국토 면적의 12%가 안 되는 곳에 인구 절반(50.2%)이 모여 산다. 일자리 쏠림이 특히 심하다. 1,000대 기업 4곳 중 3곳(75.3%)이 수도권에 자리 잡고 있다. 소비 역시 4분의 3 이상(신용카드 사용액 72.1%)이 수도권에서 발생한다.

전문가들은 30년 안에 지방 군소도시들이 사라질 것이라고 내다보고 있다. 한 언론사가 지방 시군의 인구분포 예상통계를 시뮬레이션해 보았더니 강원도는 18곳 중 15곳, 경상북도와 전라남도도 20곳 가까운 곳이 소멸 위험에 처해 있는 것으로 나타났다. 지방 부동산은 거주 목적이 아니라면 언제 터질지 모르는 시한폭탄을 안고 있다. 이와 달리 서울과 경기, 인천 등 수도권은 오히려 반대 현상이 심화되고 있다. 인구증가와 부동산 가격 상승으로 골머리를 않는다. 전형적인 양극화 현상이다.

## 고가 아파트와 저가 아파트 가격 차이

사정이 이렇다 보니 전국 고가 아파트와 저가 아파트 간 가격 차이가 최대치로 벌어지고 있다. 덩달아 국민의 자산 양극화까지 심화하고 있다. 지난 2021년 KB국민은행 '월간 주택가격 동향 시계열' 자료에 따르면 2020년 12월 전국 아파트 5분위 배율은 6.83으로, 2011년 1월(6.91) 이후 8년 11개월 만에 가장 높았다. 5분위 배율은 주택을 가격순으로 5등분하여 상위 20%(5분위) 평균 가격을 하위 20%(1분위) 평균 가격으로 나눈 값이다.

배율이란 '고가 주택'과 '저가 주택' 간 가격 차를 나타내는 것으로, 이 배율이 높을수록 집의 가격 차, 주택가격 양극화가 심하다는 것을 의미한다.

2021년 12월 우리나라 고가 아파트 평균 가격은 7억3957만 원으로 11월 평균 가격(7억1996만 원)보다 1961만 원 상승했다. 반면 1분위 저가 아파트 평균 가격은 1억835만 원으로 그 전달 평균 가격(1억825만 원)보다 10만 원 오르는 데 그쳤다. 연간 변화추이도 크게 다를 바 없었다.

고가 아파트가 밀집한 강남구는 1년간 매매 변동률이 4.41%, 송파구는 5.11% 올랐지만, 6억 원 이하 저가 아파트가 많은 강서구는 1.12%, 강북구는 1.02% 상승하는 데 그쳤다. 지방 아파트 시장의 경우 미분양 문제도 심각한 상황이다. 국토교통부는 2020년 7

월 말 기준 전국 미분양주택을 총 2만8883가구로 집계했다. 이 가운데 지방 미분양은 2만5738가구로 전체의 90%에 달했다.

지방 도시에선 아파트 상가도 그리 희망적이진 않다. 공공기관과 아파트가 밀집한 세종시도 집합상가 공실률이 36.8%로 집계됐다. 3곳 중 한 곳이 비어 있고 경매나 유치권이 행사되는 상가건물도 잇따르고 있다. 세종시의 경우 상가 과잉공급과 최고가 입찰제가 공실 비율이 증가하는 가장 큰 요인으로 꼽힌다.

## 강남과 비강남 이야기

물론 서울만 놓고 보아도 이 안에서 양극화는 극심하다. 강남과 비강남 이야기다. 유하 감독의 영화 〈강남 1970〉의 줄거리를 떠올려보자.

1970년, 강남땅을 향한 욕망이 춤추기 시작한 시절이었다. 호적도 제대로 없는 고아로, 넝마주이 생활을 하며 친형제처럼 살던 종대와 용기. 이들은 유일한 안식처였던 무허가촌의 작은 판잣집마저 빼앗기게 된다. 두 사람은 건달들이 개입된 전당대회 훼방 작전에 얽히게 되고 그곳에서 서로를 잃어버린다.

종대는 자신을 가족으로 받아준 조직 두목 출신 길수의 바람과 달리, 잘 살고 싶다는 꿈 하나로 건달 생활을 하게 된다.

3년 후, 정보와 권력의 수뇌부에 닿아 있는 복부인 민 마담과 함께 강남개발의 이권 다툼에 뛰어든 종대는 명동파의 중간보스가

된 용기와 재회한다. 두 사람은 정치권까지 개입된 의리와 음모, 배신의 전쟁터, 그 한가운데에 놓이게 된다. 거기가 바로 그 시절 강남이었다.

1970년대 강남개발을 배경으로 한 이 영화에서 강남은 무허가촌의 작은 판잣집이 즐비한 곳이었지만, 도시개발과 함께 황금알을 쟁취하려는 이들의 전쟁터 같은 곳으로 그려진다. 당시 정부 차원에서 이뤄진 인위적인 강남개발은 50여 년이 훌쩍 지난 현재, 초고층의 빌딩 숲으로 뒤덮여 우리나라에서 '부의 상징'이 됐다.

70년대 당시 강남에 지어졌던 아파트는 어느덧 세월이 흘러 페인트가 벗겨지고 녹물이 줄줄 흘러나오면서 세월과 함께 흉물이 돼 버렸다. 하지만 건물의 외형만 노후화됐을 뿐 '강남의 가치'는 더욱 치솟고 있다. 이러한 강남에 재건축·재개발이 활발하게 진행되면서 아파트 가격은 정부의 각종 대책에도 꼬리를 내리지 않는다. 강남이라는 견고한 성은 좀처럼 무너질 기미가 안 보인다.

강남과 비강남, 수도권과 지방 사이의 부동산 시장의 양극화는 영화적 감성이 아니라 냉정한 이성으로 받아들여야 할 현실이다. 그런 면에서 안동현 서울대 경제학과 교수의 한 언론과의 인터뷰가 매우 인상적이다. 안 교수는 부동산 시장에서 '제한적 참여(Limited participation)를 우려해야 한다'고 지적하며 다음과 같이 말했다.

"예를 들어서 부동산으로 10억 원 갖고 있느냐, 100억 원 갖고 있느냐보다 더 큰 문제는 부동산을 아예 갖고 있느냐, 없느냐이다."

부동산 소유 여부가 부의 양극화까지 가속화시키고 있다는 이야기다. 그러니 부동산은 뜨거운 감자이지만 포기할 수 없고 반드시 정복해야 할 산이다.

생각한 스푼
인생은 B(탄생)와 D(죽음) 사이의 C(선택)이다. _사르트르

# 허브망
# 핫스팟 시대

허브(hub)는 중심이자 바퀴 축을 뜻한다. 허브공항은 많은 노선이 만나는 중심 공항이다. 고속도로망이 덧셈 뺄셈이면, 항공망은 곱셈 나눗셈이다. 셀 수 없을 정도로 많이 연결된 비행기노선이 모이는 항공망이 더 허브망에 가깝고, 방콕족보다 마당발족이 허브망에 가깝다.

인터넷망은 당연히 허브망이다. 구글이나 페이스북, 유튜브, 아마존, 국내 유명 포털 사이트는 모두 강한 허브망을 구축하고 있다. 세계적인 부자 기업들은 대부분 디지털 허브망을 보유하고 있다. 이 허브망은 '빈익빈 부익부 현상', 20%가 80%의 부를 차지하는 '20대 80 법칙' 등과도 연관성이 아주 많다. 평균이나 골고루 균일하게 분산되는 전통적인 구조는 사회가 복잡하고 디지털 네트워크망이 발전하면서 점점 허브망이 되어 쏠림현상을 보인다.

우리가 잘 아는 구글 검색도 '허브망' 개념에서 탄생했다. 구글에서 '부동산'이란 단어를 검색한다고 가정해 보자. 이 단어를 가장 잘 설명해 줄 수 있는 정보가 순위별로 검색되는데, 링크가 많이 걸려 있는 허브망 척도를 파악해 우선순위로 배치된다.

노벨상을 받은 사람의 논문은 평균 1만여 개의 다른 논문에 인용된다고 한다. 1만 번 정도 엄청나게 많이 인용(링크)된다는 의미는 거꾸로 노벨상을 받을 만큼 중요하고 신뢰할 수 있다는 의미가 되니 강한 허브망 정보일수록 가치가 높다는 걸 뜻한다.

## 부동산 허브망을 주목하라!

허브는 블랙홀처럼 주변부를 빨아들인다. 중심과 축은 점점 중요해지고 당연히 부가 집중적으로 쌓인다. 그렇다면 부동산 시장도 허브개념이 작동할까? 당연히 '그렇다'이다. 도시가 발전할수록, 네트워크가 많이 연결될수록, 사람들의 유동인구가 더 쏠릴수록 핫스팟이 만들어지는 곳은 역시 부동산의 '역세권'이다.

앞서 소개한 허브개념을 부동산의 '역세권'에 대입하면 역세권은 부익부를 창출할 확률을 높일 수 있다는 말이 된다. 미래 부동산 투자에서 절대적인 기준은 무엇이 돼야 할까? 여러 가지가 있지만 가장 중요한 사항은 허브망이 형성되는 역세권이다. 현재 역세권은 진입장벽이 높으므로 가까운 미래, 조금 먼 미래를 예측하며 투자전략이 짜는 것이 필요하다.

다행히 역세권은 계속 만들어지고 있다. 신안산선, 신분당선, 월

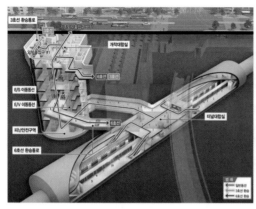

외부출입구

연결통로

지하철 3호선, 6호선, GTX가 만나는 신허브망. GTX-A노선 공사가 한창 진행 중인 연신내역사 조감도.

곳~판교선, GTX(A, B, C노선) 등이 신설될 예정이다. 새로 개통되는 역은 기존 역세권에 허브 쏠림을 강화해 매머드급 허브가 될 확률이 높다.

특히 공사가 한창 진행 중인 GTX-A노선 연신내·불광 지역은 3호선인 종로와 중구의 베드타운 중심지 역할과 6호선인 상암 DMC 지역의 배후 중심지로 3개의 지하철 허브망이 형성되는 핫스팟 지역이다.

이 지역은 GTX-A노선의 착공과 함께 신규 브랜드 아파트 설립, 각종 오피스텔 건설, 지역주택조합 추진, 상가 재건축 등 주변이 하루가 다르게 변모하고 있다. GTX B, C노선의 정차역들도 기존 역세권에서 강력한 허브 역세권이 될 가능성이 크다.

## 다양한 역세권 전망

이외에 다양한 역세권의 전망을 살펴보자.

신분당선 서북부연장선은 용산에서 서울역, 시청, 상명대, 독바위, 은평뉴타운 등을 지나 삼송역까지 이어지는 18.4km 구간이다. 사업성 부족으로 폐기 가능성까지 거론됐던 신분당선 서북부연장선은 '제4차 국가철도망 구축계획안(2021~2030년)'에 포함돼 기사회생한 상태다. 사업 주체인 서울시가 기존 계획안을 변경해 경제성을 높인 뒤 다시 예비타당성조사 통과를 시도할 예정이다.

신분당선 남측 연결 상황은 현재 서울 강남역에서 경기도 수원 광교역을 잇는 수도권 전철 노선으로, 총 횡단시간은 정차 포함 37분이다. 수원 연장 사업노선은 '광교중앙역~월드컵경기장~수성중사거리~화서역~호매실' 건설이 예정돼 있다. 이곳은 강남권으로 연결되는 '인기 노선'이어서 수요자들의 관심이 높다. 신분당선의 신사~강남 구간은 2022년에 개통 예정이다.

지하철 9호선 연장 구간도 눈여겨볼 필요가 있다. 서울 지하철 9호선은 황금색인데, 정말 이 색깔에 걸맞게 서울의 노른자 위 지역을 연결하는 황금알 노선이다. 이 노선은 강서지역(개화역)에서 '선정릉역~종합운동장역' 등 서울 한강 이남을 동서로 이으며 김포공항을 연결한다.

지하철 9호선 구간 중 허브망은 새로 신설된 '선정릉역'을 꼽을 수 있다. 분당선 환승역으로 이용되고 있기 때문이다. 또 종합운동장역은 지하철 선(종합운동장역)과 맞닿아 있어 환승이 가능하다. 9

호선 연장사업은 현재 서울 강동구 중앙보훈병원역에서 고덕강일 1지구까지 '4단계' 추진 국면에 있다. 9호선 4단계 연장선은 9호선 종착역인 중앙보훈병원역에서 ▲길동생태공원 ▲한영고 ▲고덕역 (5호선 환승) ▲고덕강일1지구까지 4.12㎞를 잇는다. 2026년 개통 을 목표로 하고 있다.

서울 강동~하남~남양주를 잇는 도시철도(9호선) 연장사업은 2028년 개통 목표로 추진된다. 2024년 상반기 기본·실시설계가 완료되면 2024년 착공에 들어갈 것으로 관측된다.

한편, 위례신도시에서 서울 강남지역을 관통해 신사역을 연결하 는 위례 신사선 경전철 사업이 진행되고 있다. 위례신사선 경전철 은 위례신도시와 서울 지하철 3호선 신사역을 연결하는 사업이다. 총 길이는 14.83km로 환승역 6개를 포함해 11개 역사가 새로 만들 어진다. 2027년 12월 개통 목표이다.

경기도엔 신안산선이 건설된다. 안산~광명~서울 여의도 구간과 화성 송산 차량기지~시흥시청~광명 구간을 연결하는 총 43,6km 길이의 복선전철이다. 신안산선이 예정대로 개통되면 안산·시흥 에서 여의도까지 이동시간은 기존 1시간 30분에서 30분대로 줄어 든다. 따라서 신안산선 착공으로 서울 접근성 개선이 기대되는 지 역 집값의 가치가 높아질 것이다.

부동산은 첫째도 입지요, 둘째도 입지다. 입지 그 자체가 자산가 치를 반영한다. 입지의 허브망은 당연히 역세권이나 그 주변이다. 허브망을 형성하는 역세권 핫스팟에 한 평이라도 땅이 있다면 그 가치는 아주 높을 것이다. 하지만 대부분 사람은 도전하기가 어려

운 지역이기도 하다. 그렇다면 향후 10년 후의 가치가 늘어날 곳을
미리 찾으면 된다.

생각한 스푼
자신이 가장 생각하지 않는 것들에 대해
가장 많이 생각하라. _마르셀 뒤샹

# ⑤ 많은 사람이 원하는 테마주 시대

부동산 시장은 변했다. 무조건 성공하는 부동산 투자 시대는 지났다. 단지 오르는 테마가 있을 뿐이다. 미래 부동산은 테마주 시장이될 것이다. 그래서 이제 부동산 투자는 치밀한 미래예측과 전략적사고가 필요하다. 전략적 사고란 다양한 자료와 근거를 토대로 미래를 예측하고 사전에 계획을 설계하여 성공확률을 높이는 생각기술이다.

전략적 사고라 하니 거창하게 들릴지 모르지만 어쩌면 매우 간단하다. 많은 사람이 선호할 테마주를 고르면 된다. 테마주는 장기적인 트렌드 속에서 형성된다.

테마주는 일종의 '특권'이라고 생각할 수 있다. 입지 프리미엄이란 부동산이 위치한 해당 지역에서만 누릴 수 있는 사회, 경제, 문화적 혜택으로, 일종의 특권으로 볼 수 있기 때문이다. 입지 프리미엄은 가만히 있어도 집의 가치가 올라가기 때문에 투자 시 가장 중요하게 따져야 할 요소이다.

## 제1테마는 프리미엄 상권

핵심 테마주 중 첫 번째 아이템은 '프리미엄 상권'을 꼽을 수 있다. 도보 거리 내에 대형 상권이 위치한다면 지금도 집값이 높을 테지만 앞으로도 집값이 더 오를 가능성이 크다. 서울은 신규 대형 상권이 없기에 기존 상권의 주변 지역을 주목해야 한다. 상권은 확장 가능성을 가지고 있기 때문이다.

이때 눈여겨볼 부분이 인구 유입이다. 인구가 꾸준히 늘어난다는 것은 탄탄한 주택 수요가 있다는 말이니, 인구 유입률이 높은 지역은 부동산 성장 가능성도 클 수밖에 없다.

테마주 두 번째 아이템은 '교육'이다. 지난 부동산 과거를 돌아보면 안정적인 지역은 역시 자녀 교육문제와 연결된 '학세권'이었다. 학세권은 학교와 학원가 등을 도보로 이용할 수 있는 권역을 뜻한다. 특히 초·중·고교를 모두 품은 아파트 단지는 인기가 매우 높다. 학세권의 시초는 '강남 학군'이라고 볼 수 있지만, 서울지역 곳곳에 좋은 학세권들이 많다.

학세권은 신규 분양시장에서 꾸준히 대중들의 주목을 받고 있다. 학세권의 변함없는 인기 비결은 우리나라 가정이 기본적으로 자녀 수가 적은 데다 자녀 교육에 대한 의욕이 높기 때문이다. 물론 학세권 지역은 수요가 충분하고 거래가 활발해 환금성이 뛰어나다는 점도 매력적이다.

아파트 단지 내 또는 주변에 학교가 있다면 도보 통학이 가능해 자녀의 안전도 확보된다는 점이 학세권 아파트가 주목받는 이유 중 하나이다. 유해시설이 일대에 없는 만큼 주거환경이 쾌적한 점도 학세권이 수요층의 인기를 끄는 요인이다. 이처럼 교육 환경은 오랜 세월 부동산 테마주를 평가하는 척도가 돼 왔다.

## 서울시의 학군별 지역

서울의 학군은 1999학년도부터 11개로 이루어져 있고 각 학군의 지역은 다음과 같다. 다만 2010년부터 고등학교 정원의 20%에 달하는 인원을 학군과 관계없이 고등학교 지망에 따라 선발하는 광역학군제가 시행되고 있다.

- 동부교육지원청(1학군)-동대문구, 중랑구
- 서부교육지원청(2학군)-마포구, 서대문구, 은평구
- 남부교육지원청(3학군)-구로구, 금천구, 영등포구
- 북부교육지원청(4학군)-노원구, 도봉구
- 중부교육지원청(5학군)-용산구, 종로구, 중구
- 강동송파교육지원청(6학군)-강동구, 송파구
- 강서교육지원청(7학군)-강서구, 양천구
- 강남교육지원청(8학군)-강남구, 서초구
- 동작관악교육지원청(9학군)-관악구, 동작구

- 성동광진교육지원청(10학군)-광진구, 성동구
- 성북교육지원청(11학군)-강북구, 성북구

## 학원가와 인기 중·고의 부동산 영향력

학세권은 학원가나 인기 중·고등학교도 영향력이 크다. 70~80년대 최고 인기 지역이었던 여의도 아파트 가격이 2,000년대 들어 목동에 뒤처진 이유는 바로 학원가 때문이다. 여의도는 초, 중, 고등학교만 있고 학원가가 형성되어 있지 않지만, 목동은 강남과 더불어 우수한 학원들이 밀집돼 있어 인근 지역에서 수요가 꾸준히 유입되면서 여의도의 인기를 넘어섰다.

학원 중에서도 유명한 대형 학원이 밀집된 학원가가 형성되어 있느냐가 중요한 요소가 되고 있다. 유명 학원가와 접근성이 뛰어난 아파트의 경우 가치에 영향을 주고, 전세가격 또한 강세를 보인다. 서울의 대표적인 학세권인 대치·목동·중계 학원가의 인기는 지속될 것이다.

학원가와 함께 유명 중·고가 있는 지역도 사람들이 많이 몰려든다. 좋은 고등학교 진학률이 높은 중학교나 명문대 진학률이 높은 고등학교 주변 아파트를 찾는 수요는 끊이지 않아서, 자연히 시세 또한 높게 형성되어 있다. 자녀 교육의 최종 목표인 좋은 대학 보내기는 5, 6년 전부터 대비해야 한다. 아이가 중학교 들어갈 때 대입 전략을 미리 확인하고 그에 맞는 부동산 계획을 세워야 한다. 이러한 프레임을 짠다면 학세권 주택 전략이 필요하다.

## 숲세권과 의세권도 뜬다!

세 번째 테마주 아이템은 '숲세권'을 들 수 있다. 역세권과 상권, 학세권 등에다 주변에 녹지 및 수변공간 등 대형 공원을 끼고 있는 숲이 풍부한 지역이라면 금상첨화와 같다. 호수, 공원, 산, 강, 천, 둘레길 등 녹지공간이나 수변공간은 사람이 지을 수 있는 건물구조와 달리 절대 다른 것들로 대체할 수 없는, 새롭게 부상한 프리미엄이다.

서울의 조망 면에서 가장 뛰어난 한강 변을 보면, 지금까지 한강 조망 여부에 따라, 같은 단지 내에서 집값이 1억~3억 원 차이가 났지만, 앞으로는 더 큰 차이가 날 가능성이 크다. 요즘엔 미세먼지 문제로 큰 산이 가까운 지역의 '공세권'도 관심이 높아지고 있다.

숲세권을 고려할 때 한 가지 투자 팁을 소개하고 싶다. 서울 내혐오 시설이 있는 지역은 오히려 향후 더블 프리미엄을 누릴 수도 있다. 서울은 입지가 부족하므로 혐오 시설은 점차 수도권 외곽으로 이전시키고 있다. 혐오 시설이 제거되면 입지 가치가 올라가고, 새로운 주거 시설이 들어서기에 프리미엄이 두 번이나 반영될 수 있다.

이외에 병원이 가까운 지역 '의세권'도 네 번째 테마주 아이템으로 꼽을 수 있을 것 같다. 고령화가 진행될수록 주변에 병원이 위치해 있다면 더 관심을 받게 될 것이다. 다양한 전문병원들이 밀집돼 있거나 대형 대학병원 주변이라면 향후 발전 가능성이 크다고 볼 수 있다.

지역 의료특화거리가 조성되는 지역도 있으니 참고하면 좋겠다. 서울 서대문구 홍제동 골목이 의료특화거리로 재탄생한다. 의료특화 목적의 도시재생이 시도되는 것은 홍제동이 처음이다. 서대문구는 근골격계 전문, 안질환 전문, 부인병 전문 등 각 분야별로 특화된 의료서비스 구역을 홍제역 일대에 조성할 계획이라고 밝혔다. 당연히 홍제역세권의 낡은 생활 인프라도 개선될 전망이다.

지역에 따라서는 독창적인 미래형 테마도시나 테마거리를 주목해 볼 수 있다. 출판 책의 도시, 미디어도시, 관광도시, 랜드마크권, 커피거리, 문화거리, 음식거리 등 테마는 사람이 몰려 상권을 이룰 확률이 상대적으로 높아지기 때문이다.

> **영감 한 스푼**
> 미래에 무슨 일이 생길지 우리는 알 수 없다.
> _피터 번스타인

# 함께, 따로 살기!
# 공유 하우스 시대

"나는 오늘부터 짝사랑하던 남자와 한집에서 살게 됐다. 여러 명이 한집에서 사는 셰어하우스에서."

웹드라마 '빅 픽처 하우스'에 나오는 첫 대사다. 2020년에 방송된 이 드라마는 아이돌 응모에 떨어졌지만, 여전히 준비 중인 다섯 남녀가 셰어하우스에서 함께 지내며 펼쳐지는 청춘 로맨스 뮤직 웹드라마다.

요즘엔 셰어하우스가 드라마에 자주 소개된다. 서울 남영역 근처에 있는 실제 셰어하우스 '홈즈리빙라운지'에 가보자. 같은 건물에 입주민(총 62개 방)이 각 방마다 사는데, 공동으로 사용하는 공간도 있다. 카페 같은 분위기의 공용 공간에는 안마의자도 설치돼 있고 영화관람 시설도 있다. 게다가 요가와 체력단련 강습실도 이용

서대문구 청년쉐어하우스
'청년누리' 전경

할 수 있다. 아침은 무료로 먹을 수 있고, 주방을 이용해 직접 요리할 수도 있다.

서울시 청년투자사업에 선정된 셰어하우스 포털 컴앤스테이. 이 플랫폼은 주거지를 찾는 청년들에게 원하는 지역, 방값, 옵션에 따라 맞춤형 셰어하우스를 더욱 쉽고 빠르게 찾을 수 있도록 도와준다. 컴앤스테이는 국내 최초의 셰어하우스 포털이자 국내 최다 셰어하우스 매물을 보유하고 있는 플랫폼이다.

경기도는 공공 셰어하우스를 선보인다. 해마다 공급하는 300호 내외의 매입 임대주택 중 30%를 청년 공유주택으로 리모델링하여 할당할 계획이다. 암스테르담 등 유럽의 수많은 도시가 대학생 기숙사와 청년 공유주택으로 컨테이너를 활용하고 있어 컨테이너를 활용한 모듈 조립식 컨테이너 하우스를 공급하는 방안도 논의 중이다.

서울주택도시공사(SH공사)도 셰어하우스 공공주택인 두레 주택을 운영하고 있다. 두레 주택은 주방 및 거실 등 주택의 일부를 건물 내 이웃과 공유하는 공공임대주택이다. 서울 방학동, 충신동, 휘

경동 등에 있다. 서대문구는 포스코1%나눔재단의 제안으로 구와 공동 건립 청년누리 쉐어하우스를 운영 중이다.

## 성큼 다가온 '공유 하우스' 시대

어느새 셰어하우스라고 불리는 '공유 하우스' 시대가 우리 앞에 성큼 다가왔다. 공유 하우스는 공유 주거의 일종으로 여러 사람이 한 집에서 살면서 개인적인 공간인 침실은 각자 따로 사용하고 거실, 화장실, 욕실 등은 함께 사용하는 주거 방식이다. 여러 개의 방을 가진 단독주택이나 아파트도 공유 하우스가 될 수 있다. 거실과 화장실, 부엌은 공유하되 각자 방은 사생활 공간이다.

공유 하우스에선 비슷한 처지의 하우스 메이트들이 한 집에서 독립적이면서도 네트워킹이 동시에 가능하다. 셰어하우스 운영업체가 입주자끼리 정기적 모임을 유도하거나, 취미를 같이 공유할 수 있는 자리를 만들어 주기도 한다.

공유 하우스가 뜨는 이유는 무엇일까? 먼저 1인 가구 증가, 2030 청년세대 독립, 저렴한 주택사용료, 일자리 접근성이 쉬운 교통요지 문제 등을 한 방에 해결할 수 있는 주거형태이기 때문이다.

무엇보다 대학생 또는 사회초년생인 20·30세대들에게 주거비용은 감당하기 힘든 세상이어서 앞으로 점점 더 인기가 높아질 전망이다. 그동안 이들 세대는 방이 하나인 원룸이나 오피스텔을 선택했지만, 비용 부담이 컸다.

1인 가구도 계속 증가하고 있다는 점도 공유 하우스의 붐을 일으키는 요인이다. 행정안전부가 발표한 '2018년 주민등록 인구통계'에 따르면 1인 가구 수는 808만5526가구로 지난 2008년 600만 가구 대비 10년 만에 200만 가구가 늘어났다. 가구 비중으로 놓고 보면 전체 2204만 가구 중 36.7%를 차지한다.

통계청은 2025년 이후 33%대인 700만 가구, 2045년 이후 800만 가구로 36%대를 넘길 것으로 전망했다. 저출산, 고령화, 결혼하지 않는 비혼 비율이 크게 늘고 있는 탓이다. 그만큼 공유 하우스 트렌드는 앞으로 발전할 블루오션 시장이 될 것이다.

업계에 따르면 전국에 소재한 셰어하우스 수는 2019년 6월 기준 1020개였다. 이는 2013년 17개에서 60배나 증가한 수치다. 셰어하우스 증가에 따라 임대 가능한 방의 개수도 2013년 64개에서 2019년 6월 4,621개로 늘었다.

## 공유 하우스 부동산 투자전망

이쯤에서 공유 하우스 부동산 투자에 대한 전망이 궁금해질 수 있다. 기회와 위기 요소가 동시에 있다. 사실 현재까지는 룸별 월세 비용이 원룸과 큰 차이가 없다. 앞서 소개한 서울 용산구 남영동 '홈즈리빙라운지'의 경우 보증금 1,000만 원에 월 60만 원 정도 내면 $20m^2$(약 6평) 원룸(홈즈스튜디오)뿐 아니라 약 $200m^2$ 규모의 공용 시설을 누구나 이용할 수 있다.

투자자 입장에선 건물이나 집을 임대해 공유 하우스 사업을 진행할 수 있다. 이때 가장 먼저 체크해야 할 운영전략은 역시 교통편과 생활편의시설이 많은 역세권에 속하면서도 임대가 싼 집을 구하는 데 있다.

여기에 공유공간의 쾌적함, 사생활 보호와 안전, 커뮤니티 활동의 균형적인 조화, 하우스메이트들의 갈등 조정, 세탁, 배달 등 스타트업의 다양한 O2O 서비스 등을 강화할 수 있느냐가 성공의 관건이다.

한편, 공유 하우스의 수요가 계속 늘어남에 따라 기업들이 대거 뛰어들고 있다는 점은 위기 요인이다. 에스원, 롯데자산개발, SK D&D, KT에스테이트, 코오롱글로벌 등이 활발하게 움직이는 중이다.


### '도시 별장' 들어보셨나요?

공유 하우스의 한 종류로 '도시 별장'이란 것도 있다. 별장 개념을 도시지역에 적용한 것이다. 전망이 좋은 달동네나 산이나 강이 가까운 허름한 도시의 낡은 주택이나 빌라를 구매하여 별장으로 리모델링한 후 공유별장으로 사용하는 방식이다. 도시에 펜션사업을 한다고 생각할 수 있다.


앞으로 다양한 형태의 공유 하우스는 신 주거형태를 원하는 새로운 계층의 확대에 따라 더욱 인기를 누릴 것으로 보인다. 신혼부부나 골드실버(구매력 있는 노인층)도 미래의 고객이 될 수 있기 때문이다.

"함께, 따로 살기!" 이런 슬로건을 앞세우고 새롭게 떠오르는 공유 하우스 주거문화에 부동산 투자의 기회가 생기고 있다. 이젠 집을 활용해 새로운 비즈니스 모델을 스스로 찾아 수익을 창출하는 시대가 다가오고 있는 것이다.

생각한 스푼
정면에서 보면 새로운 면을 보기 어렵다. 정육면체의 정면은 사각형이다. 이쪽저쪽 왔다 갔다 하면서 완전한 형체를 보라. _컨설턴트 샘 해리슨

# 포스트 정책
# 가치투자 시대

정부의 정책변화에 상관없이 미래 부동산 투자의 바른 정답은 저평가 지역이나 저평가 집을 찾는 것이다. 저평가 부동산을 찾아 싸게 사는 것이 투자의 기본 중의 기본이며, 이 기본은 대세 하락 시대에 더욱 지켜져야 할 원칙이 돼야 한다.

"그런데 저평가 물건을 어떻게 찾지?" 문제는 이것이다. 일단 발품의 땀과 치열한 학습과 많은 데이터 분석을 통한 통찰력이 필요하다. 대세 상승기엔 요행이 통하지만 대세 하락기엔 오직 실력만이 성공을 만들 수 있다.

그렇다면 저평가 부동산 투자법이란 구체적으로 무엇을 말하는 것일까? 주식투자를 직접 해 보지 않았어도 워런 버핏은 알고 있을 것이다. 주식으로 말하자면 워런 버핏의 '가치투자'가 바로 저평가 부동산 투자법이라고 말할 수 있다.

워런 버핏의 가치투자란 '저평가된 주식을 사서 고평가된 시점에 파는 투자법'이다. 여기서 유의할 점은 저평가 주식이 '낮은 가격의 주식'을 말하는 것이 아니라는 점이다. '저평가'에 주목해야 한다. 진흙 속에 숨겨진 진주를 생각할 수 있다. 진주는 높은 가치가 있지만, 진흙이 잔뜩 붙어 있어 대부분 사람이 못 알아보거나 저평가한다.

가치투자는 이처럼 현재 보이는 주식가격과 실제 감추어진 주식 가치 사이에서 발생하는 차이를 포착하여 이익을 발생시킨다. 현재 보이는 가치와 보이지 않는 잠재력이나 숨어 있는 가치 사이의 가격 차이를 매겨 저평가된 가치에 투자하고 제대로 평가된 목표에 도달할 때 매도하면 언제나 성공할 수 있다는 게 가치투자의 본질이다.

왜 워런 버핏의 가치투자에 오랜 세월 사람들이 동의하는 것일까? 답은 명확하다. 성공확률이 높으면서도 투자 위험성이 낮기 때문이다. 다르게 말하면 가장 안전한 투자 방식이라는 의미다. 사실 주식시장은 불확정성이 매우 강하다. 변화무쌍한 주식투자 무대에서 가장 안전하고 오랜 세월 검증된 투자 방식이 가치투자다.

## 부동산 가치투자법

지금은 부동산 시장의 불확정성이 매우 강한 시대가 됐다. 그러니까 이 가치투자 메커니즘을 부동산 투자에 그대로 적용할 수 있다. 부동산 시장에서도 가치투자는 장기간에 걸쳐 높은 수익을 낼 확률이 가장 높은 투자방법이 될 것이라고 필자는 판단한다. 부동산의 현재가치를 냉정하고 객관적으로 매길 수 있다면 실패할 수 없는 가장 탁월한 투자법이기 때문이다.

이제 남은 건 겉으로 보이는 물건의 내재적 가치를 정확하게 평가할 수 있는 안목을 키우는 일이다. 물론 단숨에 높은 수준의 안목이 생기는 건 아니겠지만 불가능한 일도 아니다. 다음과 같은 4가지 전략을 고려하면 된다.

첫째, 긴 역사의 흐름으로 부동산의 발전과정을 살펴보는 학습전략이다. 부동산 가격이 어떤 흐름을 타고 언제 올랐고 언제 내렸는가? 부동산 물건은 어떤 내재 가치에 의해 가격이 결정되며, 어떤 관계들의 요인이 부가가치를 만들어왔나? 또 앞으로 어떤 요소들과 결합하여 가치를 만들 것인지 등에 대해 부동산 역사 공부를 한다면 통찰력을 키울 수 있다. 이 책은 바로 그런 취지에서 기획되었다.

둘째, 싸게 사서 비싸게 파는 경매투자 전략이다. 부동산 경매는 법원에서 압류한 부동산을 일반인이 입찰해 가장 높은 금액을 적어내는 사람에게 낙찰되고, 입찰자가 없다면 유찰되는 시스템이다. 경매 진행 시 공개입찰이 아닌, 봉투에 자신이 매입하길 원하는 금액을 적은 후 가장 높은 금액을 적어낸 사람이 낙찰자가 되는 것이다.

만약 아무도 입찰하지 않았을 때는 다음번으로 유찰되는데, 부동산 경매 시 유찰될 경우 대개 20%~30% 낮아진 금액으로 경매가 진행된다. 부동산 경매투자 시 핵심은 '부동산에 대한 권리분석'이며 이를 통해 '저평가 정도'를 판단하는 것이다.

경매투자로 수 십 억씩 이익을 챙기는 사람들의 공통점은 현장분석과 권리분석, 문제나 개선 솔루션을 검토해 객관적인 평가점수를 내릴 줄 안다는 점이다. 다시 말해, 경매의 성공전략은 저평가 물건을 골라 입찰한 후 고평가 물건으로 바꾸어 고가로 팔거나 시세보다 훨씬 저렴하게 사서 시세대로 파는 것이다.

저가 주택이나 저평가된 주택을 경매라는 도구를 이용해 시세보다 싸게 받아 파는 것도 가치투자의 한 종류다. 과거에 지어져 낡은 주택들을 어떻게 관리할 것인가? 노후화된 주택을 리모델링하는 것이 새로 건축물을 짓는 것보다 훨씬 높은 가치를 만들어 낼 수 있다.

셋째, 길게 내다보고 투자하는 장기전략이다. 투자할 때 3년, 5년, 10년 등 장기적인 시점까지 내다 볼수 있다면 성공확률이 그만큼 높아진다. 왜냐하면, 긴 시간을 고려할 수 있다면 저평가된 물건을 선택할 가능성의 폭이 넓어지기 때문이다.

저평가 아파트에 투자하려면 장기적인 시간의 흐름을 따져보는 것이 좋다. 사업 초기 단계인지, 해당 지역이 전체적으로 오를 힘이 있는지, 아니면 재건축이나 리모델링 등 개발 호재가 있는지 등을 꼼꼼하게 따져봐야 한다.

또한, 남북화해시대를 예측해 동해 쪽과 서해 쪽 라인의 남북철도 예상 역세권 후보지나 휴전선 접경지 등 미래가치가 높지만 현재 저평가된 부동산들도 많다. 단지 긴 시간이 필요할 뿐이다. 시간을 고려하면 숨은 가치를 발견할 수 있다.

넷째는 빅데이터에 관한 관심을 가지는 정보전략이다. 앞으로 저평가된 부동산을 찾아내는 데 '빅데이터'가 큰 역할을 할 수 있을 것으로 판단된다.

개인의 직관이나 추측에서 벗어나 엄청난 데이터 정보를 통해 수학적으로, 통계적으로, 과학적으로 가치를 측정할 수 있기 때문이다.

관심 지역이나 관심 부동산과 관련된 다양한 빅데이터를 수집하여 분석해 본다면 가치투자를 하는 데 도움이 될 것이다. 빅데이터는 다음 꼭지에서 좀 더 살펴보기로 하자.

부동산 대박 시대가 지나고 안정화 시대, 규제 시대, 하락 시대에, 결국 살아남는 투자전략은 가치투자밖에 없다는 사실을 꼭 기억하자.

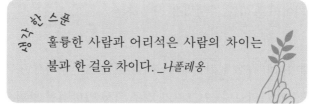

생각한 스푼
훌륭한 사람과 어리석은 사람의 차이는
불과 한 걸음 차이다. _나폴레옹

# 빅데이터
# 부동산정보 시대

"빅데이터는 화폐 또는 금처럼 새로운 경제적 자산이 될 것이다."_세계경제포럼(다보스포럼)

"빅데이터는 비즈니스의 지형을 바꿀 10가지 기술 트렌드다."
_맥킨지 컨설팅

"빅데이터는 미래 경쟁력을 좌우하는 21세기 원유다!"_가트너

빅데이터란 무엇인가? 빅데이터 비즈니스 전문가 스즈키 료스케는 "기존 데이터보다 그 크기가 너무 커서 일반적인 방법으로는 수집하거나 분석하기가 어려운 데이터 집합체를 의미한다."고 설명한다.

소셜 네트워크의 데이터나 인터넷 텍스트 및 문서, 통화 상세 기록, 대규모의 전자상거래 목록 등이 바로 빅데이터에 해당하는데,

지난 10년간 정보통신 기술이 모든 산업에 보편화하고 특히 스마트폰, 태블릿 PC와 같은 스마트 기기의 이용자가 늘어나면서 우리 주변에 새롭게 생성되거나 유통되는 정보가 폭발적으로 증가하기 시작했다.

예를 들어 스마트폰은 우리의 이동 경로를 실시간으로 기록하여 저장하고, 버스나 지하철에 설치된 요금정산기도 얼마를 내는지, 언제 어느 장소에서 타고 내렸는지에 대한 정보를 축적한다. 심지어는 네이버나 구글에서 찾아본 검색어와 SNS, 블로그에 남긴 하루 동안의 짧은 기록들까지, 우리의 모든 것을 파악할 수 있는 막대한 양의 데이터들이 축적되고 있다.

빅데이터를 활용하고 있는 선구자 격인 사업자로 웹 서비스 사업자가 있다. 이들 사업자는 사용자들이 검색엔진을 통해 무엇을 검색하는지를 알 수 있는 동선 데이터, 구매 데이터, 업로드 데이터, 인간관계에 관한 데이터를 대량으로 취득하여 활용하고 있다. 바로 이러한 것들을 '빅데이터'라고 부른다.

인간은 수집한 방대한 빅데이터를 바탕으로 과거와 현재를 분석하고 미래를 예측한다. 당연히 부동산 투자전략에서도 빅데이터 활용이 늘고 있다. 먼저 부동산 시장분석 및 예측에 필요한 통계지표를 평가한다. 부동산 시장변화에 대응하기 위한 부동산 통계 수요의 발굴 및 구축에도 활용하며, 부동산 시장분석 및 예측에도 적용하고 있다.

그렇다면 빅데이터를 통해 부동산 투자에도 도움을 받을 수 있을까? 데이터에 관한 관심을 높인다면 충분히 도움을 받을 수 있다. 어떤 것의 전모를 알려면 숲과 나무를 동시에 봐야 한다. 나무 하나하나를 보는 것이 현장방문이라면 숲 전체를 보는 게 빅데이터 활용이다. 빅데이터 정보를 얻어 분석이나 예측에 활용하면 전모를 파악하는 데 도움이 된다. 그런데 의외로 빅데이터를 무료로 제공하는 곳이 많다.

## 부동산 빅데이터 무료 제공 사이트 다양

KB부동산 '리브'에서는 주택 매매가격, 종합지수부터 전셋값 지수, 매도매수 우위 지수뿐만 아니라 부동산 매매가격 전망지수도 볼 수 있다. 또 아파트 매매 대비 전세비, 규모별 아파트 매매지수 등 부동산에 대한 거의 모든 자료가 포함되어 있다. 이곳에선 과거 자료를 기반으로 미래를 보다 정확하게 분석하고 전망할 수 있다는 장점이 있다.

한국감정원에서도 정기적으로 알림 마당을 통해 아파트 가격 동향 빅데이터 분석자료를 게시한다. 단순한 아파트 매물 찾기도 가능하지만, 공시가격이나 실거래가, 거래정보와 아파트 관리비 등 자세한 자료도 확인할 수 있다.

특히 이곳에서는 전국 주택가격 동향조사를 통해 통계표를 배포하고, 매월 부동산 가격 동향과 매주 주간 아파트 가격 동향을 자세하게 알려준다.

통계청 역시 모든 통계지표를 무료로 볼 수 있는 곳이다. 통계 포털과 국가 주요지표, 통계지리정보, 통계분류 포털, 마이크로데이

터 등의 정보를 통해 우리나라의 전반적인 경제지표를 파악할 수
도 있어 부동산 시장 예측에 도움이 된다.

'부동산 랭킹 – 부킹'에서도 부동산 거래량, 매매가, 평 단가 등을
찾아볼 수 있다. '네이버 부동산'이나 '직방' 사이트에서는 다양한
빅데이터 정보를 손쉽게 검색할 수 있다.

개인이 운영하는 정보사이트도 있다. '땅 짚고' 사이트 같은 경우
아파트 관련 빅데이터가 많고 유용한 빅데이터 정보는 유료로 접
근할 수 있다. 이외에도 '부동산114', '호갱노노-차원이 다른 부동
산 앱', '온 나라 부동산정보' 사이트 등도 부동산 관련 빅데이터를
얻기에 유용하다.


## 빅데이터 분석 전문서비스 등장

빅데이터 분석이 어렵게 느껴진다면 전문서비스업체를 이용할 수
도 있다.

'지인 플러스'가 대표적 업체다. 이 회사는 전국 아파트 가격 변
화 예측 서비스를 무료 제공하는 빅데이터 기반 웹사이트 '부동산
지인'을 운영하고 있다.

전국 4만3,000여 단지를 대상으로, 고객이 선택한 아파트의 가
격 등락과 수요 증감, 가격 변동성 특징 및 주기 등을 반영한 '지인
지수'를 산출하고 이를 토대로 가격 변화 전망과 최적의 거래 시점
을 일러준다.

이 과정에서 지도를 비롯한 시각화 자료를 활용해 이해를 돕는

다. 지인 플러스는 자체 확보한 아파트 정보 1,200만 건에 공공데이터 3만 건을 추가해 예측 정확도 향상을 꾀하고 있다.

'다방'에서도 자체 분석센터를 세워 임대 매물 관련 데이터를 지속적으로 축적하면서 고객에게 지역별 원룸 등 전·월세 시세 정보를 예측해 제시하고 있다.

신축 빌라 시세 정보를 제공하는 '집나와'는 독자 개발한 인공지능(AI) 알고리즘 '빅그램(biggram)'을 통해 도출한 빌라 가치 평가 자료를 제공한다. '직방'도 빅데이터랩 서비스를 통해 전국 100가구 이상 아파트 및 주상복합 단지의 시세 변동, 학군 및 역세권, 인구 흐름 등의 정보를 제공하고 있다.

생각한 스푼
무엇이든 그것 하나만 집어내려고 할 때 우리는 그것이 세상 만물에 얽혀 있음을 알게 된다.

_자연사학자, 존 뮤어

# 수소차로 가는
# 녹색경제 시대

2050년. 직장인 K씨는 일산에서 강남으로 출근한다. 최대한 차가 막히지 않는 코스와 최단 시간대를 인공지능이 예측해 대신 운전해 주니 출근길에 업무를 보거나 재미있는 영화 또는 뮤지컬을 감상하기도 한다. 자동차를 인공지능이 운동한다는 점 외에 이 자동차의 연료는 수소다. 그러니까 수소차다.

2020년대만 해도 테스트 시장에 불과했던 수소차 시장이 급성장을 시작한 것은 2025년경. 이때부터 20만대 규모의 수소차 시장이 만들어지기 시작하더니 그 후 기하급수적으로 성장하기 시작했다. 수소차 개발에 관한 관심이 커지고 글로벌 자동차 업체들의 모델 개발이 본격화됨에 따라 2030년에는 100만대 규모로 성장하기에 이르렀다.

결국, 2050년 현재 수소원료는 최종 에너지 소비량의 18%를 차지하고 4억 대의 자가용과 2,000만 대의 상업용 차에 활용되고 있다. 이는 전 세계 자동차의 약 20%에 해당하는 수치다.

## 수소차 시대가 열리면?

앞으로 20~30년 뒤 수소자동차 시대가 열릴 가능성이 크다. 수소차에는 수소와 산소가 결합할 때 발생하는 화학에너지를 전기에너지로 바꾸는 연료전지가 쓰인다. 수소연료는 석유나 전기보다 유용성과 친환경성이 뛰어나다. 산업 전반에 수소연료가 본격적으로 사용되면 도시 환경과 각종 규제정책에도 큰 변화를 가져올 수 있다.

수소연료 시대와 부동산 시장은 어떤 연관이 있을까? 물론 아직은 예측과 상상의 범위지만 필자는 도시계획이나 그린벨트 규제 등에도 충분히 변화를 몰고 올 것이라고 생각한다. '그린벨트'를 예로 들어보자. 그린벨트는 부동산 시장에서 언제나 논쟁거리였다.

부동산 가격을 잡기 위해 공급이 중요한데 국가가 활용할 수 있는 땅은 그린벨트 외에 거의 없다. 이 때문에 역대 정부는 일부 그

궁극의 친환경 시대를 열어갈 수소차, 도시 환경과 각종 규제정책을 변화시킬 전망이다. /현대 모터 그룹(HMG)

린벨트 지역 해제와 미래 후손을 위한 사수라는 첨예한 의견을 두고 항상 갈등해 왔다.

역대 정부는 서울 주택공급에 대한 압박이 심할 때마다 '그린벨트 해제' 카드를 만질 수밖에 없었다. 그린벨트는 과밀도시의 방지, 자연환경 보전, 대기오염 예방, 상수원 보호 등의 목적으로 1971년 박정희 대통령의 지시로 처음 지정됐다.

서울 광화문을 중심으로 반경 15km 선에 있는 도넛 모양의 서울, 경기도 땅 454.2km²가 녹지로 묶였다. 전 국토의 5.4%로 당시 서울의 8.9배에 달하는 규모였다.

그린벨트 역사를 들여다보면, 지키고 풀고 지키고 풀고를 거듭했다. 김대중 정부에 들어와서 총면적의 24%가 풀렸다. 노무현 정부에서는 '국민임대주택', 이명박 정부 때는 '반값 아파트' 이행 등의 이유로 그린벨트의 많은 구역이 해제됐다.

이어 박근혜 정부 때 역시 약 14km²가 해제됐다. 멈추었다가 가고 멈추었다가 가는 건 결과적으로 가는 것이다. 결국, 역대 정권의 그린벨트 해제로 총면적 중 30%가 줄어들었다.


## 수소원료 시대의 그린벨트 전망

수도권 그린벨트의 미래는 어떤 모습일까? 쉽게 예단할 순 없다. 하지만 그린벨트 정책에 따라 부동산 시장은 큰 영향을 받는다는 사실만큼은 분명하다.

비닐하우스와 밭 등이 있는 그린벨트는 언제나 부동산 투자자들에게 관심의 대상지다. 지역 토지 보상금에서 주택공급정책 등 도미노 현상이 일어나기 때문이다.

그린벨트는 미래세대의 환경과 강력하게 연동돼 있다. 또한, 화석연료 시대에서는 그린벨트 해제의 명분이 약했다.

그러나 수소연료와 수소차 시대는 환경이 개선되는 방향으로 흘러갈 것이다. 이렇게 수소 시대가 본격화된다면, 그린벨트 정책에 큰 영향을 줄 수 있으리라는 판단이 그저 상상만은 아닐 것이다. 상상은 자유지만 미래를 읽으려는 사람이 현재 기회를 만들 수 있다.

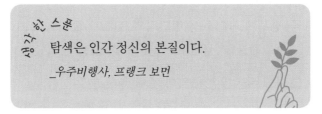

생각한 스푼

탐색은 인간 정신의 본질이다.

_우주비행사, 프랭크 보먼

# 오팔세대와 MZ세대가 만드는 부동산 문화

부동산은 부동산이 결정하는 게 아니라 '사람'이 결정한다. 사람을 알고 인간을 이해하는 것이 부동산 투자의 시작인 이유다. 그런데 사람은 다양하고 세월 따라 끊임없이 변한다. 우리 사회는 다양한 세대를 대표하는 '트렌드 족'이 살고 있다. 그들을 알면 부동산의 미래를 좀 더 의미 있게 예측할 수 있다. 그들이 부동산 문화를 창조하기 때문이다.

가장 먼저 부동산의 오피니언 리더인 '오팔세대'를 탐구해 보자. 오팔세대는 가장 많이 태어나 평생 경쟁 속에 살아왔고 가장 치열하게 대한민국의 경제를 일구어 온 베이비붐 세대다. '58년생'을 아우르는 5060 신 노년층을 말한다. 오팔이란 단어는 58이란 숫자도 뜻하지만, 영어 'OPAL'이 'Old People with Active Lives'의 약자로, 신 노년층을 뜻하는 이중적 의미를 담고 있다.

이들 세대는 부동산을 통한 '은퇴 설계'에 관심이 높다. 특히 임대사업자로 노후를 안정적으로 보내는 전략을 고심한다. 따라서 부동산 상담이나 교육에 가장 많이 참여하는 세대이기도 하다. 이들은 자금력이 풍부하므로 실제 부동산 투자에도 적극적으로 나선다.

오팔세대들은 어린 시절 고향에 대한 향수가 있어 집 주변에 산이나 개천이 있는 '환경'을 중요시하고, 건강에 관한 관심도 많아 우수한 의료환경에 대한 요구도 강하다.

## MZ세대가 추구하는 '욜로'와 '휘게'

오팔세대의 반대편에는 그들의 자녀들로 구성된 'MZ세대'가 있다. MZ세대란 밀레니얼(Millennials)의 M과 제너레이션(Generation)의 Z가 합쳐진 말이다. 특히 Z세대는 1990년대 중반~2000년대 초반 출생한 세대로 디지털 환경에서 자란 '디지털 네이티브(디지털 원주민)'라는 특징이 있다. 통계청에 따르면 이 MZ세대는 약 1,700만 명으로 국내 인구의 약 34%를 차지한다.

그러나 이들은 취업난, 일자리 질 저하 등을 겪으며 평균 소득은 낮고 대학 학자금 부담도 컸다. 그래서 금융사 투자를 꺼리며 결혼을 미루게 되고 내 집 마련도 적극적이지 않은 성향을 보인다. 월급으로 내 집 마련을 할 수 없다는 것을 깨닫고 아예 주택 구매를 포기하는 이들도 많다. 하지만 이들 세대가 중심이 되어 1인 주택, 임대주택, 공유 하우스 등을 발전시키고 있다.

MZ세대가 추구하는 대표적인 문화가 바로 '욜로' 또는 '휘게'다. 욜로(YOLO)란 '인생은 한 번뿐이다'를 뜻하는 'You Only Live Once'의 앞글자를 딴 용어로, 현재 자신의 행복을 가장 중시하여 소비하는 태도, 혹은 먼 미래 또는 남을 위해 희생하지 않고 지금의 행복을 위해 소비하는 라이프스타일을 의미한다.

욜로라는 단어에는 긍정적인 측면과 부정적 측면이 동시에 존재한다. 욜로의 바람처럼 현재의 만족이 미래의 행복까지 보장하지 않기 때문이다. 욜로를 꿈꾸며 도전한 자영업자나 프리랜서들의 위기는 월급쟁이나 전문직의 틀에 박힌 노동이 고되고 만만치 않았던 것처럼 현실 앞에서 냉혹함을 만나곤 했다. 결국, 두 갈래 길 위에 선 이들은 앞으로도 영원히 서로를 동경하며 평행선을 달릴지도 모른다.

'휘게(덴마크어, 노르웨이어: Hygge)'는 편안함, 따뜻함, 아늑함, 안락함을 뜻하는 용어다. 이것은 '크리스마스에서 오는 행복'을 뜻하는 '율레휘게'(Julehygge)에서 왔다. 이 때문에 가족이나 친구와 함께 또는 혼자서 보내는 소박하고 여유로운 시간, 일상 속의 소소한 즐거움이나 안락한 환경에서 오는 행복을 뜻하는 단어로 사용된다.

용어는 다양하지만 메시지는 모두 비슷하다. 작더라도 현재의 행복을 추구하겠다는 것이다. 부의 편중이 심하고 현실이 벽이 높은 세상 속에서 젊은 세대들이 추구하는 힐링, 욜로, 휘게에 대한 욕망은 쉽게 사라지지 않을 것이다. 그만큼 밀레니얼 세대의 마음 속에는 여유로운 시간, 일상 속의 소소한 즐거움이나 안락한 환경에 대한 간절한 바람이 자리 잡고 있기 때문이다. 이들 세대가 장년이 되면 부동산 시장 역시 힐링이나 욜로, 휘게에 대한 욕망을 충족시켜주는 방향으로 발전할 것이다.

## 업글인간과 팬슈머가 만들 부동산 시장은?

'업글인간'도 요즘 새로 등장한 트렌드 세대다. 업글인간(Elevate Yourself)이란 자신을 업그레이드하고 어제보다 나은 나를 지향하는 사람들을 말한다. 타인과의 경쟁이나 성공에 중심을 두는 것이 아닌, 자신의 행복과 성장을 추구하는 형태의 자기계발형 사람들이다.

이들이 목표로 하는 것은 여가와 건강 등 삶의 질적 향상을 위한 것이기 때문에 주거에서도 여가와 건강을 챙길 수 있는 곳을 선호할 확률이 높다. 이에 조망권이 확보된 아파트나 운동 시설이나 대형 공원이 인접한 아파트, 그리고 커뮤니티 센터가 잘 갖춰진 주택이 더 큰 인기를 끌 것으로 예상한다.

'팬슈머'도 기억해 두자. 이들은 주어진 대안 중에서 선택하는 것만으로는 성에 차지 않는다. 내가 직접 투자와 제조 과정에 참여해 상품을, 브랜드를, 스타를 키워내고 싶어 한다. 상품의 생애주기 전반에 직접 참여하는 소비자들, '내가 키웠다'는 뿌듯함에 적극적으로 지지하고 구매도 하지만 동시에 시장에 대해 간섭과 견제도 적극적으로 하는 신종소비자들을 일컬어 팬슈머라고 한다.

요즘 부동산 시장에서 자신이 직접 주택 리모델링에 참여하거나 자신의 취향에 맞춰 직접 실내장식을 하려는 이들이 많아지는 이유이다. 물론 오팔세대 중에도 직접 원하는 땅에 자신의 집을 짓고자 하는 이들이 많아지고 있다.

과거에 집은 그냥 집일 뿐이었다. 그러나 이제는 다르다. 사람들은 '의미 있는 집'을 원한다. 시대가 만들어 낸 새로운 세대는 자신만의 집, 내가 살고 싶은 집을 찾고 직접 만들어가는 문화를 만들고 있다. 이들은 개성 있고 차별적이면서도 내가 원하는 요구를 잘 반영하는 부동산이 가장 좋다고 여긴다. 이에 따라 앞으로는 부동산 투자전략도 개인의 취향에 따라 개인의 상황과 여건에 따라 다각화될 것이다.

> **생각한 스푼**
> 교과서를 탈피해 옆길로도 빠져보고, 아무도 밟은 적 없는 깊숙한 황무지에도 가봐야 한다.
> _역사학자, 존 호프 프랭클린

# 5장

## 나만의 부동산
## 희망 만들기 프로젝트

# 역세권의 힘,
# 오피스텔 투자전략

역세권이나 일자리가 많은 곳 주변에는 오피스텔이 참 많다. 오피스텔은 20대에서 40대에 이르는 직장인이나 1인 가구의 MZ세대들에게 매력적인 주거공간이다. 이들은 매우 독립적이고 혼자 사는 것을 꺼리지 않는다. 또한, 직장을 위해서는 직장에 가까운 역세권에 나 홀로 생활을 마다하지 않는다. 초기 역세권이 형성되는 시점에 어김없이 오피스텔 건설이 집중된다.

직장생활을 하면서 안정적인 투자를 계획하거나 수익형 부동산 투자를 막 시작하는 부동산 초보자에게는 오피스텔 투자가 가장 적합하다. 오피스텔은 초기 투자 규모가 그리 크지 않은 편이라 부담이 적다. 또한, 오피스텔 세입자는 전문직 종사자나 고수익자가 많아서 월세를 밀리는 경우가 타 수익형 부동산보다 드물다. 가격과 관리 면에서도 오피스텔은 수익형 부동산으로 적합하다.

오피스텔은 시장 여건과 정부의 부동산 정책에 따라 수급과 가격이 민감하게 변화해 왔다. 1980년대 후반에 신종 부동산 투자상품으로 인기가 높았지만, 1990년대에는 신도시의 주택공급 확대와 부동산 시장 불황으로 침체기도 겪었다.

2010년 이후에는 규제가 완화되면서 공급이 늘고 활성화되고 있다. 오피스텔은 오랜 기간, 현재에도 여전히 한국인들에게 인기 높은 수익형 부동산 투자 종목이다.

물론 약점도 있다. 자체의 가격이 잘 오르지 않는 경향이 있다. 따라서 오피스텔로 부동산 투자하려는 사람은 최대한 물건을 싸게 사는 게 포인트다. 오피스텔을 살 때 노력과 발품을 들여 미분양 땡처리나 법원 경매, 교환 시장을 이용하면 시세의 절반 가격으로 매입할 수 있다.

경매를 배우면서 법원 경매로 오피스텔을 사면 유리하다. 물건의 권리관계가 비교적 심플하기 때문에 부담 없이 경매 공부를 하면서 시세보다 싸게 살 수 있기 때문이다. 특히 오피스텔의 경우 투자성이 좋은 아파트나 일반 주택보다 비교적 인기가 낮아 입찰 참가자들의 경쟁률이 낮은 편이다. 그래서 초보자라도 조급하게 서두르지 않는다면 주변 시세보다 30~50%는 싸게 매입할 수 있다.

미분양 땡처리 오피스텔 매물에 투자해 볼 수도 있다. 보통 시행사가 급히 자금을 회전하기 위해서 싸게 내놓는 경우가 있다. 서울 지역에서는 분양가보다 10~20%, 수도권에서는 20~40%가량 싸다. 다만 땡처리와 교환 매물의 경우 알짜 오피스텔이 많지 않은 것은 단점이다. 그래서 본인의 안목이 중요하다.

## 오피스텔 투자 시 주의해야 할 몇 가지

반드시 주의해야 할 점도 몇 가지 있다. 먼저 오피스텔 구매 목적을 잊어선 안 된다. 직접 거주를 위해서라면 선택의 폭이 넓어지겠지만 순수 투자의 목적이라면 당연히 입지를 철저하게 따져봐야 한다.

임대 수요가 많지 않은 외곽지역도 나 홀로 오피스텔 매물들도 적지 않다. 이런 곳에 있는 오피스텔은 값이 싸다고 무턱대고 매수하면 나중에 수익은커녕 애물단지가 될 수도 있다. 조금 비싸더라도 역세권이나 대학가 주변이 유리할 것이다. 언제나 수요층이 풍부한지를 가장 먼저 고려해야 한다.

두 번째는 오피스텔을 분양받거나 매입할 경우 세금 관계를 잘 파악해야 한다. 부동산 중개사나 세무전문가에게 자문을 얻는 것도 중요하지만, 스스로 어느 정도 세금공부가 돼 있지 않으면 여러 측면에서 손해를 볼 수 있다.

오피스텔은 업무용과 주거용으로 임대할 수 있는데, 자기 집이 있는데 주거용 오피스텔을 구입할 경우 1가구 2주택에 해당한다. 이런 조건이라면 취득세부터 종합부동산세까지 다양한 세금이 부과된다. 세금을 막는 방법은 오피스텔을 업무용으로 등록하는 것이다. 상업지구에 있는 오피스텔은 업무용으로 임대하면 1가구 2주택에 해당하지 않는다.

주거용 오피스텔의 경우에는 주택임대사업자로 등록하면 세금을 내지 않거나 내더라도 할인을 받을 수 있다. 기본적으로 오피스텔은 건축법상 업무시설에 해당한다.

그런데 최근 주거용으로도 사용할 수 있도록 설계되면서 양도세 규정이 제법 복잡해졌다. 오피스텔을 분양받으면 상가처럼 부가세를 부담해야 한다. 그런데 분양받은 사람이 일반 과세자로 등록하고 부가세 환급 신고를 하면 납부한 부가세를 돌려받을 수 있다. 반면 임대사업자등록을 하지 않거나 간이과세자로 사업자등록을 하면 환급받지 못한다.

오피스텔을 사무실용으로 임대하면 세금계산서를 발부하고 6개월 단위로 부가세를, 1년 단위로 종합소득세를 신고해야 한다. 그런데 임대 오피스텔이 거주용으로 사용되면 부가세가 면세된다. 주택임대사업자로 등록하면 주거용 오피스텔은 큰 수혜를 볼 수 있다. 소득세, 법인세 혜택을 주기로 했기 때문인데, 이는 자금 조달 면에서 큰 장점이다.

오피스텔 투자전략에서 가장 중요한 포인트는 "어떻게 공실률을 피할 수 있을까?" 하는 점이다. 즉 오피스텔 구매 전부터 입지 분석과 향후 임대전략, 공실률 피하는 전략 등을 충분히 검토할 필요가 있다.

## 공실률을 피하는 방법

첫째, 입지 선정 자체가 공실률을 피하는 최고의 전략이다. 산업단지나 업무지구 인근 오피스텔을 고르는 것이 좋다. 이러한 지역은 직장과 주거지 근접의 장점과 함께 각종 편의시설과 교통망 등이 잘 갖춰져 있어 주거 선호도가 높다. 기본적으로 직장인들의 수요가 풍부해 탄탄한 임대 기반을 갖추고 있어 다른 지역보다 비싼 월세에도 임차인을 쉽게 구할 수 있다.

둘째, 국제신도시에 들어서는 오피스텔을 주목하자. 일반적으로 신도시는 교통, 교육, 상업 시설 등이 두루 갖춰지는 장점이 있다. 국제신도시의 경우 일반 신도시와 비교해 개발 호재가 풍부하고 자족 기능까지 잘 갖춰지는 이점이 더해진다.

특히 국제신도시가 오피스텔 투자 유망 지역으로 꼽히는 이유는 외국계 기업이 많이 들어서는 특성상 외국인 임대수요를 얻을 수 있기 때문이다. 외국인 임대는 보증금 필요 없이 1~2년 치 월세를 미리 선납하는 개념인 '깔세' 방식이어서 안정적인 임대 수익률을 기대할 수 있다. 더욱이 외국인들은 국내 세입자들이 꺼리는 중대형 주택형을 선호해 임대인들이 '꼭 잡아야 할 세입자'로 떠오르고 있다.

셋째, 전통적으로 공실률이 적은 지역으로 대학가와 행정중심지가 꼽힌다. 최근에는 법조타운이 추가되고 있다. 통상 법조타운은 법원, 검찰청 등 외에도 주변으로 변호사, 법무사 사무실 같은 관련 업체가 입주한다.

그 때문에 변호사, 법무사 등 고소득 전문직 종사자들의 배후지인 데다 법원을 이용하는 유동인구 또한 많은 곳이기에 수요가 몰리곤 한다. 대표적인 곳이 서울 송파구 문정 법조타운이다. 이외에 대형 병원들이 들어서는 지역도 적극 현장방문을 해 보면 좋다.

넷째, 불변의 '스테디셀러' 투자처로 손꼽히는 '역세권 오피스텔'

이다. 지하철역 주변은 버스 등 연계 대중교통이 잘 갖춰져 있어 지하철, 버스 등 대중교통을 이용한 출퇴근이 편리한 데다 역 주변에 쇼핑·문화·편의·교육 시설이 밀집돼 있어 임차인들의 주거 만족도가 높다.

이런 조건들 때문에 임차인을 구하기 쉽고, 공실률이 낮은 효과도 있다. 불황기에도 가격하락의 위험이 적어 향후 임대 수익률을 높이는 데 유리하다.

다섯째, 쇼핑·업무·주거 시설들이 모두 한 공간에 마련되는 주거복합단지 내 오피스텔은 주거 편의가 높아 실수요부터 투자수요까지 몰리는 알짜 상품으로 주목받고 있다.

주거복합단지 내 오피스텔은 아파트와 함께 조성되다 보니 같은 주거 여건을 공유할 수 있어 풍부한 생활 인프라를 누릴 수 있다는 점에서 인기가 높다. 기존 오피스텔과 달리 풍부한 녹지공간은 물론, 부족한 주차공간 문제도 해결된다는 점이 장점이다.

여기에 동 간 거리도 넓어 조망권은 물론 사생활 보호도 가능하다. 별동으로 구성하거나 거주민의 진출입로를 분리해 각각의 동선이 얽히지 않고 독립성도 확보된다는 점 역시 인기요인이다. 당연히 나 홀로 오피스텔보다 찾는 수요가 많고 주거 만족도가 높아 공실률이 적다.

### 오피스텔, 투자 파이널 체크포인트!

계속 강조하지만, 투자 성공을 위해선 입지 선정이 절대 변하지 않는 상수다. 도심 및 역세권과 업무지구 주변, 대학가 등 배후 수요가 탄탄한 곳은 안정적인 월세 수입과 함께 공실의 위험이 없다는 점을 다시 한번 체크한다.

이를 위해 반드시 현장에 나가 월세 수준을 확인하고 투자 수익률을 분석해 보는 것이 좋다. 수익률을 따질 때도 초기 매입자금뿐만 아니라 관리비용, 세금 부담, 감가상각 등 추가로 소요될 제반 비용도 꼼꼼하게 짚어봐야 한다.

현장답사를 할 때는 주변 오피스텔의 현황, 임대료 수준, 평균 관리비를 알아보아야 한다. 주변 오피스텔과 비교해 관리비가 비싸지 않은 곳이 향후 임대관리 시에도 유리할 수 있다. 오피스텔은 일반적으로 전용률이 50%가 약간 넘는 수준인데, 최근 공급되는 몇몇 오피스텔의 경우 전용률이 40% 안팎인 경우도 있다. 전용률이 55% 이상이면 괜찮다고 볼 수 있다.

오피스텔이 너무 많거나 계속 지어지는 곳은 피해야 한다. 일시적인 공급 증가로 인해 임차인 확보가 힘들어질 수 있고, 임대료 또한 계속 떨어질 가능성이 크기 때문이다. 공급이 많으면 월세에 영향을 미친다는 점을 꼭 기억해야 한다.

## 오피스텔 투자법 4계명

1계명: 입지, 면적이 분양가에 대비해 적정한 것을 찾아라. 위치는 1차 역세권에서 도보 5분 거리, 독립세대의 경우 전용 6~8평을 가장 선호한다.

2계명: 시장의 임대수요가 인위적이지 않은 것을 찾아라. 대학교, 대기업, 중소기업 등이 골고루 산재하여 있는 곳은 자연발생적인 곳이다.

3계명: 만족할 만한 수익률과 매매 시 차익 시현이 가능한 매물을 찾아라. 가격이 저렴할수록 수익률이 높아지고, 매매차익이 가능하다.

4계명: 회전율이 짧은 곳을 골라라. 세입자가 나가고 재임대 기간의 소요시간이 적은 곳을 공략해야 한다.

> 생각한 스푼
> 지엽적인 문제에 매달릴 것이 아니라 근본을 따져보고 실천하는 것이 옳다. _황태연

# 2

# 수익형 부동산의 꽃, 상가

"조물주보다 높은 게 상가 건물주"라는 우스갯소리가 있다. 아마 대한민국 성인 중 상가 건물주를 한 번쯤 꿈꿔 보지 않은 사람이 있을까? 빌딩 같은 건물주가 되는 건 쉽지 않지만, 상가 하나 갖는 것이 영 불가능한 일은 아니다.

물론 성공이 보장된 상가는 그만큼 비싸고 투자비용도 많이 든다. 반면 싸고 구하기 쉽다고 무턱대고 사면 그만큼 입지가 나빠 투자수익이 적을 뿐만 아니라 팔기도 어려운 골칫덩이가 될 수 있다. 상가투자란 비싸고 싼 사이, 성공이 보장된 상가와 가능성이 반반인 상가 사이의 절묘한 줄타기다.

그 누구도 똑 떨어지는 정답을 제시할 순 없다. 상가에 대해 열심히 학습하고 현장을 방문하고 다양한 정보를 수집한 후 직관력을 더해 상가의 잠재적 가치를 알아보아야 한다는 게 유일한 정답이다.

겉으로 드러나는 입지조건이나 겉 이미지는 남들도 다 안다. 남들이 모두 좋아하면 가격이 높아지고 남들이 싫어하면 가격이 낮아진다. 그러나 겉으로 드러나지 않는 잠재력은 통찰하는 사람만 안다. 이때 비로소 낮은 가격으로 성공 가능성이 큰 상가를 구매할 기회가 생긴다.

## 잠재력 가진 상가 찾으려면 상가 공부부터

드러나지 않는 잠재력을 통찰하려면 먼저 상가 공부부터 시작해야 한다. 상가는 먼저 기존상가와 분양상가로 구분한다. 기존상가의 경우 권리금이 따라온다. A라는 하나의 상가에서 1년 수익이 모든 비용을 제하고 2천만 원이 나온다고 가정해 보자.

그렇다면 A상가의 권리금은 약 2천만 원이 된다. 권리금이 형성되지 않는 시가라면 그 상가의 가치는 떨어진다고 보면 된다. 만일 위치가 좋아 하루종일 지나다니는 사람이 많고 독점적으로 장사할 수 있는 곳에는 바닥 권리금을 줘야 한다. 또 장사가 잘되어 매월 일정한 수입이 들어오는 업종을 그대로 인수하여 장사하려는 사람은 영업 권리금을 제시해야 한다.

이 외에도 현재 하는 업종과 같은 장사를 하는 경우 세입자가 사용하던 시설을 그대로 인수하여 사용하는 경우가 있는데, 이를 시설 권리금이라 한다. 권리금은 임차인과 새로 들어올 임차인과의 관계에서 발생한다.

신도시에 새로운 아파트가 들어서면 그 주위로 학원, 약국, 병원, 편의점 등 기본적인 실생활과 밀접한 상가가 들어서기 마련이다.

요즘엔 LH 단지 내 상가의 경우 안정적인 수익률과 가격, 공기업 공급 등의 장점을 갖고 있어 투자자들이 주목하기도 한다. 물론 상가 과잉공급과 최고가 입찰제로 공실 비율이 증가하는 사례도 있으니 전반적인 상황을 점검해야 한다. 또 분양상가는 권리금이 없지만 그만큼 아직 검증되지 않은 상가라는 사실을 명심할 필요가 있다.

## 숲과 나무를 동시에 보라!

상권은 숲, 상가는 나무이다. 상가는 상권이란 숲을 잘 살펴봐야 하고, 개개 상가라는 나무의 영역을 꼼꼼하게 들여다볼 필요가 있다. 그만큼 상권이 먼저다. 상권은 '상업상의 세력이 미치는 범위'를 말한다. '상권이 잘 형성되어 있다'고 하면 사람이 많이 몰리는 지역이어서 상가가 많이 들어와 있고 장사도 잘되는 것을 뜻한다. 서울 7대 상권을 떠올려 보자. 명동, 홍대, 강남역, 대학로, 신림, 건대입구, 신촌 및 이대 등은 대한민국 대표 상권이다.

그러나 상권도 주변 환경변화나 시대에 따라 변화무쌍하다는 점을 반드시 기억해 두어야 한다. 한중 정책에 따라 중국 여행자들에 의해 만들어진 상권의 변화를 본 적도 있고 코로나 시대에는 비대면 온라인 중심의 쇼핑문화로 오프라인 상권의 어려움을 경험하기도 했다.

상권은 도시 정책에도 많은 영향을 받는다. 제도나 환경변화, 새로운 시설 등장 등으로 밤사이 30억 나가는 상가가 20억으로 떨어질 수도 있고, 반대로 10억 나가던 건물이 훨씬 높은 부동산 가격을 형성할 수도 있다.

앞으로 상권에 변화를 줄 외부요인으로 GTX나 KTX를 꼽을 수 있다. 새로운 철도역은 상권에도 많은 변화를 몰고 온다. 수도권 외곽이나 지방 활성화에도 도움이 된다. 그러나 철도 노선이 만드는 상권은 수도권을 더 활성화할 가능성이 크다.

예로 강원도나 부산에 사는 사람이 오전에 서울 강남에 와서 미용, 치과 치료, 허리디스크 시술을 등 받고 그날 오후 지방으로 내려가는 풍경도 생겨나고 있다. 상권은 교통, 학교 등 다양한 변수를 품고 있다. 상가투자가 그만큼 어렵다는 이야기다.

큰 숲에 있는 개개의 나무도 중요하다. 각 상가가 튼실해야 임대수익이 확실히 보장된다. 저금리의 영향으로 상가가 과잉공급 논란이 될 정도로 많기에 옥석을 가려야 한다. 투자의 최우선 순위는 평지의 1층 상가라고 본다.

상가 시장에서는 1층과 나머지 층과의 임대료 차이가 갈수록 벌어지고 있다. 최근 불황이 심해지면서 근린상가 2~4층은 세입자를 구하지 못하는 경우 임대인이 관리비까지 무는 경우가 많다. 반면 1층은 세입자를 구하기가 그다지 어렵지 않다. 점포가 안 나가면 조금 싸게 내놓으면 된다.

## 상가 투자의 목적 3가지 점검

상가투자를 계획하고 준비하고 있다면 목표를 정확하게 정하는 것이 중요하다. 상가투자의 목적은 3가지다.

첫째, 상가를 얻어 직접 가게를 차리거나 사무실을 내는 경우다. 직접 경영하는 만큼 월세 걱정도 없고, 마음 편하게 장사 등을 할 수 있다.

둘째, 안정적인 수익을 내기 위해서다. 상권의 매력도가 중요하고 예비 임대자들이 대기하고 있어야 한다. 많은 상가 투자자들이 임차인을 구하지 못해 관리비만 축내서 하소연도 많이 한다. 또 상가는 임차인 관리가 중요하다. 매월 임차인에게 월세를 받는 것도 보통 스트레스가 아니다. 계약 시 사전에 세부조항을 꼼꼼하게 기재하고 합의하는 게 좋다. 이 모든 것을 한꺼번에 좌우하는 게 결국은 상권의 입지다.

셋째는 매매차익이다. 이때는 무조건 가치보다 더 싸게 사는 게 핵심포인트이다.


## 테마상가 투자 전략

테마상가 투자는 좀 더 신중할 것을 권하고 싶다. 일부 테마쇼핑몰에서는 공사가 완공되었음에도, 세입자를 찾지 못해 비어 있는 곳이 많다. 과잉공급이 원인이다. 테마쇼핑몰은 이미 구조 조정기를 거쳤다. 쇼핑몰 내 천막 상가 등도 임차인의 기본 매출이 매우 떨어지는 편이다.

이러한 현실인데도 시내 거리를 다니다 보면 '3천만 원 투자에 월 100만 원 임대수익 보장', '수익률 12% 보장' 등의 현수막을 걸어 놓고 투자자를 모집하는 경우를 많이 본다. 허위와 과대광고일 가능성이 크다. 일정 기간 수익률을 확정, 보장하는 상품들도 그 기간이 끝나면 각종 지출비용(재산세, 대출이자, 중개 수수료)을 제외하면 남는 돈이 없거나 오히려 손해를 보는 이른바 '깡통 상가'도 많아서 조심해야 한다.

또 하나 '전용률'도 상가투자 시 기억해 두어야 할 사항이다. 상가 건축을 살펴보면 상가를 이용하는 사람들이 적은 상가임에도 불구하고 불필요하게 상가 내부에 규모가 큰 에스컬레이터를 설치해 전용면적만 줄어들게 만들고 상가 활성화에 오히려 저해요인이 되는 것을 볼 수 있다. 이동 분양상가에는 공유면적이 크고 전용률이 낮은 상가도 많기에 반드시 매입 전 전용률을 확인해야 한다.

이외에 '상가건물 임대차보호법'에 대한 기본 상식도 필요하다. 임대인은 신규임차인에게 권리금이나 현저한 고액의 차임 또는 보증금을 요구하는 등 법률에 규정된 권리금 회수를 방해하면 손해 배상 책임을 지게 된다. 또한, 모든 임차인이 건물주가 바뀌어도 5년간 계약 기간을 보장받는다. 법은 앞으로 언제든 개정될 수 있다. 그러니 투자 전에 '상가건물 임대차보호법'의 주요 사항을 반드시 챙겨 확인해 두자.

최근에는 조금이라도 싸게 상가투자를 하려는, 상가 경매의 인기가 높아지고 있다. 경매로 낙찰받은 상가에는 권리금 승계 의무

등이 적용되지 않는 만큼 상가 경매시장에 관심을 가져보는 것도 한 방법이다.

## 단지 내 상가 투자 5계명

1계명: 1,000세대 이상 규모의 아파트 상가여야 한다. 기본 세대 수 이상이어야 상업성을 지닌다.

2계명: 주 출입구 상가에 자리 잡아야 한다. 가장 독점적인 곳의 상가에 위치해야 장사가 된다.

3계명: 반드시 2차선 이상 차도에 접한 상가여야 한다.

4계명: 1층 상가가 환금성이 좋다. 2층 이상으로 올라가면 접근성이 떨어진다.

5계명: 입주 5년 차 이상 된 상가를 선택해야 한다.

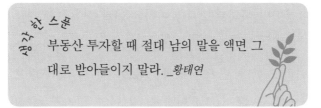

생각한 스푼
부동산 투자할 때 절대 남의 말을 액면 그대로 받아들이지 말라. _황태연

# 임대용 다세대·빌라·연립 투자 포인트

'빌라'라고 불리는 연립이나 다세대 주택은 아파트와 단독, 다가구 주택과 함께 대표적인 주거용 부동산이다. 보통 건물의 층수 제한으로 아파트와 그 외 건물을 구분할 수 있다.

5층 이상이면 아파트고, 4층 이하는 연립주택이다. 조금 더 세분화하면, 전체 면적이 $660m^2$(200평) 이상이고 4층 이하인 건물을 연립주택이라고 한다. 이 연립주택을 통틀어 흔히 '빌라'라고 부른다. 또한, 다세대 주택은 $660m^2$ 이하에 4층 이하, 다가구는 $660m^2$ 이하지만 개별 등기는 안 된다. 이외에 다중주택은 $330m^2$(100평) 3층 이하로 독립된 주거형태를 갖추지 않은 건물을 말한다.

아파트보다 저렴한 가격으로 접근할 수 있는 빌라. 다세대나 빌라는 어떻게 투자하는 게 좋을까? 만일 시세 차익이 아닌 임대수익을 목적으로 한 투자가 목표라면 다세대·빌라 투자도 해 볼 만하다. 다만 주의할 점은, 아파트는 환금성이 좋은 반면 빌라는 막상 팔 때 쉽게 매수자를 구하기가 힘들다는 점이다. 빌라 투자에는 몇 가지 요령이 필요하다.

투자 목적으로 빌라를 매입하기 원한다면 제일 먼저 빌라의 건축 시기를 살펴봐야 한다. 관리사무실, 경비실, 청소부 등의 관리를 받는 아파트와 달리 그런 게 없는 일반 빌라는 건물 노후화 속도가 빨라 감가상각도 빠르게 진행되기 때문이다.

조건이 괜찮게 나온 빌라라도 재개발이나 재건축 지대 등 환경적 투자가 아니면 건축 연도가 매우 중요하다. 보통 지어진 지 5년이 넘은 빌라라면 투자하지 않는 것이 더 좋다.

또한, 주변에 경쟁 빌라가 추가로 들어설지, 빌라 주변에 아파트가 대거 공급될지 등을 따져봐야 한다. 아파트나 경쟁 신축 빌라로 수요가 빠져나가면 내 주택은 그만큼 제때 매도하기 어려워진다.

대부분의 부동산이 그렇듯 빌라 역시 입지를 가장 중요하게 고려해야 한다. 아무리 시설이 뛰어난 빌라여도 입지 자체가 좋지 않다면 투자가치는 떨어지기 마련이다.

이 때문에 도심과 먼 곳의 빌라는 될 수 있는 대로 매입하지 않는 것이 좋다. 도심에 가깝다는 것은 도심의 인프라를 쉽게 이용할 수 있고 수요층이 두터워 재매각이 비교적 수월하다는 의미다. 대중교통 이용 접근성(지하철, 버스 정류장)이 좋거나 인근에 초등학교를 비롯한 학군이 있다면 조금 더 안전한 투자처가 될 수 있다.

빌라의 입지와 시설이 좋아도 인기가 없는 면적의 빌라라면 투자 위험이 있다. 보통 빌라의 수요자는 젊은 신혼부부거나 가족 구성원이 적은 가구이기 때문에 너무 좁거나 넓은 면적의 빌라는 인기가 없다.

인기가 없다는 얘기는 투자를 했을 시 위험이 찾아올 가능성이 크다는 의미로 해석할 수 있다. 따라서 수요가 제일 많은 전용면적 $40m^2$~$60m^2$ 등 소형 빌라에 투자하는 것이 유리하다.

엘리베이터의 유무도 빌라의 가격에 지대한 영향을 미친다. 같은 조건의 빌라라도 엘리베이터의 유무에 따라 가격은 크게 달라진다. 엘리베이터 조건은 가격 차이뿐만 아니라 매입을 원하는 수요자의 수도 달라질 수 있다. 젊은 층도 엘리베이터를 선호하고, 더욱이 나이 든 사람이라면 엘리베이터는 필수이다. 나중에 매도할 때도 엘리베이터가 있는 빌라라면 큰 매력이 된다.

## 대표적인 서민주택이라 임대에 용이

빌라는 대표적인 서민주택이라고 볼 수 있다. 먼저 관리비가 없거나 적기 때문에 저소득층 세입자에게 적합한 주거형태다. 임대를 원하는 수요가 많다 보니 공급을 하는 빌라 주인에게는 임대 기회가 더 많아진다. 실제로 전국 월세 가구의 대부분은 저소득층이며 이들은 주로 단독주택과 연립주택에 사는 것으로 조사됐다.

빌라 투자는 지역이라는 숲과 매물이라는 나무를 종합적으로 고려한 입지 선택에 성패가 달려 있다. 최근 뉴타운과 재개발 지역 투자가 어려운 환경이다. 일부 지역의 뉴타운 지정이 해제되기도 하는 등 재개발이 한풀 꺾인 분위기다. 그렇지만 열심히 발품을 팔다가 보호 속에 감춰진 진주를 캐듯 지역 호재가 숨어 있는 빌라 매물을 찾을 수 있다.

그만큼 곳곳에 숨어 있는 좋은 빌라는 '발품의 힘'이 크다. 현장의 장단점을 직접 두 눈으로 확인하길 권한다. 아파트 밀집 지역보다는 일반 주택이 많은 동네의 빌라를 고르는 편이 좋다.

빌라는 낡은 건물을 샀을 때 구매 가격은 저렴하겠지만 수도, 하수도관 등이 노후화되어 고치는 비용이 늘어날 수 있다. 또 세입자의 수리요청 전화가 빈번하면 여간 스트레스가 쌓이는 것이 아니다. 따라서 빌라의 층수, 준공 연한, 주차공간 확보 등 오랜 기간 직접 두 눈으로 꼼꼼히 따져보고 선택해야 한다.

심지어는 물건을 평가할 때 아침에도 가보고 저녁에도 가보아야 한다. 보통 햇볕이 잘 들고 통풍이 잘되는 빌라가 인기가 높기 때문이다. 아침, 점심, 저녁 햇볕이 잘 드는 빌라는 그 자체만으로도 가치가 높은 셈이다. 물론 그 반대는 빌라 자체의 강점을 깎아 먹는 큰 약점이 된다. 자칫 밤에만 가보았다가 나중에 낭패를 볼 수 있다. 또한, 내부 시설의 경우 쾌적하고 편리함을 유지한다면 당연히 임차인의 선호도는 높아진다. 이렇게 관리를 잘하면 임대료 10~20만 원은 더 높게 받을 수 있다.

## 경매와 공매로 가격 경쟁력을 높여라

빌라도 싸게 구매하는 게 무엇보다 이익이다. 그래서 경매에 도전해 볼 수 있다. 빌라는 물량도 많은 편이고 입찰자의 관심도 높다.

경매를 통해서 최저 입찰가 7,000~8,000만 원대의 소액 투자용 빌라를 낙찰받는다면 충분히 투자가치가 있는 선택이다. 무조건 싸게 사는 게 유리하다는 우리 시대 부동산 투자의 제1원칙에도 잘 맞아떨어진다.

다만 소액 투자의 경우 입지여건이 우수한 곳만 고집하지 말고 다소 여건이 떨어져도 임대수요가 넉넉한 곳이라면 안정적인 월세 수익을 목표로 접근해 볼 수 있다. 또한, 재건축이 예상되는 노후 물건도 투자가치 면에서 고려해 볼 만하다.

경매를 통해 빌라를 살 때 세입자의 명도를 세심하게 체크해야 한다. 세입자와의 마찰로 명도소송까지 간다면 금전적 손해도 예상되고, 정신적인 고통이 따르기에 신중한 확인이 필수라 하겠다. 또 법원에서 매긴 감정가 역시 현재 시세와 비교, 현장조사를 통해 검증해야 경매를 통해 낙찰 받은 후에 후회하지 않는다.

## 재개발 투자 목적으로 활용

만약 재개발 투자를 목적으로 빌라를 매수한다면 전략은 달라진다. 재개발 투자는 구역 내 주택을 구입한 뒤 조합원 지위를 획득해 분담금을 내고 새 아파트를 받는 과정에서 수익을 얻는 활동이다. 철저하게 '대지지분' 중심, 즉 땅을 보고 투자하는 것이 좋다.

매입 가격이 같다면 신축 여부보다는 대지지분이 큰 빌라인지를 먼저 확인해야 한다. 단 사업 초기 단계에 대지지분이 큰 물건에 투자하면 목돈이 오랜 기간 묶일 수 있다. 게다가 자칫 사업이 무산된다면 큰 손해다. 실거주와 재개발 투자를 동시에 노린다면 다소 비싸더라도 사업 시행인가를 받고 감정평가까지 마무리한 구역에 투자하는 것이 낫다.

빌라와 조금 다른 다가구 주택의 경우에는 '경매 + 리모델링 개선'이 똑똑한 전략으로 꼽히고 있다. 아주 싸게 직접 리모델링 후 최고 가치를 만들어 임대하다가 최고가에 파는 방식이다.

물론 투자 시 체크해야 할 유의점도 있다. 다가구 경매 참여시 여러 세대가 모여 사는 경우가 많다. 따라서 권리분석이 중요하다. 다가구에 거주하는 앞순위 임차인이 있는 경우 세입자가 경매를 통해 배당받지 못하면 낙찰자가 전액 인수해야 한다.

또 유치권이 있는 특수 매각물건을 리모델링하면 수익률이 높을 수 있지만, 위험이 크기 때문에 꼼꼼한 현장조사는 필수다. 향후 리모델링하기 위해서는 입찰 전 낙찰받을 물건의 도시계획 확인원과 토지(건물)대장을 통해 용적률, 건폐율 등 부동산 공적 제한사항을 확인해야 한다.

여기에 또 하나 토지 모양, 도로 진입로, 건물 노후 정도와 개조 후의 사업성 검토가 충분히 이루어져야 한다. 투자대상 다가구의 주요 구조부가 부실하면 리모델링 자체가 불가능할 수 있다. 이에 따라 준공 20년 미만의 다가구를 선택하는 것이 좋다. 입찰 전에 미리 건축설계 사무소에 의뢰해 증·개축이 가능한지 알아보는 것도 필수다.

## 다가구 투자법 4계명

1계명: 거주(리모델링하기) + 매매차익(역세권 인근) + 수익형을 함께 고려한다.

2계명: 수요가 풍부한 지역으로 주변 임대료 상승 지역을 선택한다.

3계명: 임대소득 과세대상에서 제외되는 9억 이하의 다가구주택을 구입한다.

4계명: 1주택의 경우 9억이 넘지 않으면 임대소득 과세대상에서 제외되고 9억이 넘더라도 연간 임대소득이 2천만 원 이하면 분리과세한다.

성공한 스푼
시작도 중요하지만, 결과는 더욱 소중하다.
_황태연

# 환금성 강한
# 소형 아파트 투자

대한민국은 지금 아파트 시대다. 물론 앞으로도 대한민국 주거 트렌드는 '아파트'가 지배할 것이다. 우리나라 국민은 아파트에 대한 선호도가 매우 높다. 편리함이 어떤 주거형태보다 우수하기 때문이다.

현재 서울 인구 중 약 40%만이 아파트에 거주한다. 서울에서 절반 이상은 아직도 가장 선호하는 주거형태인 아파트가 필요하다. 집값이 비싸 어쩔 수 없이 수도권 외곽으로 빠진 사람들까지 고려하면 서울은 공급물량과 상관없이 지속해서 수요가 존재한다.

현재 아파트 투자에서 가장 안정적인 테마는 '소형 아파트'이다. 상대적으로 가격이 저렴하고 거래도 활발하다. 시대의 흐름을 타지 않고 꾸준히 상승세를 보인다. 특히 1인 가구나 소가족시대의 흐름과도 잘 맞아떨어진다.

실제로 우리나라의 1인 가구 비율은 2000년 15.5%에서 2015년 27.2%로 급증했다. 반면, 집은 한번 지으면 40~50년 이상 쓰는 물건이어서 수요가 변한다고 해서 시장에서 공급되는 상품형태가 쉽게 바뀌지 않는 특징이 있다.

초소형 주택 선호는 한국만의 현상도 아니다. 집값이 비싸기로 유명한 미국 맨해튼에는 킵스베이라는 지역에 2016년 '카멜 플레이스'라는 초소형 주택이 등장했다. 30~40㎡ 55가구로 구성된 이 주택은 건축비를 낮추기 위해 컨테이너를 쌓아 올리는 방식의 '모듈형' 공법으로 지었다. 소형 아파트의 인기는 세계적인 추세다.

많은 사람의 수요가 있는 곳에는 늘 투자기회가 있다. 지방의 아파트는 실거주 위주로 발전했지만, 서울과 수도권 아파트는 여전히 투자의 수단이 되고 있다. 현재 가장 주목할 만한 상품은 서울 내 신축 아파트다. 준공된 지 오래된 아파트보다 신축, 혹은 신축 아파트가 대거 들어서는 지역 중 랜드마크 단지를 고르는 게 유리하다.

## 지역 호재 많은 곳이 환금성이 좋다

소형 아파트의 매력은 역시 '환금성'에 있다. 쉽게 사고 쉽게 팔리는 측면에서 중대형 아파트와 비교할 수 없이 빠르다. 부동산의 불황기에는 시세가 오를 때까지 기다리는 '묵혀두기'식 투자보다 현금화할 수 있는 투자처가 중요한데, 소형 아파트는 이에 적합하다. 긴급한 일이 발생해도 언제든지 현금 흐름을 만드는 환금성이 소형 아파트의 가장 큰 장점이다.

소형 아파트 투자 시 환금성을 잘 갖추려면 어떤 조건이 필요할까? 먼저 지역 호재가 많은 곳일수록 좋다. 당연히 수요가 넉넉해 부동산 거래가 활발하기 때문이다. 호재가 많은 지역은 배후 수요가 풍부하고 인구 유입도 증가해 임대수요가 생긴다. 서울 수도권의 경우 대중교통과 교육 환경이 좋은 지역에선 늘 수요가 풍부하다. 이처럼 부동산은 살 때보다 팔 때가 더 문제라는 사실을 명심하고 소형 아파트가 지닌 환금성이란 장점을 잘 살려야 한다.

이슈가 있다면 지방의 소형 아파트도 눈여겨볼 수 있다. 지방의 경우 대규모 산업단지나 공공기관 이전 지역 등 젊은 층 인구가 늘어나는 도시가 배후 수요가 풍부한 편이다. 아무리 지방 부동산 시장이 얼어붙어도 일자리가 생겨나는 새로운 산업도시 지역에는 꾸준히 인구 유입이 늘고 아파트 가격이 오르고 있다.

## 임차인 관리 면에서 수월한 소형 아파트

아파트 월세나 임대를 위해 투자하는 사람이라면 임차인 관리문제도 중요하게 고려해야 할 사항이다. 좋은 아파트를 매입해 성공했지만, 막상 임차인들과의 관계를 원만하게 풀지 못해 크고 작은 어려움에 직면하는 사례도 부지기수다.

제때 월세를 못 받는 경우에서부터 임차인과 분쟁 또는 송사를 벌이는 경우 등 다양한 문제들이 발생한다. 그나마 소형 아파트는 여타 수익형 부동산인 빌라, 원룸, 상가보다도 임대관리 면에서 수

월하고 편리하다.

## 역세권과 시세 대비 높은 전세가 지역

소형 아파트를 잘 고르기 위해서는 먼저 매매 시세 대비 월세 또는 전세금을 잘 살펴보아야 한다. 특히 시세에서 전세금의 비율이 높다는 것은 전월 세 수요가 많은 지역이라 임대수익을 기대할 수 있고, 공실의 위험도 줄일 수 있다.

또한, 소형 아파트의 임차인은 주로 미혼의 직장인이나 젊은 세대가 많다. 직장 출퇴근과 긴밀하게 연관된 경우가 많은 편이다. 이들은 대중교통을 이용하는 경우가 많기에 출퇴근에 편한 역세권을 선호하는 만큼 소형 아파트의 입지를 잘 고려해야 한다.

이 외에도 도심의 업무시설이 밀집해 있는 지역도 소형 아파트의 대기 수요자가 많다. 예를 들어 미디어, 방송사의 입주가 활발한 서울 상암지구의 배후 지역 소형 아파트도 선택 입지로 손색이 없다.

## 소형 아파트 투자법 4계명

1계명: 교통(역세권), 상권(상업지 + 업무지), 학군, 공원(한강 변 등) 등의 입지에 따라 가격 변동성이 커진다. 소형은 교통, 중대형은 환경과 교육여건을 살펴라.

2계명: 재건축 연한이 가까운 단지(재건축 연한 30년으로 완화) 또는 신규단지로 접근한다. 개발 호재로 가격상승이 있거나 혹은 관리의 편리함을 선택한다.

3계명: 중단기 투자의 경우는 분산 투자, 장기적 투자의 경우는 같은 지역에 집중 투자를 한다.

4계명: 소형 아파트는 단기적으로 고평가된 지역이 많으므로 선별하여 접근한다. 이미 지역이나 단지에 따라 양극화가 많이 진행되었다.

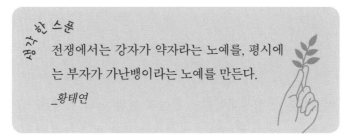

생각한 스푼

전쟁에서는 강자가 약자라는 노예를, 평시에는 부자가 가난뱅이라는 노예를 만든다.

_황태연

# 선택과 집중,
# 중대형 아파트

소형 아파트의 전성시대이지만 발상의 전환을 해 보면 좀 더 덩치가 큰 중대형 아파트도 어떤 측면에선 충분히 투자 매력이 있다. 중대형 투자에 관심 있는 독자를 위해 몇 가지 체크 사항을 소개하고자 한다.

일반적으로 국민주택 기준인 85㎡ 이하를 중소형, 85㎡ 초과를 중대형으로 표현한다. 평형으로 설명하면 24평형 이하 공동주택은 소형, 25~33평형까지가 중형, 34평형 이상은 대형으로 볼 수 있다.

최근 들어 소형 아파트가 집중적으로 분양이 되면서 중대형 아파트 공급은 줄어들고, 중소형 아파트 위주로 가격상승이 이루어지면서 3.3㎡(평)당 가격이 역전되어 중대형 아파트의 가격이 오히려 저평가된 것으로 보인다.

여기에 양도세 중과와 대출 규제 등 다주택자 규제가 강화되자,

주택 수에 부담을 느낀 수요자들이 '똘똘한 한 채'에 집중하는 투자 패턴을 보인 것으로 해석된다. 또 코로나 대유행으로 해외가족 복귀, 육아, 취업난 등의 이유로 부모와 함께 사는 캥거루족이 늘어난 것도 원인이 되고 있다.

물론 아파트 시장에서도 소형 아파트 인기 시대와 중대형 아파트 인기 시대가 서로 트렌드에 따라 교차할 수 있다. 또한 지역에 따라 선호도가 뚜렷하기도 하다. 부동산 시장의 변화 흐름을 읽고 지역의 상호연관성을 파악한다면 의사결정에 훨씬 통찰력을 발휘할 수 있을 것이다.

사실 중형 아파트는 부모와 자녀가 강력하게 얽혀 있는 '학군'과 밀접한 관계가 있다. 전용면적 $84m^2$인 아파트의 경우 두 어린이가 있는 가정이라면 아이들에게 각방을 주고 학교를 보내는 시기이다. 이런 측면에서 아이의 중학교 학군 배정에 유리한 단지가 인기 아파트가 될 수 있다.

앞으로 중대형 아파트의 인기요인을 꼽자면 '재택근무의 활성화'가 한몫할 수 있다고 본다. 4차 산업혁명 시대 스마트 환경이 갖춰지면 집에서 근무하는 일자리가 늘어날 가능성이 크다. 이러면 집 안에서 잠자리, 휴식, 일자리 공간이 따로 있길 원하는 사람들이 늘어날 것이다.

실제로 2020년 코로나로 재택근무가 활성화되기 시작하면서 중대형 아파트의 인기가 부쩍 높아졌다. 한국감정원 통계자료에 따르면 코로나 시기 전후 중소형 아파트보다 거래가 크게 늘고 매매가격도 상대적으로 강세가 두드러진 것으로 나타났다.

이런 변화에 대해 재택근무가 많이 늘어나면서 안방, 자녀 방, 옷방과 별도로 서재까지 갖출 수 있는 방 4개 이상 중대형 아파트 선호도가 높아진 것이 주요 원인 중 하나란 분석이 나오기도 했다.

그래도 부동산에 대한 정부의 규제가 계속 강화되고 있고, 서울을 제외한 전국 아파트 입주 물량이 늘어나면서 서울 중대형 아파트가 계속 인기를 끌 수 있다고 보기에는 무리가 있다.

대형 아파트는 소형 아파트 대비 평당 가격은 낮을지라도 절대가격과 관리비가 여전히 무겁고, 실거주 층도 소형에 비교해 두텁지 않기 때문에, 무리한 투자 목적의 중대형 아파트 구매에는 신중에 신중을 기할 필요가 있다. 여러 가지 변수들을 종합적으로 고려하여 자신의 상황에 딱 맞을 때 선택 할 종목이 바로 중대형 아파트이다.


**중대형 아파트 부동산 투자법 5계명**

1계명: 구매 시 구체적인 자금 계획을 세워라. 중대형 투자는 투자금이 상대적으로 높아진다. 대출 대비 수익, 재산세, 임대소득세, 추가 실내장식 비용, 취득 시 세금, 관리 인원 비용 등 구체적인 자금 계획을 철저히 세운다.
2계명: 환금성이 떨어지니 투자계획이 필요하다. 장기적인 관점이 필요하다. 지역의 미래 발전 가능성, 장기적인 잠재력 판단, 자기 자본이 충분한지 체크해야 한다.
3계명: 역세권, 학군, 의세권, 숲세권 등 중대형 아파트의 입지를 꼼꼼히 따져라. 여러 가지 인기 테마 중 두세 가지 요소를 한꺼번에 가지고 있다면 미래에도 성장할 가능성이 크다.

**4계명**: 지방에 거주하는 투자자, 지방에 근무하게 된 직장인 등 현재 상황에 유리하면서 장기적인 투자이익을 누릴 수 있는지 살펴보라.

**5계명**: 기존 주택 소유 현황과 세금관계를 충분히 검토하여 과도한 세금 부담이 있다면 피하라.

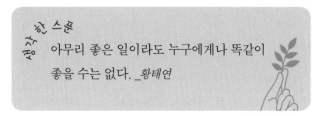

생각한 스푼
아무리 좋은 일이라도 누구에게나 똑같이 좋을 수는 없다. _황태연

# 상가 리모델링
# 가치창조 투자전략

서울 삼청동에 있는 한 카페는 리모델링으로 독특한 분위기를 연출하였다. 곳곳에 반짝이는 아이디어들이 돋보인다. 먼저 주된 자재들은 한옥에서 나온 헌 문짝이나 공사현장에서 나온 폐자재, 자동차 부품 등 폐품이나 재활용품을 이용했다.

현관은 철공소에서 남은 자투리 철 조각으로 만들었다. 버려진 욕조나 과일상자는 화단으로 이용했다. 이 카페의 자재 하나하나가 재미난 구경거리라 단골손님도 꽤 된다. 리모델링 덕분에 평범함을 벗어던지고 창의적인 옷으로 갈아입게 된 것이다.

이처럼 상가 리모델링을 잘 활용하면 반짝이는 아이디어를 적용해 소비자나 임대자 등 수요층에게 크게 어필할 수 있다.

싸게 사서 비싸게 파는 최고의 전략은 낡아서 저평가된 물건을 새롭게 디자인한 후 고평가된 가격으로 판매하는 방법이다. 고평가된 상가에 투자하기에는 비용이 부담스럽다면 노후화된 기존상가를 값싸게 구입한 후 리모델링을 거쳐 개선하면 임대수익 면이나 매매수익에서 큰 효과를 볼 수 있다.

당신이 임차인 입장에 서서 생각해 보자. 기왕이면 설비도 좋고 건물도 깨끗한 새 건물 느낌이 나는 곳에 입주하고 싶은 게 임차인의 마음이지 않겠는가. 실제로 상가임대의 적인 공실의 경우 오래되고 깨끗하지 못한 시설이 원인일 경우가 많다.

상가의 노후화를 대비한 리모델링도 필요하지만, 주변 환경의 변화에도 주의를 기울여야 한다. 주변 지역에 대규모 아파트촌이 들어서 상권이 확대돼 간다든가, 일부 주택가가 상업지역으로 더욱 변화한다든가 하면 리모델링은 더욱 필요하다.

부동산 리모델링이란 건물의 기본적인 형태는 그대로 둔 채로 인테리어나 구조 등을 수선하여 사용하는 것을 가리킨다.

낡은 건축물을 부수고 새로 짓는 재건축과는 다르다. 토대를 제외한 모든 것을 뜯는 대폭적인 개장에서부터, 작게는 벽지나 바닥재를 갈거나 소품을 교체하는 등의 방식으로도 진행된다. 건물을 타 용도로 개조하는 것 역시 리모델링에 해당한다.

일반적으로는 세대 내부 인테리어나 배관교체 등을 하는 것을 리모델링이라고 지칭하지만, 주택법에 따라 공동주택을 대대적으로 증·개축하는 행위도 리모델링이라고 한다. 주택 리모델링의 경우는 그야말로 벽체만 남기고 모든 걸 뜯어내는 경우도 종종 있다.

'이럴 거면 신축하지' 하는 생각이 들지만, 그래도 신축보다는 리모델링이 훨씬 저렴하게 먹힌다. 기존 벽체의 유무만 가지고도 시공비가 확 차이가 나기 때문이다. 신축의 경우 각종 세금도 무시할 수 없고, 공사 기간이나 각종 행정절차, 규제도 리모델링 쪽이 훨씬 간편하다. 규제 일변도 정책을 펴는 정부라도 그나마 상가 리모델링에 대해서만은 규제를 완화하고 있다.

## 상권분석에 따라 리모델링 방향 정하기

리모델링을 통한 수익성을 높이려면 건물의 효용 가치를 제대로 따져야 한다. 건물이 위치한 주변 입지의 상권분석을 통해 리모델링 방향을 먼저 결정해야 한다. 업종 분포, 수요자 동선, 수요자층 등의 사전 조사가 필수다.

2010년 이후 젊은 층의 대표 상권으로 부상한 홍대 상권을 예로 들면, 단독주택을 개조한 상업공간들이 많이 증가하고 있다. 압구정동이나 혜화동, 방배동 등도 단독주택을 이색적인 카페 분위기로 만드는 리모델링이 한창인데, 기존 상권에서 확대돼 자연스레 생겨나는 현상이다.

상권분석을 먼저 하고 나서 리모델링의 방향을 정하는 건 철칙이다. 임대하려는 목적에 맞게 공간 구조와 동선 등을 살피고 어떤 용도로 구성할 것인가를 살핀다. 즉, 임대하려는 용도가 식당인지, 카페인지, 일반 사무실 공간 등인지를 먼저 정하라는 것이다.

## 성공적인 상가 리모델링 체크포인트

성공적인 상가 리모델링을 위해서는 몇 가지 주의할 점도 있다. 가장 먼저 상가의 전체 콘셉트를 정하는 것이 필요하다. 주변이 카페 중심 상가냐, 병·의원과 약국 전문 상가냐, 식당이 중심인 상가냐 등에 따라 하나의 통일된 스타일은 중요하다. 상가의 이미지에 주변 상권과 어우러지는 스토리에서 만들어지는 것이다. 상가의 스토리에 맞게 디자인 방향을 정하는 것이 좋다.

또 하나, 비용을 아끼려다 결국 나중에 재공사를 하는 낭패도 주의해야 한다. 실제로 구조 안전에 관한 점검 비용을 줄이려고 대충했다가 만에 하나 안전 미비로 손님에게 가벼운 사고라도 나면 이것은 비용의 문제를 넘어선다. 당장의 이익보다 장기적인 전망을 세워, 고칠 부분은 완벽하게 손을 보고 넘어가는 것이 후회하지 않는 길이다.

개정된 건축법과 같은 법 시행령에 따라 건축주의 필요에 따라 건물의 용도를 변경하는 절차는 비교적 쉽다. 건축물의 분류는 시설군, 용도군, 세부 용도군으로 나누어지며, 시설군은 6개군, 용도군은 21개 군으로 분류되고, 건물이 실제로 이용되는 세부 용도군은 현재 1천여 종에 이른다.

각 시설군 사이를 뛰어넘어 용도변경을 할 때는 신고만으로 가능하며, 건축물대장에 기재하는 경우는 용도군만 적으면 된다. 가령 '편의점', '콜라텍' 같이 세부 용도를 일일이 기재하는 것이 아니라 '근린생활시설'이라고만 적으면 되는 것으로, 같은 용도군 내에서 건물 용도를 바꾼다면 별도로 건축물대장을 고치지 않고도 쉽게 용도변경을 할 수 있다.

만일 해당 관청의 신고나 허가를 받지 않고 건축물을 용도 변경하여 사용하다가 해당 관청에서 알게 되면 공사중지 명령이 나온다. 이를 무시하고 강행하면 과태료를 물어야 한다.

또한, 공사가 완료되어도 건축물 관리대장 및 등기부 등본에 증·개축한 부분을 등재할 수 없다. 특히 법적 위반사항이 중대한 경우, 3년 이하의 징역이나 5천만 원 이하의 벌금을 물 수 있으니 주의해야 한다.

생각한 스푼
더 큰 어려움을 극복해 내기 위해 작은 고통쯤은 이겨내야 한다. _황태연

# 토지보상
# 경매 수익

토지보상 경매 시에도 경매제도에 대한 기본적인 이해가 필수다. 경매 시 물건분석을 잘하려면 반드시 현장을 찾아 정확한 시세와 권리관계를 파악해야 한다. 특히 토지보상 경매는 토지 수용과 보상이라는 절차가 있기에 사전에 철저한 대비가 필요하다.

토지보상 경매에서는 땅에 대해 알아야 한다. 수익성이 높은 토지는 도로가 있는 땅이다. 또 주변에 생활편의시설이 가까운 곳에 있어야 하고, 땅의 개발 가능성도 꼼꼼하게 따져보아야 한다.

땅은 개발 호재로 가치를 평가한다. 당연히 개발계획이 많은 땅이 좋은 땅이다. 투자한 땅에 대한 개발 가능성과 주변에 개발 호재의 유무에 따라 땅의 가치가 완전히 달라진다.

투자한 땅의 입지여건은 물론 주변 지역이 개발되고 있거나 장래에 대규모 관광 또는 택지개발 등이 예정돼 있으면 아주 좋은 호

재이다. 토지보상 경매 시에도 이러한 땅의 속성을 알고 대처해야
한다.

토지 입찰 전에는 체크리스트를 만들어 보자. 체크리스트란 확
인해야 할 항목과 상황을 한눈에 보기 쉽게 나타낸 목록이다. 꼭 해
야 할 일을 명확히 빠뜨리지 않도록 하고, 각각 항목의 상황을 한눈
에 알아보기 쉽게 정리하고 점검해 나간다. 특히 꼭 점검해야 할 항
목은 반드시 전문가의 조언이나 컨설팅을 함께 거치는 것이 좋다.

한 가지 항목이라도 빠지거나 점검이 안 되면 그 하나가 큰 문제
로 돌아올 수 있다. 하자를 정확하게 파악하지 않고 낙찰 받았다가
낙찰자가 덤터기를 쓸 수도 있어서다. 부동산이 깔고 있는 토지가
국·공유지이거나 일부 남의 땅이면 그 토지에 대해 별도의 대금을
치르고 매입해야 할 수도 있다.

또 토지가 농지일 경우 반드시 '농지취득자격증명'을 발급받아
야 한다. 농취증은 농지의 소재지를 관할하는 시, 구, 읍, 면장에게
신청해서 발급받을 수 있다. 위장 취득 혹은 투기 목적이 아니라면
그리 까다롭지 않게 발급받을 수 있다.

단, 일정 자격에 부합하지 않으면 발급이 거절될 수 있기에 미
리 농취증을 발급받을 수 있는지 확인한 후에 경매에 참여해야 한
다. 다음에 소개하는 땅 경매 성공요소와 주의사항은 반드시 체크
하자.

## 땅을 경매로 구입할 때 주의사항

① 토지 공부 서류는 반드시 직접 확인하라.

토지이용 계획 확인원·토지대장·지적도·개별 공시지가 확인서, 부동산등기부(등본) 등은 직접 확인해야 한다.

토지이용 계획 확인원의 확인 내용 중에서 농지 난에 진흥구역이나 보호구역 표시가 없는 진흥구역 밖의 토지가 관리지역으로 개발이 쉽고 땅값 상승 폭이 커 투자가치가 높은 땅이다. 농림지역이면서 농업진흥구역은 절대농지여서 개발이 쉽지 않고 땅값 상승 폭도 크지 않다. 지목이 산지(임야)인 경우는 산림 난에 보전임지가 표시되어 있으면 개발 허가가 어렵다.

땅을 조사할 때 전·답이 농림지역이면서 농지 난에 진흥구역으로 되어 있거나, 임야는 산림 난에 보전임지일 경우는 한마디로 개인이 개발하기 힘들고 땅값 상승 폭도 작으며, 투자가치가 떨어지기 때문에 꼭 확인한 후에 매입해야 한다.

땅은 부동산 중 개별적인 규제가 가장 많은 종목이다. 본인이 투자 목적으로 토지를 샀다 하더라도 본인 맘대로 개발할 수 있는 상품이 아니다. 그렇기에 반드시 지적도, 토지이용 계획 확인원 등의 공적인 서류를 통하여 구매목적에 맞게 활용할 수 있는지를 따져 보아야 한다.

② 호재가 겹치는 곳을 주목하라.

부동산 투자의 초보자는 일단 호재가 겹치는 곳에 우선 주목해야 한다. 도심 뉴타운과 그 인근의 지분 투자, '신도시+기업도시', '신도시+혁신도시', '전철 개통+기업도시', '고속도로 개통+기업도시', '전철 개통+혁신도시', '고속도로 개통+혁신도시', '도로 개통+기업도시', '도로 개통+혁신도시' 등의 토지이다.

판교, 화성, 동탄, 김포, 파주의 5대 신도시와 새로 발표되는 신도시, 이외에 '기업도시', '혁신도시', '행정중심도시', '제주국제자유도시', '인천송도국제자유도시', 영종도와 그 인근으로, 수요가 지속되는 곳들은 초보 투자자의 위험부담을 줄여 준다.

③ 땅값은 새로 날 길을 따라 상승한다.

접근성과 유동성이 좋아지면 투자가 활성화되게 마련이다. 따라서 개설되거나 개설 예정인 고속도로나 철도, 국도 인근의 지방 토지 임야는 확실한 투자처이고, 땅값이 오를 수밖에 없다.

호재가 겹치는 곳에서 보았듯이 새로 개통되는 고속전철역 주변의 토지가격 상승을 보면 금방 이해되고, 서해안고속도로나 중앙고속도로나 신설 국도 개통 지역 주변의 땅값 움직임을 보면 알 수 있다. 경전철·도로 개통은 주민의 생활 반경을 확대시킨다.

④ 그린벨트 해제 대상지에 선점 투자하라.

도시의 무질서한 양적 평면 팽창을 막기 위하여 영국의 그린벨트와 유사한 형태로 개발제한구역을 두고 있다. 이러한 개발제한구역은 전 국토의 약 5.5%에 이른다.

그러나 점점 이러한 규제가 완화되고 있고, 이러한 현상은 계속

될 전망이다. 특히 20가구 이상의 취락 지역이고, 보호 가치가 없는 지역 등을 우선적으로 염두에 두어야 한다.

⑤ 개발 예정지의 인근 지역을 찾아라.
택지조성은 정부가 추진하는 가장 정확한 개발 정보이고, 또한 각 지자체가 지정하는 개발예정 용지 인근 지역도 투자 유망 지역으로 성공 가능성이 크다.

　토지공사 등 정부 기관이 대규모로 개발하거나 개발을 예정하고 있는 주변의 토지·임야의 구입은 성공투자를 약속한다. 그동안 땅값 상승이 컸던 지역을 살펴보면 택지지구 주변, 공단조성 지역이 많았다. 이런 곳은 대부분 평균 이상으로 상승했다.

⑥ 지렛대가 안 통한다. 여유자금으로 투자하라.
단기 거래를 목적으로 이 종목에 투자하여 성공한 분들도 간혹 보지만 그것은 그저 운이 좋아서일 뿐이다. 땅 투자는 잠깐 쉬는 자금으로는 임야 등 지방 부동산에는 투자하지 않는 것이 원칙이다. 이자를 주고 빌려서 하는 투자는 더더욱 해서는 안 된다. 또한, 임야의 경우 은행 등에서는 잔금 융자를 안 해주는 것이 보통이므로 자금 계획도 사전에 충분히 세워야 한다.

⑦ 투기가 아닌 투자의 마인드로 임하라.
무리한 투자는 금물로, 분수에 맞는 투자가 기본이다. 덩치가 큰 땅을 찾기보다 자신의 자금 동원 능력을 고려하여 투자하는 자세가

필요하다. 특히 초보자는 남의 말만 믿고 투자했다가 원금을 회수하지 못하거나 투자금을 날리는 사례도 빈번하다. 소위 '기획부동산'의 전화부대에 의한 부동산 구입은 절대 금물이다.

⑧ 최종적으로는 자신의 판단으로 투자하라.

이곳저곳 정보에 귀가 솔깃하거나 유명한 투자자라고 명함만 믿고 잘 알지도 못하는 지방의 토지에 투자하는 분들도 있다. 내 눈으로 파악한 정확한 정보를 바탕으로 한 정석 투자만이 성공할 수 있다.

개발업자나 지역의 부동산 중개업자 등이 토지주와 결탁하여 근거 없는 개발계획을 유포할 때가 있는데, 지역 언론 등이 들러리가 되어 주기도 한다.

이런 곳을 가면 그 지방에서 발간되는 신문 등이 비치되어 금방이라도 개발이 진행될 것처럼 외지인을 현혹하는 경우가 많은데, 이처럼 떠도는 개발 정보나 뜬소문을 조심해야 한다. 사기꾼일수록 눈에 보이는 그럴듯한 이미지를 대대적으로 홍보한다는 점을 기억하자.

⑨ 땅은 시간과의 싸움이다.

땅 투자로 성공하는가, 실패하는가, 또 얼마의 수익률을 달성할 수 있는가, 하는 것은 시간과 싸움에서 누가 오래 견딜 수 있느냐는 것이라고 생각한다. 차분하게 기다릴 수 없는 이유가 있는 투자자라면 땅에 대한 미련은 접으라고 당부하고 싶다. 부동산에서 환금성이 낮다고 할 때 열거되는 가장 대표적인 종목이 바로 토지·임야이다.

⑩ 공부와 현황이 일치하는지 살펴라.

지방 임야의 경우 지번이나 현황, 형상, 심지어 면적이 일치하지 않는 경우도 자주 있다. 지목에는 답畓으로 되어 있으나 현황은 전田으로 사용되기도 하고, 현황은 전·답으로 되어 있으나 잡종지나 대지로 사용되는 경우도 흔하게 볼 수 있다. 심지어는 면적이 차이가 나서 추후에 분쟁이 발생하는 사례도 종종 보게 된다.

⑪ 도시계획을 눈여겨봐라.

각 지자체가 세우는 해당 도시의 도시계획은 개발 방향의 밑그림으로 향후 그 도시의 모습을 엿볼 수 있는 유익한 정보다. 최근 서울시가 발표한 '도시기본계획' 등이 예이다.

그러나 그 지역 언론을 통해 발표되는 개발계획이나 도시계획은 액면 그대로 믿지 말고, 해당 관청에 확인할 때도 전화로 하지 말고 반드시 방문해서 확인해야 한다.

⑫ 투자 기간과 수익률은 비례하지 않는다.

땅은 주변의 변화 때문에 가치상승을 보는 시기가 필요한데 초단기 3~6개월, 단기 2~4년, 중기 5~8년, 장기 10년 이후로 보면 된다. 땅은 개발순위가 바뀌는 등의 리스크가 있지만, 주식처럼 잘못되면 한순간에 쓰레기로 변하는 경우는 없다. 즉, 절대 망하지는 않는다.

⑬ 분쟁에 휘말릴 수도 있다.

지방의 땅에 투자할 때 가장 골치 아픈 것이 이 부분이다. 대표적인 예로 △권리 없는 자로부터 매수, △매도자의 악의적인 이중·삼중 매매, △잔금을 지급하고도 소유권 이전이 아예 되지 않거나, △애초 계약과는 다르게 이행되는 등 토지·임야와 관련한 민·형사상 소송이 끊이질 않는다. 소유권 취득 이후에도 소유권 이전 무효 청구 소송이 제기되는 경우도 다반사다.

또한, 시골 땅을 낙찰받을 때 주의할 점은, 텃세를 어떻게 극복할까도 반드시 점검해야 한다. 외지인이 낙찰로 소유권을 취득하는 것을 즐거워할 시골 사람은 아무도 없다. 토지나 임야는 주택 등과 달리 권리관계가 복잡하다. 법정지상권, 분묘기지권, 지역권, 지상권. 공유지분 등으로 공부상(등기부 등본) 권리관계만 믿어서는 안 된다.

⑭ 타이밍도 계산하라.

대규모 택지개발 예정지역 등 땅값이 급등하거나 급등 가능 지역은 정부가 토지거래허가구역으로 지정한다. 어떤 지역의 개발계획이 예상되면 외지인들이 매수 세력에 가세하면서 토지가격이 단기간에 급상승하기 시작하고 냉정한 판단 없이 후발세력이 추가로 가격을 상승시키는데, 이때가 가장 위험하다.

⑮ 공동투자도 한 방법이다.

소액투자자들이 구매에서 개발까지를 염두에 두는 투자는 현실적으로 쉽지 않은 것이 사실이다. 그러다 보니 아직은 가격 차이를 이용하여 수익을 올릴 방법이 대부분으로, 소액투자자들은 공동투자·공동등기를 하는 경우가 많다. 즉, 공동의 투자자금을 모아서 공유지분을 가지고 앞으로 이익을 공동으로 나누어서 배분받는 형태의 투자를 선호한다. 경매법의 개정으로 공동투자가 얼마든지 가능하게 되었다.

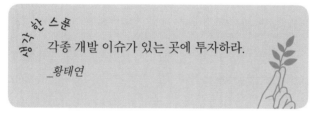

생각한 스푼
각종 개발 이슈가 있는 곳에 투자하라.

_황태연

# 상가주택
# 거주와 수익 동시 투자전략

앞서 상가 투자전략을 소개했지만, 상가와 주택을 동시에 활용하는 '상가주택' 투자전략도 생각해 볼 수 있다. 물론 그냥 상가보다 상가주택에 신경 써야 할 항목들이 더 많다. 우선 상가주택에 대해 자세히 알아보자.

상가주택이란 1층은 상가, 2층과 3층은 주택으로 이루어진 건물을 말한다. 상가와 상가주택의 구분은 상가 건물비율 중에 주택 면적이 상가 면적보다 크면 상가 면적만 상가로 보고, 상가 면적이 주택 면적보다 크면 전체를 상가로 본다.

상가와 상가주택의 차이점에 대해 알아둘 것은, 상가의 경우는 임차인이 상가를 임대해 유지관리를 맡는다. 실내장식이나 기존 시설물 철거 같은 문제들을 임차인과 기존 임차인이 서로 협의하여 진행하니 상가주인과는 별로 부딪힐 일이 없다.

반면 상가주택은 임대차 관리를 주인이 해야 한다. 가령 임차인이 바뀌면 도배, 장판 등 기본 관리비용이 발생하며, 임대인이 직접 비용을 지급해야 한다. 물론 상가주택의 장점도 많다. 상가주택에 직접 거주하면서 장사까지 겸하면 투자비용을 낮출 수 있고 1주택자의 경우 양도소득세도 줄일 수 있다.

상가주택 투자를 생각할 때도 역시 가장 먼저 입지를 고려해야 한다. 주택가 안쪽보다는 도로를 끼고 있는 곳을 추천한다. 주택가가 시작되는 입구나 인근 주민들이 자주 이동하는 동선 안에 있는 곳이면 좋은 장소라 할 수 있다.

업종 간 경쟁이 매우 치열한 중심상업지구보다는 배후에 고정고객이 있어서 유동인구가 풍부한 역세권이나 사무실 밀집 지역 등이 더 좋다. 물론 이런 곳은 비용이 늘기 때문에 역세권과 순수 주거지역이 밀접한 저평가 입지를 찾아내는 것이 가장 좋은 전략이다.

상가주택이 있는 동네와 주민들의 관심사에 관한 연구도 필요하다. 동네 주민들이 생겼으면 하는 상가 종류를 확인해 보고 아직 입점해 있지 않은 장사가 무엇인지 체크해 보는 것이다. 주변과 경쟁 여건을 살피는 일도 필수다. 만일 들어설 상가주택 주변에 백화점이나 대형마트, 기업형 슈퍼마켓이 있으면 동네 손님을 뺏기게 되므로 이런 장소는 가급적 피하는 것이 좋다.

## 수익률을 꼼꼼하게 따져야 한다

상가주택 투자에 필요한 다양한 정보를 정리한 뒤에는 한 발 뒤로 물러서서 물건을 고르자. 부분에 빠지지 말고 전체를 들여다보아야 한다. "왜 상가주택 투자를 하려고 하지?" 이 질문에 누구나 "수익을 얻기 위해서지!"라고 답할 것이다. 그럼 수익률을 가장 먼저 따져봐야 한다.

도심 등의 상가주택이라면 인기가 많을 테고 그러다 보면 가격이 크게 올라 오히려 투자 수익률이 떨어질 수 있다. 서울과 수도권의 경우 매입 단가는 상승하는데 임대료는 현상 유지하는 곳도 많다. 따라서 앞으로 벌어진 투자 대비 임대 수익률까지 고려한 상가주택 매입을 생각해야 한다. 특히 과도한 대출을 했을 경우 공실이 발생하면 이자를 내기가 힘들어질 수 있다는 점도 주의해야 한다.

환금성도 반드시 체크해야 할 항목이다. 각자 여건이 다르겠지만 자신이 원하는 시점에 처분이 가능할 만큼 매도 여건도 좋아야 한다. 이를 위해서 매입 전에 중심상권인 랜드마크와 거리가 어느 정도인지, 지하철·버스정류장 등이 인접해 있는지, 상시 유동인구가 많은 편인지 등을 확실히 분석해 볼 필요가 있다. 장점과 매력도가 있어야 추후 매매가 쉽게 일어날 것이다.

현재 세입자가 장사하고 있는 상가주택을 살 때는 며칠간 직접 해당 상가에 가서 어느 정도 장사가 되는지 시간대별로 파악해야 한다. 부동산 중개업자에게 그동안 세입자가 밀리지 않고 월세를 매달 냈는지 알아보는 것도 유용하다. 만약 세입자가 월세를 꼬박

꼬박 내지 않거나 자주 밀려낸다면 현재 장사가 잘되지 않는다는 방증이다.

## 오래된 상가주택 리모델링 후 알짜 주택으로 변화

상가주택 역시 급매물을 잘 따져 살 수 있지만 그리 많지는 않을 것이다. 그래서 낡아 보이는 물건을 싸게 사서 리모델링을 통해 가치를 높이는 방법이 가장 현실적이고 좋은 전략이다. 기존 입지에서 상권이 발달하지 않은 곳이라도 감각이 있는 사람이라면 땅값만 주고도 살 수 있는 낙후된 상가주택을 사서 깨끗하게 수리한 다음, 높은 가격에 임대하는 방법이 있다.

상가주택은 해당 동네가 재개발되거나 재건축되는 등의 특별한 개발계획이 있는 경우가 아닌 한 5~10년 정도를 내다보고 사야 한다. 현재 눈에 보이는 조건이 아니라 앞으로 변하게 될 조건에 초점을 맞출 필요가 있다.

> 생각한 스푼
> 과거, 현재, 미래의 흐름을 잘 파악하고 투자하라! _황태연

# 재건축 아파트
# 거주 전략

한때는 '부동산 투자' 하면 가장 먼저 '아파트 재건축'을 떠올리던 시절이 있었다. 지금은 신규 아파트가 대부분을 차지하며, 오래된 노후 아파트는 재개발되거나 재건축이 완료된 경우가 많다. 서울 곳곳을 둘러보아도 낡은 아파트 대단지를 구경하긴 쉽지 않다. 그렇다고 재건축 가능 아파트 단지들이 아예 없는 건 아니다. 곳곳에 여전히 잠재력을 숨기고 숨어 있다.

아파트 준공이 30여 년을 지나 40년에 가까울수록 가치가 오른다. 실제 거주 시 녹물이나 각종 시설이 노후화되어 다소의 불편함은 있지만, 오히려 시세가 오르는 원리다. 재건축 아파트의 핵심포인트는 바로 '준공 연도'다.

2014년 '9·1 부동산 대책'으로 재건축 건축 연한을 준공 후 40년에서 30년으로 줄였다. 당시 규제가 완화되자 집값 상승으로 이어졌다. 시행 이후 3년간 강남·서초·송파 등 '강남 3구' 재건축 아파트값의 상승률은 약 30%에 달한다. 이후 다시 재건축 연한을 40년으로 늘리려 했다가 안전진단 기준을 강화하는 쪽으로 방향을 선회했다.

## 재건축 40년 연한으로 늘어날 가능성 있어

안전진단 개정안을 통해 주거환경 비중을 전체의 40%에서 15%로 줄이는 대신 구조 안정성 항목을 20%에서 50%로 높였다. 전반적으로 주거환경보다는 건물의 낡은 정도, 붕괴 가능성 등을 더 중요한 지표로 제시하며 규제를 강화했다. 정부에 따라 앞으로도 다시 40년 연한으로 늘어날 가능성을 배제할 순 없다. 따라서 건축 30년에서 40년 사이 재건축 가능 아파트가 투자대상이라고 생각해야 한다.

재건축이란 쉽게 말해 아파트 소유자들이 땅을 제공해 새 아파트를 짓는 것이다. 가령 5층짜리 아파트를 20층짜리 고층 아파트로 짓는다면 같은 평형을 기준으로 하면 4배가 늘어난다. 새집은 당연히 헌 집보다 값이 비싸다. 새집의 가격이 헌 집보다 2배 높다고 가정하면, 재건축함으로써 얻는 총 가치는 $4 \times 2 = 8$배가 늘어나는 셈이다.

8배 늘어난 아파트값에서 공사비를 빼고 아파트 소유자(조합원)들이 나눠 가지면 큰 이익이 생긴다. 물론 재건축이 되는 아파트라고 해서 전부 투자가치가 있는 집은 아니다. 기존 층수, 재건축 층

수, 대지지분, 땅값, 입지여건에 따라 투자가치가 크게 달라진다.

여러 가지 외형적 요건이 확인됐다면 될 수 있는 대로 용적률이 낮은 아파트를 골라야 한다. 용적률은 대지면적에서 건축물의 연면적이 차지하는 비율을 말한다. 용적률은 건축물의 연면적을 대지면적으로 나눈 후 100을 곱한다. 같은 면적의 대지에 용적률이 높다는 것은 건물이 높다는 의미다. 기존 아파트의 층수가 낮을수록 좋은 투자 매물이다. 반대로 기존 용적률이 높으면 조합원 부담이 커져 수익성이 떨어진다.

## 사업 진행이 빠른 곳이 좋다

그다음은 재건축 사업 진행이 빠를수록 좋은 투자대상이다. 재건축은 대상 지역의 건물을 소유한 사람에게 조합원 자격이 주어지는데, 조합원 자격을 얻기 위해서는 먼저 아파트를 사야 한다. 이 돈은 준공 시점까지 묶이기 때문에 이자까지 고려해야 한다.

사업 지연이 자꾸 늦어지는 사례도 정말 많다. 사업 지연으로 인한 금융비용과 추가 부담금 지출 등을 생각하면 기대만큼의 투자수익을 올릴 수 없을 가능성도 있다.

이 때문에 막연한 기대감으로 투자를 했다가 낭패를 보기 쉽다. 입지조건이 아무리 좋아도 사업 기간이 늘어나면 각종 비용 증가 때문에 실속이 없다. 심지어는 재건축을 오래전부터 추진하다 사업 자체가 좌초한 단지들도 더러 있다.

그러니 사업이 늦어지거나 좌초되는 요인과 사례를 많이 분석해 봐야 한다. 조합원 간의 갈등이나 조합원과 시공사 간의 반목이 생기다 보면 사업 기간이 늘어난다. 그래서 신뢰할 수 있는 강력한 사업 주체가 있는지가 중요하다.

또한, 건축 연한, 용적률, 도로망, 각종 규제와 법규 등에 대해서도 명확해야 한다. 예상치 못한 사고가 발생했을 경우 그 피해는 고스란히 투자자에게 돌아간다. 반대로 추진이 빨라질 수 있는 요소가 있으면 좋다. 중소형 의무비율을 맞출 수 있는 단지 등은 비교적 조합원 분쟁이 많지 않기 때문에 사업 추진 속도가 빠른 편이다.

재건축 투자에는 아파트에 직접 투자하는 방법 외에도 입주권을 사는 방식도 있다. 입주권은 재개발이나 재건축 지역에서 관리 처분 이후 부여받게 되는 아파트 입주권리를 말한다. 입주권을 갖게 되면 조합원의 자격으로 시공사를 선정하는 등 공급자적 입장에서 주도권을 갖고 아파트 분양까지 관여한다.

분양권의 경우는 소비자의 관점이라고 볼 수 있으며, 수익성이란 잣대에서는 입주권이 분양권보다 투자가치가 크다. 따라서 입주권은 수익률이 높다. 반대로 분양권은 리스크의 부담이 없지만, 입주권은 리스크가 발생할 수 있다.

입주권에 투자할 때, 사업성 프리미엄과 입주 후 프리미엄으로 구분하여 수익을 볼 수 있는데, 사업성 프리미엄은 말 그대로 추진위원회 설립부터 관리 처분, 인가까지 여러 단계를 거치며 사업성에 대한 대가로 가격이 상승하는 것을 말한다. 입주 후 프리미엄은 말 그대로 아파트로 개발이 완료된 후 수요가 몰려 가격이 상승하는 현상을 말한다. 물론 입주권 투자 역시 단기간 재개발, 재건축이 완료될수록 이익이다.

결국, 재개발·재건축 투자의 성공법칙은 현장을 잘 알아야 한다는 사실이다. 단지의 특성이나 가능성, 추진 속도, 위험요인 등은 각기 다르기 때문이다. 알짜 정보와 좋은 매물을 얻으려면, 현장에서 지금 유통되는 다양한 정보를 수집하여 정확도와 경중을 판단해야 한다. 부지런히 발품을 팔아야 성공확률을 높일 수 있다. 물론 투자자가 오래 살아온 지역 현장이거나 잘 아는 동네의 재개발·재건축 아파트 단지라면 금상첨화다.

> 생각한 스푼
> 모든 투자는 진입 전에 출구 전략이 있어야 한다! _황태연

# 한국인의 로망, 단독주택 리모델링

한국인이 아파트에 살아보고 싶은 꿈을 가지고 있지만, 마음 한 편에는 내 집인 '단독주택'에 대한 로망이 있는 이들도 많다. 특히 은퇴를 앞둔 도시의 50~60대는 한 번쯤 단독주택에 살아볼까? 하는 마음을 가져보곤 한다.

교사인 S씨는 아파트를 처분하고 그 금액으로 좀 낡았지만, 상대적으로 시세가 싼 단독주택을 선택했다. 집은 오래돼 보일러 배관 상태도 엉망이고, 대리석으로 된 거실 바닥도 5cm 정도 내려앉았다. 거실 천장에 있는 등 박스도 너무 둔탁한 느낌을 주었다. 이에 부부가 함께 단독주택을 전면적으로 리모델링했다. 취향과 개성을 반영하여 완전히 새로운 단독주택으로 재탄생시킨 것이다.

침실과 안방은 전통적인 분위기를 살렸고, 주방은 작지만, 기능적인 형태로 재배치했다. 거실 바닥도 안전을 위해 마루도 처리했다. 자재들은 온돌, 마루, 천연 코르크 등 자연 소재를 사용했다. 집을 구입한 후 새로 단장하는 데 들인 비용은 3천만 원, 하지만 리모델링 후 그의 집은 시세가 1억 원 정도가 더 나간다. 단독주택 리모델링 후 가치가 3배 이상 뛴 것이다.

## 단독주택＋리모델링 전략

아파트는 아파트대로 장단점이 있고 단독주택은 단독주택대로 장단점이 있다. 자신의 취향에 따라 선호도가 달라진다. 주차문제, 공동시설 관리문제, 쓰레기 관리문제, 이웃 소통문제나 층간소음 문제 등 여러 사람이 함께 사는 공동주택이 불편하다고 생각하는 이들도 적지 않다. 이런 사람들이라면 투자개념을 가미한 주거전략으로 단독주택＋리모델링 전략을 추천하고 싶다.

단독주택은 집수리로 단시간에 가치를 크게 높일 수 있다. 주택 곳곳이 낡아서 보기가 흉하거나 설비가 오래되어 불편하거나, 외관의 스타일이 촌스러워 바꾸고 싶거나, 공간이 좁아서 넓히고 싶을 때 주택을 전혀 새로운 내·외관으로 고치는 것이 전혀 어렵지 않기 때문이다.

특히 실버세대들에게 단독주택의 장점이 많다. 마당 한켠에 텃밭을 만들어 소일거리를 찾을 수도 있고 주택 안팎에 변화를 주는 것도 가능하다. 자신의 거주공간을 최적의 조건에 맞게 변화시키면 삶의 활력소가 된다.

물론 리모델링 전략은 주택 가치에 큰 영향을 미치니 충분히 고민하여 시너지 효과를 발휘할 수 있도록 시행하는 것이 좋다. 노후까지 평생 거주 목적으로 구매했더라도 사람 일은 모르니 향후 변수가 생겨 집을 팔 때 시세보다 더 높은 가격을 받을 수 있는 장점이 있다.

리모델링을 시작할 때는 몇 가지 사항을 고려하자. 당장 현재에 필요한 부분만 생각지 말고 미래를 생각해 보라는 것이다. 주택은 자주 뜯어고칠 수 있는 대상이 아니다. 부동산 리모델링의 경우 한 번 마음먹으면 적지 않은 비용과 시간, 정성을 들여야 한다. 적어도 5년, 10년, 혹은 그 이상까지도 내다보고 계획을 세우자. 주택 리모델링은 일단 주택을 사용하는 사람의 관점에서 불편한 점을 해소하려는 시도에서 출발한다.

리모델링의 종류로는 손상된 부분만 수선하는 방법, 건축물의 내·외부를 고치는 방법, 증·개축을 통해 건물을 전반적으로 고치는 방법 등이 있다. 리모델링할 때 건축법은 건물이 지어진 당시의 기준이 적용된다. 따라서 신축하는 것보다 리모델링하는 것이 효율적이고 자유로운 공간 구성을 할 수 있다. 단, 건물의 면적을 늘리는 증축을 하면 증가한 면적에 대해서는 현행 건축법을 지켜야 한다.

리모델링을 시작한다면 먼저 건물의 안전에 무리가 없는지를 체크해야 한다. 안전진단을 받는다면 확실한 방법일 수 있다. 본격적인 리모델링 계획에 들어서면, 우선 보수해야 할 부분이 어딘지, 어떤 부분을 어떻게 고치고 싶은지를 항목별로 정리한다. 필요하다면 전문가를 찾아 상담을 받아야 한다. 또한, 리모델링 실행에 앞서 건물의 신축 당시의 도면을 찾아봐야 한다. 없다면 실측을 통해 다시 그려야 한다.

공사에 들어가기 전에 사소하지만, 꼭 주의해야 할 점이 있다. 아무리 작은 공사라도 소음, 먼지가 일어나고 차량의 출입이 늘어 이웃에 폐를 끼치기 마련이다. 사전에 한 집 한 집 인사차 방문해 양해를 얻어 두도록 하자. 약간은 귀찮은 것 같지만 작은 것에서 이웃과의 우호가 유지되는 법이다.

## 시대 트렌드에 맞는 나만의 멋진 집 꾸미기

요즘 생활방식을 보면 과거와 매우 다르다. 방의 쓰임새도 마찬가지다. 맞벌이 가구가 늘면서 안방은 주로 침실의 기능을 한다. 반면 식탁에서 밥을 먹는 입식 생활이 보편화되었고, 잠자리도 이불보다는 침대를 선호한다. 작은 방은 옷 방으로 만들어 옷을 수납해 장롱이 점점 줄어든다. 안방 역시 활동량이 많은 아이에게 내주는 경우도 많다. 현관, 거실과 방의 배치, 욕실, 서재나 작업공간, 베란다 구조는 가급적 시대 트렌드에 맞게 조정하는 것이 부동산 가치 측면에서 이익이다. 유튜브에 찾아보면 단독주택을 멋지게 리모델링한 사례들이 많다. 내부 인테리어나 공간배치를 구경하면 좋은 아이디어를 얻을 수 있다.

리모델링 시 집의 기본적인 색채도 중요하다. 벽지, 바닥, 가구. 조명에 이르기까지 전체적인 색채의 조화에 무리가 없어야 공간이 편안하다. 거주자의 취향이나 시력에 맞게 맞춤 조정할 수도 있다.

## 노후에 편한 리모델링이 필요

또 하나 기억해 두면 좋은 점이 있다. 연세가 많은 가족 구성원이나 몸이 불편한 분이 있다면 미리 리모델링할 때 추후 상황까지 고려하면 좋다. 난관이나 문턱을 미리 없애는 등 이동이 편리하고 안전하며 쾌적한 공간을 꾸미는 것이다. 계단 옆에 휠체어로 현관에 진입하는 통로를 만들어 둘 수도 있다. 자신의 집을 직접 설계하고 꾸미는 재미도 쏠쏠하다.

생각한 스푼
'수익성'보다는 '환금성'과 '안정성'에 무게를 더 두라. _황태연

# 6장

# 부동산 미래에 대한 재발견

# 불확실성의 시대, 정답은 있을까?

미래예측에 대해 교훈을 주는 사자성어들이 참 많다. '호사다마好事多魔'는 복이 재앙으로 돌아올 수 있음을 경고하는 말이다. 반대 말도 있다. '전화위복轉禍爲福'은 화가 바뀌어 오히려 복이 된다는 뜻으로 어떠한 불행한 일이라도 끊임없이 힘쓰면 행복으로 바꿀 수 있다는 의미다.

사자성어 중에서 '새옹지마塞翁之馬'도 유명하다. 우리네 인생에서 길흉화복이란 항시 바뀌어 변화가 많음을 이르는 말인데, 새옹지마에 얽힌 이야기는 재미있다.

옛날 중국의 북쪽 변방에 한 노인이 살고 있었다. 어느 날 이 노인이 기르던 말이 멀리 달아나 버렸다. 마을 사람들이 이를 위로하자 노인은 "오히려 복이 될지 누가 알겠소?"라고 말했다.

몇 달이 지난 어느 날 정말로 그 말이 한 필의 준마駿馬를 데리고 돌아왔다. 마을 사람들이 이를 축하하자 노인은 "도리어 화가 되는지 누가 알겠소?"라며 불안해했다.

그런데 어느 날 말타기를 좋아하는 노인의 아들이 그 준마를 타다가 떨어져 다리가 부러졌다.

마을 사람들이 이를 걱정하며 위로하자 노인은 "이것이 또 복이 될지 누가 알겠소?"라며 태연하게 받아들이는 것이었다.

그로부터 1년이 지난 어느 날 마을 젊은이들은 전쟁터로 불려 나가 대부분 죽었으나, 노인의 아들은 말에서 떨어진 후 절름발이였기에 전쟁에 나가지 않아도 돼 죽음을 면하게 되었다.

## 미래예측 전문가들도 틀리는 미래예측

내일을 미리 알고 싶지만, 내일을 미리 아는 게 어디 쉽겠는가? 미래를 예측한다는 것이 결코 쉬운 일은 아니다. 캘리포니아 대학교에서 심리학과 정치학을 가르치는 필립 테틀록 교수는 1980년대 중반 정치, 경제, 국제관계 등의 동향을 분석하고 예측하는 것을 직업으로 삼고 있는 미래예측 전문가 284명을 모았다.

이들은 대학교수, 씽크탱크 연구원, 미 정부 소속 자문, 세계은행이나 국제통화기금IMF 같은 국제기구나 언론계에 소속돼 있으면서 10년 이상, 한 분야를 깊이 있게 연구하던 최고의 예측 전문가들이었다. 교수는 이 전문가들에게 다음과 같은 예측을 주문했다.

"지금부터 2만8,000개 항목의 주제에 대해 여러분들의 모든 능력을 총동원해 미래를 예측해 보세요."

필립 테틀록 교수는 최고의 전문가들이 예측한 내용을 정리하고 그 후 15년 뒤 실제 현실과 비교해「전문가의 정치적 판단, 얼마나 정확한가? 어떻게 알 수 있는가?」라는 논문을 발표했다. 최고 전문가들의 예측결과는 어땠을까? 이 논문에 따르면 거의 모든 예측이 엉터리였던 것으로 나타났다. 심지어는 원숭이가 다트를 던져 예측한 것보다 성적이 나쁘게 나왔다고 표현할 정도였다.

연구에 참여한 전문가들이 절대로 일어나지 않을 것이라 주장한 사건 가운데 약 15%가 실제로 일어났으며, 반드시 일어나리라 예측한 것 중 무려 25%가 일어나지 않았다.

우리 세상은 그때보다 더 복잡해졌다. 너무너무 복잡하고 여러 가지 요소들이 서로 얽혀 있어 미래에 어떻게 일이 전개될 수 알기는 더 어려워졌다. 우리는 이것을 '불확실성 시대'라고 부르기도 한다. 불확실성不確實性이란 미래에 전개될 상황에 대해 정확한 정보를 얻을 수 없거나 어떤 상황이 발생할 가능성을 명확히 예측할 수 없는 상태를 뜻한다.

이제 부동산 시장으로 눈을 돌려보자. 우리는 과연 부동산의 미래를 정확하게 예측할 수 있을까? 사실 부동산 전문가들도 내년의 상황, 10년 후의 상황을 예측하기란 너무나 어려운 시대다. 내일 국가정책과 법률이 달라질 수 있고 모레 세계적 경제위기나 바이러스 팬데믹 같은 보건위기 상황이 벌어질 수 있다. 안으로는 장기적 주택공급 부족에 따른 누적 에너지가 수면 밑에 오랫동안 잠복해 있던 구매 욕망으로 한꺼번에 터져 나올 수 있고, 선거철을 전후해 국민의 조세저항도 중요한 변수가 되기도 한다.

필자는 20여 년 전인 지난 2000년대 당시 유명했던 부동산 전문가들이 쓴 책들을 펼쳐보았다. 당시 그들의 미래 부동산 예측은 대부분 부정적이고 암울했다. 근거는 매우 타당하고 논리적이었다. 첫째 신규 주택수요량이 급격히 줄어든다는 통계를 인용했다. 둘째는 1가구 2주택 과세, 보유세, 고령화 시대 등을 들었다. 하지만 지난 20년의 부동산 역사를 보면 그들의 예측과는 달리 부동산 가격 폭등 시대도 거쳤고 안정관리기나 침체기도 겪었다. 핫스팟 지역의 인기는 여전하며 지금도 여전히 부동산 투자는 재테크의 제1순위에 있으니 당시 예측이 정확하게 맞았다고 보기 힘들다.

## 인간의 욕망과 여분의 주택공급

인간의 욕망과 심리는 수학 공식처럼 딱 떨어지지 않는다. 100명의 집 수요가 예측된다고 100개 집만 더 지으면 될까? 그렇지 않다. 이는 한 사람이 신발 하나만 신으면 되니 한 사람당 한 켤레 신발만 생산하면 충분하다는 주장과 같다. 실제로 신발장에 보면 사람당 4~5켤레 예비 신발들이 있다. 인간 세상에서 모든 공급은 늘 수요보다 더 넉넉해야 한다. 주택 공급도 이와 다를 바 없을 것이다.

그러니 불확실성 시대에 아무리 최고의 전문가들 말이나 신뢰할 만한 언론 보도라도 미래예측만큼은 지나치게 맹신할 필요가 없다. 오히려 불확실한 미래에 대한 예측보다는 예측하지 못한 상황이 닥쳤을 때 우리 스스로 발 빠르고 정확하게 대응하는 마인드가 필요하다. 정책변화 정보에 민감하되 변하지 않는 부동산 투자 원칙으로 항상 대응하길 권한다.

부동산 투자의 원칙은 첫째도, 둘째도 부동산 역사의 긴 흐름을 이해하라는 것이다. 먼저 숲을 보고 방향을 읽어야 한다는 사실을 명심해야 한다.

우리는 변화무쌍한 오늘에 휘둘릴 필요가 없다. 생각과 관점을 바꾸면 미래를 우리 스스로 창조하고 만들어 나갈 수 있다. 내가 직접 할 수 있는 부동산 투자전략을 선택하면 된다.

"최선을 다해 저평가된 물건을 찾아라."

"최대한 싸게 사라."

"스스로 자신의 아이디어와 리모델링을 결합해 가치를 상승시켜라."

이런 도전은 내가 미래를 직접 만들어 낼 수 있는 창조영역이다. 내외부 여러 환경에도 변하지 않는 원칙은 있다.

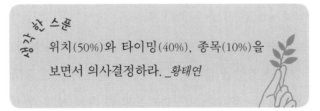

생각한 스푼

위치(50%)와 타이밍(40%), 종목(10%)을 보면서 의사결정하라. _황태연

# 패턴의 반복,
# '프랙털 기하학'의 교훈

세상만사 모든 영역에서 무엇이든 나고 자라고 성장하고 죽는 역사의 흐름이 있다. 흥망성쇠로 흥했다가 망하고 성장하다 쇠퇴한다. 패턴은 늘 반복된다. 큰 부를 이룬 사람이나 성공한 사람들은 공통점이 있다. 바로 흐름과 패턴을 잘 읽고 기회를 포착해 낼 줄 아는 사람이다.

세상 모든 것에는 패턴이 숨어 있다는 걸 우리는 살면서 경험한다. 새가 낮게 날면 비 올 징조다. 이 패턴 속에는 과학적 사실이 숨어 있다. 새의 먹이인 곤충은 습기에 영향을 많이 받는다. 곤충의 날개는 습기에 영향을 많이 받으니 비가 올 때가 되면 습도가 많이 높아져 낮게 나는 것이다. 미꾸라지도 비가 오기 전 물 위에 올라온다. 기압이 떨어지면서 물속에 산소가 부족해지기 때문이다. 만약 미꾸라지가 물 위에 모여 요동치고 있는 것을 보면 폭풍우나 장마를 예상할 수 있다.

번개 모양을 관찰하면 일정한 모양이 있다. 큰 번개 안에 작은 번개 가지들이 패턴으로 계속 반복된다. 식탁에서 반찬으로 먹는 브로콜리도 마찬가지다. 전체와 부분이 같은 패턴으로 구조화돼 있다. 식물 이파리나 눈꽃의 모양도 자세히 보면 모두 같은 패턴의 반복이다.

우린 경험치 정도로 "패턴은 정말 있는 것 같아!"라고 생각하기 쉽지만, 패턴은 분명한 과학이자 수학적 현상이다.

## 반복되는 패턴은 있다

프랙털(Fractal)이라는 용어가 있다. 사람들에게 낯선 이 말은 수학자인 만델브로(Mandelbrot)가 처음 쓴 단어로, 어원은 '조각 났다'는 뜻의 라틴어로 형용사 'fractus'에서 나왔다.

프랙털이란 쉽게 말해 일부 작은 조각이 전체와 비슷한 기하학적 형태, 즉 작은 패턴이 반복적으로 적용돼 큰 패턴을 이루는 자연현상을 말한다. 사람 몸속의 혈관이나 신경계 모양은 모두 하나의

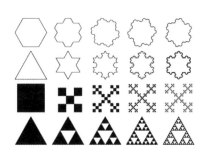

계속 변하지만 기본 패턴은 변하지
않는 '프랙털 기하학' 형태

패턴 반복으로 배치돼 있다. 나무의 뿌리 모양이나 가지 모양도 같은 패턴이다. 바다와 육지의 경계면인 해안선도 복잡해 보이지만 일정한 패턴이 있으며 구름이나 폐 조직도 일정한 패턴을 가지고 있다.

부동산 투자도 프랙털과 관련이 있을까? 당연히 관계가 있다고 생각한다. 프랙털 원리를 이용하면 불규칙하고 혼란스러워 보이는 현상이라도 배후에서 지배하는 어떤 하나의 규칙을 좀 더 쉽게 알아차릴 수 있기 때문이다. 부동산 시장 역시 긴 장기적 흐름으로 보면 어떤 패턴이 숨어 있다. 오름과 내림이 반복되고 서서히 오르다 서서히 내리고 급하게 올랐다가 급하게 내리기도 한다.

정부가 작성한 국가보고서에서 대한민국 부동산 역사를 다음과 같이 한 문장으로 요약하고 있다.

"집값과 땅값을 안정시키고 서민들에게 내 집 마련 기회를 주려는 대한민국 정부의 부동산 정책의 험난한 '오디세이'는 숱한 저항과 좌절, 그리고 유혹의 역사다."

정말 그런 것 같다. 1967년 강남땅 투기 열풍을 막기 위해 도입된 '부동산 투기 억제세'에서부터 10여 년 뒤 박정희 대통령이 '혁명적 조치'라며 내놓은 1978년 '8·8대책'이 있었다. 그리고 현재까지 수십 년 동안 풀고 조이고 혹은 규제 강화와 완화의 반복을 거듭해 온 부동산 정책들은 현재의 가격 흐름과 부동산 불패 신화의 이력으로 남아 있다.

참여정부 시절, 정부 부동산 정책 보고서에는 다음과 같은 표현이 나온다.

"부동산 시장이라는 얽히고설킨 도로에 제대로 된 신호등 기능을 해야 할 제도와 시스템들이 어떤 때는 빨간불에 건너지 말라고 했다가 상황이 바뀌면 빨간불에도 건너고 초록 불에 건너지 말라고 한다. 부동산 열풍이 지나갈 때마다 정부는 투기꾼이나 중개업자에 대해 사법 조치의 의지를 밝히는 등 대증요법을 꺼내 들고 허겁지겁 '수신호'로 부동산 시장의 무질서를 정리하기 급급했다."

사실 대한민국 현대사에는 분명한 부동산 제도와 시스템이 없었다. 실제 거래된 가격을 신고해 이를 등기하고, 이에 합당하게 세금을 매기거나 선진국처럼 고액의 부동산을 소유하는 데 따른 보유세 부담을 높이거나, 분양권의 전매를 제한하는 것과 같은 시장의 기초 질서를 다루는 '신호등' 같은 인프라와 시스템을 만드는 데 우리 사회는 40년 이상이 걸렸다는 보고서의 분석이 결코 과장이 아니다.

## 상승과 하락을 반복하는 '부동산 경기 순환주기'

정부가 1967년 이후 2007년까지 40년 동안 역대 부동산 정책 59건을 분석한 자료에 따르면 투기 억제 및 가격안정을 위한 정책 31건, 부동산 규제 완화 등을 통한 경기활성화대책과 경기 부양이 17건, 임대주택 확대 등 서민 주거복지 정책 11건 등의 이슈가 있었다. 특히 눈길을 끄는 대목은 땅값과 집값이 상승과 하락을 반복하는 4번의 '부동산 경기 순환주기'가 있었다는 분석 내용이다.

필자는 부동산이 만들어 내는 패턴은 앞으로도 계속되리라 생각한다. 우리는 이 역사 속 패턴 속에 잘 드러나지 않는 숨은 작은 패턴도 생각해 볼 수 있다. 그것은 이런 메시지다.

"당분간 수도권에 집을 안 지으면 언젠가 반드시 오른다."

참여정부 시절 2기 신도시, 세종시, 기업도시, 혁신도시 등 많은 집을 지었다. 그랬더니 이명박 정부와 박근혜 정부와 문재인 정부 중반까지 부동산 가격을 통제할 수 있었다. 다른 요인이 있었겠지만, 이 세 정부가 주택공급을 안 한 누적된 압력이 용수철처럼 튕겨나와 집값 상승을 견인했다.

우리는 부동산 역사를 통해 정부의 규제정책이 단기적인 시장의 변화를 가져오는 패턴이라는 점을 알게 됐고, 또한 공급정책이 단기적인 규제정책까지 흔드는 장기적인 시장변화의 요인이란 패턴도 읽을 수 있었다. 집은 현재 넉넉하고 여유 있게 지어지고 있는가? 이 질문은 우리에게 탁월한 부동산 투자전략을 던져 줄 것이다.

> **생각한 스푼**
> 시장이 나쁠 때는 팔지 않으며, 시장이 좋으면 더 세심하게 대상을 찾아라! _황태연

# 투자 마인드를
# 바꿔라!

성공한 기업가 라말링가 라주는 이렇게 말했다.

"만약 물 위에서만 수영한다면 진주를 발견할 가능성은 거의
없다. 진주는 바다 깊숙한 곳에 있고 따라서 진주를 채취하려
면 바다 깊이 잠수를 해야 한다. 당신이 처리하는 모든 사안
도 마찬가지다. 복잡한 사안일수록 아주 깊이 있게 탐구해야
한다."

복잡하고 어려운 부동산 투자 역시 진짜 보물은 바다 깊이 숨어
있고 그 보물을 발견하기 위해서는 아주 깊이 탐구해야 한다. 어떤
이들은 '종자돈'이 없다고 아예 포기하는 사람도 있다. 하지만 꼭
많은 자금이 필요한 건 아니다. 저축이나 대출 등 작은 종자돈으로

도 수익을 낼 수 있는 부동산 종목은 얼마든지 있다. 생각을 바꾸고 아주 깊이 있게 탐구하면 놀랄 만한 해답이 나온다.

여기 돌멩이 수프 이야기가 있다.

"한 남자가 광장에서 냄비에 물을 붓고 돌멩이 하나를 넣은 후 '돌멩이 수프'를 끓이기 시작한다. 처음에는 돌멩이 수프를 끓이고 있는 떠돌이를 냉담하게 바라보던 동네 사람들이 신기한 듯 다가와 무엇을 하느냐고 묻는다. 사내는 '세상에 다시 없을 별미인 돌멩이 수프를 끓이고 있소. 근데 여기에 고명 한 가지만 들어가면 끝내줄 텐데 조금 아쉽군요.' 이렇게 해서 이웃이 이것저것 고명을 가져와 넣고 또 다른 마을 사람이 조미료를 보태는 식으로 이어져 결국에는 진수성찬이 차려진다."

## 상상력과 현실성 결합해야!

주변에 부동산 투자에 관심을 두는 사람은 아주 많다. 무조건 낙관론자도 있고 묻지마 비관론자도 있다. 낙관론도 비관론도 모두 경계대상이다. 투자는 상상력이 필요하지만 냉철해야 하고, 멋진 비전을 가져야 하지만 구체적이고 꼼꼼한 투자절차와 플랜도 요구된다.

모든 투자자가 원하는 것은 적은 투자 금액으로 큰 수익을 보는 물건을 찾는 것이다. 투자자의 심정이야 이해할 수 있지만, 내 여건에 맞고 내 입맛에 가장 적합한 음식만 골라 먹을 수는 없다. 중요한 것은 현실에 맞는 적정 물건을 찾고 내가 보유한 현금과 지렛대를 활용할 수 있는 금액을 구체적으로 산정해야 한다.

부동산 투자에 왕도는 없다. 부동산 시장의 같은 상황에서도 전문가와 일반인은 다르게 생각하고 반응한다. 전문가는 현장에서 오랜 기간 흐름과 변화를 읽으려 한다. 기회 포착은 축적된 경험과 지식을 활용한 통찰력에서 나온다. 예를 들어, 일반인은 미분양이라면 겁부터 집어먹는다. 반면, 전문가는 미분양 물량이 줄어드는 시점에 저렴하게 매수하고, 새집에 대한 호재가 가격에 반영되면 매도 준비를 한다. 일반인은 집값이 눈앞에서 오르는 것을 보고 매수를 한다. 하지만 전문가는 흐름과 미래를 두루 살핀다.

때론 단기적 투자자의 관점에서 벗어나 다음과 같이 창조자의 관점으로 생각해 보자.


"내가 정부나 지자체의 부동산 정책 집행자라면?"

"내가 부동산 안정화 전략 관리자라면?"

"내가 대한민국 현대 부동산 60년사의 역사를 꿰고 있는 컨설턴트라면?"

"내가 대한민국 미래 부동산 100년 설계자라면?"


이렇게 정상에서 바라보는 관점을 갖는 것만으로 더 깊이 있는 바닷속으로 들여가 숨어 있는 진주를 발견할 확률을 높일 수 있다.

한편으론 투자에는 반드시 위험이 존재한다는 사실을 인정해야 한다. 그러니 여러 가지 시나리오를 염두에 두어야 한다. 최선의 시나리오와 함께 차선책이나 최악의 상황을 모두 고려해 둘 필요도 있다. 시나리오별로 투자 노트를 작성하고 투자 목표를 세우는 등 꼼꼼히 투자계획을 세우면 변수와 실수를 줄일 수 있다.

부동산 투자에 위험이 전혀 없다면, 모든 사람이 무조건 투자할 것이다. 모든 투자는 리스크가 있기에 기회가 생기는 것이다. 부동산은 경기 침체와 정부의 부동산 규제정책에 상당한 영향을 받는다. 여기에 소비심리 위축까지 더해진다면 진퇴양난의 투자 상황에 놓이게 될 수도 있다.

## 넘치는 정보 시대, 자기통찰력이 필요하다

지금은 정보가 넘치는 시대다. 스마트폰 하나로 최신 소식을 얻을 수 있고 수많은 컨설턴트들의 조언을 바로바로 들을 수도 있다. 전국 각처에서 진행되는 부동산 호재는 실시간으로 전파되고 있다. 인터넷 정보가 활성화되고, 유튜브 채널과 각종 온라인 부동산정보가 매일 쏟아져 나오고 있으므로 자신만이 알고 있는 유일한 부동산 호재는 이제 없다고 봐야 한다.

그만큼 자기통찰력이 더 필요하다는 의미다. 부동산 세미나에 단골로 찾아오는 한 투자자는 투자 노트를 갖고 다니며 강연을 들으면서 늘 열심히 메모한다. 부동산 상담을 하면 꼼꼼하게 그 내용을 적고, 분석하는 모습이 인상적이었다.

다양한 정보를 수집하여 자신에게 맞는 전략을 고르고 있었다. 시간이 흐른 뒤, 어느 날 그는 세미나에서 얻은 조언을 바탕으로 서울 금천구의 재개발 지역에 투자했고, 꽤 많은 수익을 냈다. 학습하고 계획하고 준비한 만큼 성공확률을 높일 수 있다.

부동산 투자에 왕도란 없다. 성공투자 마인드를 기르기 위해서는 직·간접적인 투자 사례를 수집하고, 고수의 투자 마인드를 배워야 한다. 그리고 학습은 학습일 뿐이다. 현장에서 자신이 직접 발로 뛰어 부동산 투자 프로세스 전체를 이해하거나 경험해야 성공에 한 발짝 가까이 다가설 수 있다.

> 생각한 스푼
> 경기가 하향 조짐을 보이면 빠르게 레버리지를 줄여라. _황태연

# 정부의 부동산 규제정책에 따른 대응전략

부동산 역사를 보면 일정한 흐름이 있다. 법률과 제도, 시스템이 정비되는 방향으로 간다는 점이다.

1960년대 이후 지금까지 정착된 부동산 정책은 현대식 부동산 관리시스템이 만들어지고 실험을 거쳐 제도화되는 과정이라고 볼 수 있다.

이 때문에 선진국형 부동산 정책이 자리 잡게 되면 큰 틀에서 변하지 않는 요소들도 많다. 이런 변하지 않을 요소들에 대해서는 충분한 대응전략을 가지고 대비하고 있어야 한다.

### 성공확률 높이는 7가지 대응전략

첫째, 다주택은 피해야 한다. 중장기적으로 도심 업무시설이 많은 곳 위주의 똘똘한 주택 한 채를 보유하는 것도 한 방법이다. 실수요용 주택이 아닌 대출이 많은 주택, 양도세 등 세금이 많이 늘어나는 지역에 보유한 주택, 유동성이 부족한 갭 투자 물건 등은 자신의 부동산 포트폴리오에서 제외할 필요성이 있다.

둘째, 외곽지역에 있는 수익형 부동산도 임대수익이 갈수록 떨어지거나 미래 투자가치가 불투명하면 될 수 있는 대로 빠른 시일 내에 처분하는 게 바람직하다. 양도세 부담을 덜기 위해 부부 간 증여도 고려해 볼 만하다.

증여 당시의 부동산 가격이 곧 취득가격으로 인정받아 일정 기간 이후 부동산을 팔았을 때 매매차익이 줄어들어 양도세 부담도 줄어드는 장점이 있다. 향후 투자가치가 없는 집은 전셋값이 하락할 가능성이 있다. 이는 곧 전·월세 수요가 점점 없어져 이자 내기도 벅찬 집이 될 수도 있다.

셋째, 재개발 투자의 경우 장기적인 계획이 중요하다. 보통은 재개발도 사업이기에 가성비가 중요한데, 그러다 보니 전문가들이나 재개발 투자를 많이 해 본 사람들은 조합설립인가 시점, 사업 시행인가 시점에서 투자하기를 권한다.

하지만 재개발이 될 지역이라면 돈보다는 시간을 보고 투자하는 것이 좋다. 조합설립인가, 사업 시행인가 시점에 투자하는 것은 주식으로 따지면 누구나 아는 뻔한 정보이기에 투자금도 많이 들어간다. 그러다 보니 매일 주식 창을 안 보면 불안하듯 온갖 신경이 그쪽으로 쏠리게 된다. 주식도 우량주에 묻어 둔 사람이 나중에 돈을 벌듯 재개발도 소액일 때 묻어둔 사람이 이익도 크고 신경 쓸 일이 별로 없다. 돈이냐 시간이냐, 그건 투자자의 선택이지만, 정말 될 단지라는 확신이 서면 우선 선점하여 장기적으로 묻어두는 쪽을 권하고 싶다.

넷째, 가짜뉴스나 마케팅 홍보문구를 경계하고 해당 부동산 지역 지자체나 사이트를 방문해 정확한 정보를 얻어야 한다. 해당 부동산이나 개발지역이 위치한 지자체만큼 해당 지역의 개발 및 토지 이용 현황을 정확히 아는 곳도 없다.

가장 기본적인 해당 지역의 정보에 대해서는 시청이나 구청 등 지자체를 이용하자. 또한, 최근 역세권 중심으로 나타나는 '지역주택조합원' 모집도 현장에서 꼭 확인하자.

다섯째, 1주택자라면 고부가가치 주택 하나를 선택하거나 갈아타기 전략이 필요하다. 추가 상승요소가 있는 강남이나 역세권이나 학세권, GTX 신설권 등 테마 이슈 지역을 선택한다. 양도세도 증가 또는 강화되는 분위기니 먼저 체크해야 한다. 9억 원 초과 주택 양도 시 적용되는 장기보유특별공제에 '거주요건'이 추가된다.

최대 10년 이상 보유한 주택은, 거주하지 않은 집은 최대 40%까지만 공제 혜택 적용된다. 부부 공동명의일 경우 공시가격이 12억 원 이하면 종부세를 내지 않기 때문에 나이나 보유 기간과 상관없이 공동명의가 유리하다.

이외에 일시적 2주택은 취득세, 양도세를 꼼꼼히 따져야 하는데, 조정대상지역의 경우 종전 주택을 1년 이내에 처분해야 8%를 피할 수 있고, 양도세는 1년 이내에 처분 및 전입 의무를 지켜야 비과세 혜택을 받을 수 있다.

여섯째, 다주택자는 부동산 투자전략을 처음부터 다시 설계해볼 것을 권한다. 다주택자의 경우 세 부담이 높아지는 시대다. 대세는 거스를 수 없다. 따라서 고부가가치 집중화 전략을 바탕으로 정리하는 작업이 필요하다. 세율은 높아지고 공제는 줄어드니 다주택을 해소하는 분산 투자를 설계할 필요가 있다.

일곱째, 수익형 부동산 시장은 입지에 따라 양극화를 보일 것으로 예상된다. 일자리, 유동인구, GTX 노선, 개발 호재 등을 따져 투자전략을 세워야 한다. 수익형 부동산 투자전략은 '소형'에 관심을 두는 것이 좋다. 시장 규모와 수요층이 확대되고 있는 공유 오피스, 섹션 오피스 등 소형이 꾸준한 강세를 보이기 때문이다. 물론 투자면이나 환금성 측면에서도 유리하다.

## 수익형 부동산 관리 원칙 알아보기

수익형 부동산은 언제나 공실에 대비해야 한다. 입지와 상권을 고려, 구입 단계에서 신중해야 한다.

① 집으로부터 30분 이내 부동산을 구입하여 관리하라. 가까이 있어야 관리가 쉽다. 정기적 방문이 가능한 부동산을 선택하는 것이 좋다.

② 구입 시 구체적인 자금 계획을 세워라. 대출 대비 수익, 재산세, 임대소득세, 추가 인테리어 비용, 취득 시 세금, 관리 인원 비용 등 구체적인 자금 계획을 철저히 세운다.

③ 대중교통수단이 있고 인력, 주요 업무지역(도심) 근접 부동산

을 구입하라. 회사원, 대학생, 독신자, 20~30대가 위치한 지역을 선택하라. 대학가와 역세권은 세입자를 찾기가 쉬워 수익형 부동산으로 가장 적합하다.

④ 각종 마케팅(광고, 전단지 등), 커뮤니케이션 관리를 잘하라. 공실률을 최대한 줄일 수 있다.

⑤ 계약서 작성(특약)을 철저히 하라. 부가세, 관리비, 월세 납부 등 각종 임대규칙을 넣어준다.

⑥ 소방필증, 보험(화재) 등 사건, 사고에 관한 대비를 충실히 하라.

⑦ 소형평형은 월세 수요도 풍부하며 증가세를 보인다. 중대형으로 임대 사업을 하지 말아야 한다. 다가구, 원룸주택으로 최대한 작게 쪼개야 한다.

⑧ 대출이 없어지면 임대 부동산을 다시 찾아라.

> 생각한 스푼
> 정부의 규제 발생 시에는 나무를 보지 말고 숲을 보라. _황태연

# 공간전략,
# 시간전략의 조화로움

부동산 투자를 고민하는 L씨가 최근 다음과 같이 상담을 요청해왔다.

"두 군데 지역의 부동산 투자를 준비하고 있습니다. 한 곳은 서울이고 GTX역이 들어서서 역세권 비전이 있습니다. 다른 곳은 경기도입니다. 아파트 단지가 들어서고 있는 개발지역입니다. 둘 중 어느 곳을 선택하는 것이 좋을지 고민입니다."

L씨처럼 누구나 투자전략을 세우다 보면 최종적으로 이런 고민에 빠지는 경우가 정말 많다.

"A안과 B안 중 어떤 선택이 더 나을까요?"

물론 A안이 될 수도 있고, B안이 될 수도 있다. A안의 장단점이 있겠고 B안의 장단점이 있으니 저울질을 해 1%라도 더 나은 안을 선택하면 된다. 그러나 전문가들이라면 여기에 좀 더 다양한 요소들을 반영해 비교 평가한다. 현재 주택 소유 여부와 세 부담 예측, 자금투자 규모와 사용 가능 기한, 관리 여건, 단기투자 관점, 장기투자 관점 등을 두루 살핀다.

**투자 설계도 그리는 법!**

모든 의사결정은 [데이터] → [연산] → [결과]라는 프로세스로 이루어지는데, 좋은 데이터를 많이 투입할수록 신뢰할 만한 결정을 할 수 있다. 그러니까 더 많고 더 좋은 데이터를 누락 없이 고려할수록 좋은 선택을 할 수 있는 것이다.

이해가 쉽게 표로 그려보자.

| A안 | | B안 | |
|---|---|---|---|
| 현재 장점 리스트<br>미래 기회요인 | 단점 리스트<br>위협요인 | 현재 장점 리스트<br>기회요인 | 단점 리스트<br>위협요인 |
| 〈투자자 개인의 현재 상황과 여건〉 | | | |
| 현재 주택 소유 여부와 세 부담 예측 | | | |
| 자금투자 규모와 사용 가능 기한(자기 자본 vs 대출, 이자 등) | | | |
| 기회비용(다른 투자가 불가능한 상황 고려) | | | |
| 관리 여건 (지역성, 개인 능력) | | | |
| * 단기적인 투자관점에서 장단점(기회, 위협요인) | | | |
| * 장기적인 투자관점에서 장단점(기회, 위협요인) | | | |

처음 L씨처럼 "A안과 B안 중 어떤 선택이 더 나을까요?"라고 고민하는 상황에서 의사결정이 쉽지 않지만, 표와 같이 더 많은 필수 정보를 추가하여 따져보면 훨씬 선택이 쉬워질 수 있다는 사실을 알게 된다.

좋은 전략은 반드시 두 가지 관점을 동시에 고려해야 한다. 하나는 공간적 관점이고 다른 하나는 시간적 관점이다. 이 두 가지 시공간적 요소가 동시에 결합할 때 가장 좋은 의사결정을 내릴 수 있다. 위 표에는 두 가지 측면에서 데이터가 고려되고 있다.

공간적 관점으로 A안 장소의 장단점(기회, 위협요인)과 B안 장소의 장단점(기회, 위협요인)을 반영하고 있다. 공간 요소를 투자자 개인의 현재 상황과 여건과 연결하여 반응도를 체크한다.

또한, 시간적 관점으로 단기적인 투자 측면에서 장단점(기회, 위협요인)과 장기적인 투자 측면에서 장단점(기회, 위협요인)을 투자자 개인의 현재 상황과 여건과 연결하여 반응도를 체크하고 있다.

투자자금이 넉넉하고 자금 여유가 있을 때는 단기적으로 투자하여 이익을 빠르게 회수할 수 있지만, 투자자금이 적고 자금 여유가 없을 때(부동산 담보 대출 등 활용시)는 장기적인 관점의 투자전략이 유리하다. 이렇게 시공간 요소를 종합적으로 판단하여 A안과 B안을 선택한다면 훨씬 투자자에게 적합한 투자처를 선택할 수 있다.

부동산 전문가나 성공하는 투자자들의 머릿속에는 대부분 이런 의사결정 맵이 들어 있다. 좁게 보거나 일부 데이터에 매몰되는 것이 아니라 시공간 전체를 두루 고려하여 최대한 다양한 데이터를 투입해 의사결정을 내리는 것이다.

## 머릿속에 부동산 지도를 그려라

머릿속에 서울과 수도권 지도를 거미줄처럼 입체적으로 연결해 놓으면 부동산을 이해할 때 아주 유용하다. 지도를 해석하는 능력인 독도법을 모르면 전문가가 되기 쉽지 않다. 서울과 수도권을 비롯해 각 시군구 단위를 입체적으로 외우고 전철, 도로, 학군, 상권과 강, 공원, 산 등의 지역 특성을 파악해야 한다. 이 같은 지도를 머릿속에 넣는 훈련을 하면 투자처에 대한 폭넓은 사고력과 상대적인 가치의 차이를 구분할 수 있다.

## 시간의 기승전결을 상상하라!

시간적인 흐름도 고려해야 한다. 단기전이냐, 장기전이냐에 따라 A안이 좋을 수 있고 B안이 좋을 수 있다. 투자전략이 완전히 달라진다. 2~3년 뒤 회수할지, 10년 정도 바라보며 투자할지에 따라 최적의 선택이 달라지는 것이다. 시간적 요소는 현재 상황과 다른 기회요인이나 위협요인을 만들 수도 있다.

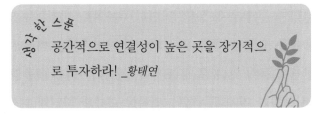

생각한 스푼
공간적으로 연결성이 높은 곳을 장기적으로 투자하라! _황태연

# 미래 인생의
# 목표를 정하라!

"목표는 불타는 욕구와 강렬한 자신감을 불러일으키고 확실한 결정을 내리도록 돕는다."_폴 J. 마이어

"목표가 확실한 사람은 아무리 거친 길이라도 앞으로 나갈 수 있다."_토머스 칼라일

최고 부자였던 철강 왕 카네기도 성공하려면 가장 먼저 목표를 정하라고 말했다. 정작 사람들은 목표가 중요한지는 알지만 어떻게 목표를 정하는지는 모르는 경우가 많다. 카네기는 '목표 정하는 3가지 방법'을 다음과 같이 소개한다.

① 인생의 주요 목표에 대해 간결하고도 명확하게 글로 써본다. 그런 다음 적어도 매일 한 번씩, 가능하다면 여러 번 반복하여 소리

내어 읽어본다. 반복하여 읽고 또 읽음으로써 목표의식을 마음에 새긴다.

② 주요 목표를 달성하기 위해 간결하면서도 명확한 계획을 글로 적어 본다. 이 계획 속에는 최대한 언제까지 목적을 달성할 것인지 기간을 적어놓는다. 그런 다음 세상에는 공짜로 되는 것은 없고, 모든 일은 합당한 값을 치르고 얻어야 한다는 사실을 기억하면서 목표를 실현하기 위해 어떤 노력을 할 것인지 정확히 적는다.

③ 융통성을 가져라. 계획은 언제든지 바뀔 수 있다. 마음에 어떤 좋은 생각이 떠오르면 주저하지 말고 받아들인다.

목표를 정하는 것은 꿈을 이루는 첫 번째 문이다. 그 문을 열어 성취해 본 사람들은 모두 이렇게 말한다.

"먼저 실현 가능한 목표를 세우고 그 목표를 달성하기 위해 가장 효과적인 방법을 찾아내 실천 계획에 따라 매일매일 실천하라."

비록 큰 부자가 되고 싶다는 목표가 아니라도 안정된 노후를 보내고 싶다는 목표는 누구나 가지고 있다. 그러나 막연하게 생각할 뿐 그 바람을 구체적인 목표로 정하는 사람은 많지 않다. 변화를 몰고 오는 사람은 모두 구체적인 목표를 정한 사람들이다.

인문학자인 린 데이비스는 "목표를 설정하는 순간 이미 성공은 시작된다."라며 그 이유를 다음과 같이 말했다.

"목표는 주의를 집중하는 것이다. 인간의 의식은 분명한 목적을 갖기 전에는 목표 달성을 향해 움직이지 않는다. 목표를 설정할 때 성공은 이미 시작되는 것이다. 목표를 설정하는 순간 스위치가 켜지고 물이 흐르기 시작하고 성취하려는 힘이 현실화되는 것이다."

## 목표 설정 6가지 '스마트(SMARTs) 전략'

목표는 실현 가능해야 한다. 실현 가능한 목표란 한 번쯤 꿈꿔 볼 수 있으면서 명확하고 구체화한 것이다. 실현 가능성을 높이는 '목표 설정'을 위해 6가지 키워드를 활용하는 '스마트(SMARTs) 전략'을 체크하자. 영어의 앞글자로 구성된 6가지 내용은 차례대로 다음과 같다.

① Specific (구체적으로) : 목표는 일반적이거나 애매한 활동이 아닌 특별한 결과에 초점을 맞추어 명확한 용어로 기술하라.
② Measurable (측정 가능한) : 목표는 가능하면 계량화하여 측정 가능해야 한다.
③ Actionable (실행 가능한) : 현실적인 활동 계획을 세워라.
④ Relevant (적절해야) : 목표는 개인이나 조직의 이익에 부합돼야 한다.
⑤ Time-Bound (기한을 정해야) : 기한을 명확히 정하라.
⑥ Stretched (도전적이어야) : 목표는 가능한 한 도전적으로 설정해야 한다.

"더 열심히 하자. 최선을 다하자. 꼭 목표의식을 갖자. 반드시 실천하자" 등의 구호는 목표가 아니다. 그냥 '말'에 지나지 않는다. 구체적인 실행 목표가 제대로 설정되면 어제의 하루와 오늘의 하루는 분명 달라진다. 우리의 목표는 제대로 설정돼 있는가. 다시 한번 점검해 보아야 한다.

목표는 우리를 움직이게 하는 강력한 에너지다. 필자가 머릿속에서 늘 흥얼거리는 목표 이야기를 독자들과 함께 나누고 싶다.

"여러분, 지금 뭔가를 준비해야 합니다. 무엇을 할 것인지 정해야 합니다. 바로 지금이 새로운 목표를 정해두어야 할 시점입니다. 20대에 배우고 고민하고 쌓은 경험이 10년간 축적돼 30대의 여러분들을 먹여 살릴 것입니다. 30대에 배우고 고민하고 쌓은 경험들이 10년 후 40대의 여러분들을 먹여 살릴 것입니다. 40대에 배우고 경험하고 고민한 것으로 50대를 살 것이며, 50대의 공부와 경험, 고민이 60대의 여러분들을 성취하도록 할 것이다. 60대의 지금 목표가 100세대 시대를 보장받을 수 있을 것입니다. 20대에 계획하지 않고 실천하지 않은 사람에게 멋진 30대는 없고, 30대에 계획하지 않고 실천하지 않는 사람에게 멋진 40대가 절대 오지 않습니다. 50~60대에 목표를 세우지 않으면 안정적인 100세 시대를 맞이할 수 없을 것입니다. 우리는 늘 목표를 세우고 기획하고 실천하는 것을 즐겨야 살아남을 수 있는 그런 시대에 살고 있다는 사실을 명심해야 합니다."

생각한 스푼

무엇을(기준-종목, 크기, 위치) 어떻게(조건-계약, 타이밍, 운영) 할 것인지 구체적으로 종이 위에 그려보라.

_황태연

# 자녀와 함께 부동산 미래를 그려라!

부동산을 통해 자산을 지키거나 부동산을 재테크의 수단으로 생각하는 사람들은 어떠한 태도로 부동산 투자에 임해야 할까요? 그저 가만히 지켜보는 것이 좋을까요? 아니면, 다른 차별적인 전략을 찾는 것이 좋을까요?

부동산 시장 환경은 시시각각 변합니다. 규제가 강화되지만, 서울 등 수도권의 집값 상승세는 지속될 가능성이 크다는 게 전문가들의 지배적인 의견입니다. 필자가 보는 부동산의 미래도 다르지 않습니다.

베이비붐 세대들의 은퇴 시기를 맞아 100세 시대 노후를 대비하려는 열망은 계속될 것입니다. 인구감소에 따라 광역도시나 거점도시를 제외한 대부분의 지방은 일자리 동력이 없다면 쉽게 깨어나지 못할 것이고, 반면 서울 수도권과 인근 일자리 밸리는 여전히 투자 전망이 밝습니다.

서울 수도권 안에서도 안정세를 유지하는 대부분 지역과 호재가 있는 일부 핫스팟 상승지는 빈익빈 부익부 현상을 보일 확률이 높습니다.

교통망과 철도사업은 수도권 쏠림을 강화하는 방향이 될 것입니다. GTX, KTX, 고속도로 신설은 도시화와 역세권 집중화를 만들어 나갈 것입니다. 서울 수도권은 도시 성장에 맞춰 역세권을 중심으로 숲세권, 의세권, 상권, 학세권, 문화놀이권 등이 계속 강화될 것입니다.

아파트 대단지 선호도는 계속 높아질 것이고, 아파트는 지상 공원화와 스마트 첨단화 등 고급화 과정을 거치며 브랜드 경쟁을 통한 가격상승을 주도해 나갈 것입니다.

아파트 투자는 재개발, 재건축 지역이 꾸준히 관심의 대상이 될 것입니다. 서울과 수도권의 노후화된 대단지 아파트는 장기적인 안목으로 보면 가장 신뢰할 수 있는 투자처입니다.

1인 가구 시대를 맞아 중소형 아파트와 고급명품 대형 아파트의 지역별 양극화가 분명해질 것이고, 20대부터 60대에 이르기까지 전 세대가 부동산 투자에 관해 관심을 기울이는 시대가 될 것입니다.

앞으로도 서울, 수도권, 지방의 광역도시나 거점도시의 경우 집값이 내려간다는 보장이 없습니다. 설사 집값이 다소 내려가더라도 그것을 완전히 시장 자율에 내버려 두는 것도 쉽지 않아 최악의 상황에서도 안정적인 상승곡선을 유도해 나갈 것입니다.

우리는 지금까지 대한민국 부동산 현대사를 비교적 긴 안목으로 살펴보는 역사여행을 했습니다. 이 여행에서 느낀 소감은 저마다 다를 수 있습니다. 그래도 한 가지 객관적 진실은 알게 됐을 것입니다. 정책이란 언제든 변하고 부동산 시스템이 갖춰지는 방향으로 가고 있지만, 여전히 부동산 투자는 미래에도 가장 안정적인 재테크 수단이라는 사실을요.

다만 두 가지 경계의 원칙을 확인하는 기회이기도 했습니다. 첫 번째는 남들이 하니까 무작정 하고 보던 '부동산 불패 신화' 시대의 심리로 투자에 나서면 안 된다는 것입니다. 개인의 상황과 여건에 맞게 치밀하게 준비하여 전략적인 투자를 해야 합니다.

두 번째는 장기적인 안목으로 가치투자에 나서야 한다는 것입니다. 너무나 많은 변수와 제약요건, 내외부 환경이 부동산 시장에 작용하고 있습니다. 단기적인 투자이익을 실현하겠다는 마음보다는 장기적으로 투자계획을 실현하는 전략적 사고가 필요합니다.

장기적 관점에는 20대 자녀와 60대 부모가 함께 그려보는 부동산 미래 플랜을 생각해 볼 수도 있습니다. 지금은 20대도 재테크에 대한 열망이 높습니다. 이들 자녀 세대는 최신 정보수집이나 빅데이터 분석능력이 뛰어납니다. 100세 시대를 준비하며 행복한 노후를 대비하려는 60대 은퇴 준비 세대들이 자녀들과 함께 부동산 장기 플랜을 함께 세워보면 어떨까요?

끝으로, 이번 부동산 현대사 통찰 여행이 즐거웠길 바랍니다. 또한, 이 여행에서 부동산에 대한 많은 영감을 얻었기를, 그리하여 독자들의 성공투자를 설계하는 데 조금이나마 보탬이 되었길 간절히 기원해 봅니다.

Good luck to you!

황태연, 김제민

저자 **황태연**

㈜더리치에셋 대표로 재직 중이다. 건축, 시행, 개발 전문가로서 고객들의
투자를 도와주는 컨설턴트이기도 하다. 저서로『100세 시대 부동산 은퇴 설
계』,『2030 서울 부동산 플랜』,『왕초보를 위한 부동산 절세 교과서』,『지금
시작하는 부동산 상식공부』(공저) 등이 있다.


저자 **김제민**

㈜더리치에셋 이사로 재직 중이다. 실전 경험을 통해서 재개발, 재건축 투
자 경험을 쌓았다. 이 밖에도 다양한 부동산 투자 경험을 쌓고 부동산 전문
가로서 입지를 다졌다.
저서로『그렇게 할 거면 재개발·재건축 절대 하지 마라』,『지금 시작하는 부
동산 상식공부』(공저) 등이 있다.


• 더리치에셋 홈페이지 : www.therich-asset.com

## 100년 부동산 투자의 본질

**초판 1쇄 발행** 2021년 11월 1일 | **초판 2쇄 발행** 2021년 11월 15일
**지은이** 황태연·김제민 | **펴낸이** 김시열
**펴낸곳** 도서출판 자유문고

(02832) 서울시 성북구 동소문로 67-1 성심빌딩 3층

전화 (02) 2637-8988 | 팩스 (02) 2676-9759

ISBN 978-89-7030-158-7  03320   값 18,000원

http://cafe.daum.net/jayumungo